D1724773

Judas Ischariot
und der Mythos vom jüdischen Übel

Umschlag vorn:
Bildausschnitt aus „Der Kuss des Judas"
von Gustave Doré

Die Deutsche Nationalbibliothek verzeichnet diese Publikation in der Deutschen Nationalbibliografie; detaillierte Daten sind im Internet über https://portal.dnb.de/ abrufbar.

Originalausgabe: Judas Iscariot and the Myth of Jewish Evil, New York 1992
© Copyright: Melanie Craig and Alan Craig

© der deutschen Ausgabe 2020
Hentrich & Hentrich Verlag Berlin Leipzig
Inh. Dr. Nora Pester
Haus des Buches
Gerichtsweg 28
04103 Leipzig
info@hentrichhentrich.de
http://www.hentrichhentrich.de

Gestaltung: Gudrun Hommers

1. Auflage 2020
Alle Rechte vorbehalten
Printed in the EU
ISBN 978-3-95565-397-2

Hyam Maccoby

JUDAS ISCHARIOT UND DER MYTHOS VOM JÜDISCHEN ÜBEL

Herausgegeben von Peter Gorenflos
Aus dem Englischen von Wolfdietrich Müller

HENTRICH
&HENTRICH

Inhalt

Vorwort des Herausgebers

Die vielleicht wichtigste – wenn auch nicht ganz neue – Erkenntnis Hyam Maccobys ist die Tatsache, dass das Christentum nicht aus dem Judentum hervorgegangen ist, geschweige denn seine Vollendung ist. Das Neue Testament ist nicht das Kind des Alten Testaments. Das Schrifttum, das auf die Hebräische Bibel folgt, sie fortsetzt, erweitert und kommentiert, ist der Talmud. Das Neue Testament ist eine Neuschöpfung in Anlehnung an die Bibel, die auf den Ideen von Paulus beruht, dem eigentlichen „Erfinder" des Christentums.

Maccoby greift bei seinen Untersuchungen die Tendenz-Methode wieder auf, die im 19. Jahrhundert entwickelt und auch auf das Neue Testament angewandt wurde. Dabei werden neben der wichtigen exakten Datierung der Texte deren innere Widersprüche unter die Lupe genommen, die mit den erzählerischen Absichten des Autors kollidieren. Weshalb predigt Jesus, wenn der Sinn seines Lebens der Sühnetod am Kreuz ist, weshalb kokettiert Paulus mit dem Pharisäer-Status, obwohl er doch eine antijüdische Kampagne in Gang setzt, weshalb wird Jesus von seinen Brüdern beraten, obwohl sie doch angeblich kritische Distanz zu ihm wahren? Auf diese Weise lässt sich plausibel die Historie rekonstruieren, die unter einem jahrhundertealten Berg aus mythologischem Schutt vergraben wurde. Nachdem diese Methode für die Kirche zu brisant geworden war – die Institution entpuppte sich als ein Koloss auf tönernen Füßen – favorisierte man die Formkritik, bei der historisches Material keine Rolle mehr spielte.

Dass das Christentum keine jüdischen, sondern hellenistische Wurzeln hat, dass es das Judentum nur usurpiert, wie der Islam, erkennt man unter anderem an den Erlösungs- und Opferkonzepten beider Religionen, die sich grundlegend voneinander unterscheiden. Juden sind Mitglieder im Bund und müssen sich nicht um so etwas Fundamentales wie individuelle Erlösung bemühen, sie müssen nur dessen Bedingungen erfüllen. Die Existenz des Bundes war nicht von jeder einzelnen Handlung abhängig, denn individuelle Sünden – „Rechtsverletzungen" – können durch Reue und Wiedergutmachung getilgt werden. Sühne wurde dann erteilt, wenn anschließend das Sühneopfer erbracht wurde, das aber kein magischer Ersatz für die Reue war. Opfer ohne Reue war völlig wertlos. Im Judentum geht es konkret um die Verbesserung des eigenen Verhaltens. Das Passah-Opfer war kein Sühneopfer, sondern eine Dankesbezeugung an den Gott für die Errettung aus Ägypten und für den Bund. Das große Opfer, die

Akedah, hatte nach jüdischer Vorstellung bereits vor langer Zeit stattgefunden. Aus ihm war der Bund hervorgegangen. In seinem Rahmen
konnten die Gläubigen in geistlicher und sozialer Sicherheit leben. Erlösung bedeutet im Judentum vor allem kollektive Befreiung, Befreiung aus
der ägyptischen Sklaverei oder von der Fremdherrschaft durch andere
Völker.

Im Christentum bedeutet Erlösung die Rettung vor der ewigen Verdammnis, dem Tod, der Hölle oder anders formuliert, die Erlangung des
ewigen Lebens für die Seele. Nach Paulus ist das Gesetz, die Thora, dazu
nicht in der Lage, nur ein einmaliges Opfer von kosmischen Ausmaßen,
die Opferung Jesu, vermag dies zu erreichen. Seine Grundstimmung ist die
Verzweiflung, bedingt durch die Erbsünde, für die nur eine übernatürliche
Erlösung als Ausweg bleibt. Keine Verhaltensbelehrung steht hier im
Vordergrund, sondern die Hoffnungslosigkeit der moralischen Situation
auf Grund des gefallenen Zustands der menschlichen Natur, ganz im Sinne
der Gnosis. Für die Rabbanen liegt der Schwerpunkt des Lebens auf der
Bemühung, die bösen, naturgegebenen Neigungen zu überwinden. Paulus
hält aber jede Bemühung für aussichtslos und daher für sinnlos. Sein
„Gesetz Christi" beruht nicht mehr auf praktischem Verhalten und guten
Taten, sondern auf Gnade und Glaube. Ärgerlicherweise gibt es dann Leute,
die glauben, dass, wenn sie erst einmal durch göttliche Gnade erlöst sind,
sie sich dann alles erlauben können, so dass Paulus dann doch wieder auf
moralische Ermahnungen zurückgreifen musste, die doch angeblich überholt und veraltet waren. Die Sicherheit der Juden im Bund gibt es im
Christentum nicht. Hier lautet die Frage: „Wie werde ich gerettet?" statt:
„Wie soll ich mein Handeln verbessern?".

Paulus hatte keinen jüdischen Hintergrund, sondern einen griechischen,
er kam aus Tarsus, nicht aus Jerusalem, war kein Pharisäer, schon gar kein
Pharisäer der Pharisäer, wie er behauptet und auch kein Schüler Gamaliels,
wie Lukas behauptet. In seinem Leben, das eher einem Pikaro-Roman als
einer Heiligen-Vita ähnelt, war er bei dem Versuch, Anschluss an das
Judentum zu finden, vielleicht sogar eine führende Position zu erreichen,
gescheitert. Bei Maccoby kann man detailliert nachlesen, wie er nach seinem Erweckungserlebnis auf dem Weg nach Damaskus die Vorstellungs-
welt des Judentums und insbesondere der Nazarener, der jüdischen Anhänger Jesu, nach und nach mit den Inhalten der hellenistischen Religionen
seiner Heimatstadt amalgamierte und dabei einen Mythenmix von erheb-
licher Durchschlagskraft schuf. Das Judentum lieferte die historische Kontinuität von Adam bis zur Endzeit, die Mysterien-Religionen trugen ein
Opferelement bei, das Sakrament des Blutes, und die Gnosis verlieh dem

Amalgam etwas Universelles, Kosmisches, übernahm die Vorstellung vom herabsteigenden Erlöser mit dem dazugehörigen judenfeindlichen Gebrauch jüdischer Schriften, die Gesetzesfeindschaft, die dualistische Aufteilung der Welt in Gut und Böse und den Hang zum Eskapismus. Aus dem eher unbedeutenden, jedenfalls erfolglosen jüdischen Widerstandskämpfer und Messias-Anwärter Jesus, der von der römischen Besatzungsmacht verurteilt und gekreuzigt wurde, konstruierte Paulus einen vom Himmel herabgestiegenen Mysteriengott, der für die Sünden der Menschheit geopfert wurde und dabei die Thora, das Gesetz überflüssig machte. Der historische Jesus wäre über diese Konstruktion vermutlich entsetzt gewesen. Aus jüdischer Sicht ist das Ketzerei, denn es ist ein Bruch mit dem ersten Gebot, der Grundlage des Monotheismus. Die eigentlichen Gegner der Juden, die Römer, exkulpiert Paulus und entwickelt die Idee von der Verantwortlichkeit „der Juden" für den Tod Jesu. Eine Religion, in deren Zentrum ein jüdischer „Terrorist" stand, hätte im Römischen Reich auch schlechte Karten gehabt. Paulus setzt mit dieser Umdeutung, mit dieser Geschichtsfälschung, aber nur den antisemitischen Auftakt.

Das entscheidende Ereignis nach den Paulusbriefen war der Jüdische Krieg (66–70 n. d. Z.), in dem der zweite Tempel zerstört und die Juden von den Römern besiegt wurden. Die jüdischen Anhänger Jesu, die Nazarener bzw. Judenchristen, lösten sich im Laufe der folgenden Jahrzehnte auf. Sie waren thoratreue Juden, die das Gesetz achteten und auf die Auferstehung Jesu durch ein göttliches Wunder wie bei Lazarus hofften, damit er seine Mission, die Beendigung der römischen Besatzung und die Wiederherstellung jüdischer Autonomie, fortsetzen könnte. Die Anhänger von Paulus allerdings, die Heidenchristen, die in offener Konkurrenz, ja Konfrontation zu den Judenchristen standen, sahen in der Zerstörung des Tempels die Bestätigung der paulinischen Ideen. Aus ihrer Perspektive wurden die Juden bestraft, weil sie die Göttlichkeit Jesu nicht anerkannten und verstockt waren gegenüber der Vorstellung von seinem Sühnetod am Kreuz, der sie von ihren Sünden befreien, zum ewigen Leben verhelfen und die Thora überflüssig machen würde. Für sie war die jüdische Niederlage ein befreiendes Ereignis, durch welches der Gott entschieden hatte, den Bund vom Sinai zu beenden und ihn durch den Bund des Blutes Jesu zu ersetzen.

Als Paulus schrieb, existierte der jüdische Staat noch, als die Evangelien geschrieben wurden, war dies Vergangenheit, und deren Autoren benötigten eine historische Erzählung und Institutionen für die neue etablierte Gemeinschaft, zu der die Heidenchristen herangewachsen waren. Jetzt wurde die mythologische Fakultät aktiv. Die Evangelien verschärfen die bei Paulus angelegten antisemitischen Tendenzen. Auf der Grundlage des unhistorischen Passahprivilegs entsteht die Barrabas-Legende, in welcher „die Juden" die Kreuzigung Jesu fordern und sich dabei – laut Matthäus (27, 25) – mit einem Fluch beladen: „sein Blut komme über uns und unsere Kinder", ein Fluch, der eine Vorahnung vermittelt von dem Unheil, das die jüdische Bevölkerung in den kommenden 2000 Jahren unter christlicher Herrschaft erwartet. Sie entpolitisieren Jesus weiter, indem sie ihn von seinem historischen Hintergrund lösen und die Pharisäer, zu denen Jesus gehörte, also die Vertreter der einfachen Leute, verächtlich machen, als trockene Legalisten und Heuchler denunzieren. Die Evangelisten begannen auch, die neue paulinische Religion – das Christentum – mit weiteren Figuren und Vorstellungen aus den Mysterienkulten auszuschmücken, die in den Paulusbriefen noch keine Erwähnung finden, aber viel Resonanz in den Köpfen derer fanden, die von einem heidnischen, hellenistischen Hintergrund zum „Paulinismus" bekehrt wurden: die Geburt Jesu in einer Krippe, wie bei Horus, der Besuch der Heiligen Drei Könige, wie im Mithraskult, die Jungfrauengeburt, analog zu den zahlreichen jungfräulichen Göttinnen wie z. B. Diana und zur Geburt von Helden, wie Herkules, deren Mütter von Göttern geschwängert wurden.

Jetzt kommt Judas Ischariot ins Spiel, der bei Paulus noch keine Sonderrolle einnimmt. Die Entwicklung von Jesus durch Paulus in die Richtung eines menschlich-göttlichen Erlösergottes machte einen mythologischen Gegenspieler nötig, einen „Heiligen Henker", einen „Schwarzen Christus", der die böse, aber erforderliche Tat vollbringt und die Schuld des Opfernden auf sich lädt. Bei Osiris war es dessen boshafter Bruder Set, bei Dionysos die bösen Titanen, und bei Baal, dem syrischen Erlösergott, war es dessen Bruder Mot. Im vorliegenden dritten Band seiner Antisemitismus-Trilogie zeigt uns Maccoby, wie sich Judas in den Evangelien schrittweise zum Verräter entwickelt, denn erst mit einem solchen Sündenbock war die paulinische Erzählung vervollständigt. Judas Ischariot ist allerdings kein klassischer „Heiliger Henker". Ein Heiliger Henker steht unter einem besonderen Schutz, ist gleichzeitig verachtet, geächtet und doch verehrt und geschützt, eine Art notwendiges Übel, dessen Langlebigkeit für den Erhalt der Schuldzuweisung und die Übertragung der Verantwortlichkeit sorgt, die sonst auf die Gläubigen zurückfällt, die vom Opfertod profitieren. Judas Ischariot stirbt aber bei Matthäus durch Selbsttötung aus Reue über seine Tat (Mt 27, 3–5), bei Lukas in der Apostelgeschichte durch die Bestrafung Gottes auf dem Blutacker (Apg 1, 18–19). Dass ausgerechnet er im Neuen Testament die Rolle des Verräters zugewiesen bekommt, ist kein Zufall, denn sein Name ist ein Eponym für das ganze jüdische Volk. In den Evangelien wird es in seiner Gesamtheit zum Heiligen Henker, eine einmalige Konstruktion, denn einerseits kann ein Volk ewig weiterbestehen, andererseits kann man Einzelne aus diesem Volk verfolgen und töten, wenn man nur genug von ihnen für den kollektiven Fortbestand übriglässt. Pontius Pilatus, laut Philo, Tacitus und Josephus ein korrupter Schlächter, ist der historische Verantwortliche für den Tod Jesu, wird aber ein Teil der mythologischen Konstruktion. In den Evangelien wäscht er seine Hände in Unschuld. In der äthiopischen Kirche wurde er später sogar heiliggesprochen. Das Christentum war endgültig prorömisch und antijüdisch geworden. Sein Zentrum verlagerte sich folgerichtig nach Rom.

Das Christentum, das sich dadurch auszeichnet, dass es ein Menschopfer, das es selbst nicht wahrhaben will, als sein zentrales Sakrament betrachtet, hatte seinen Blitzableiter gefunden, konnte seine antijüdischen Phantasien aber erst ausleben, als es an die Macht gekommen war. Es war der Mythos von den jüdischen Christusmördern, personifiziert in dem archetypischen Verräter Judas, der den Auftakt gab für die Herabstufung der Juden auf einen Pariastatus innerhalb der christlichen mittelalterlichen Gesellschaft. Der paulinische Mythenmix entwickelte sich zum destruktiven Kult, der Blutbeschuldigungen verbreitete, Pogrome an der jüdischen Bevölkerung verübte und die Inquisition einführte. Die Dämonisierung der Juden war schon lange in den Schriften der Kirchenväter vorhanden, nun kam sie zum Tragen und wurde durch religiöse Kunst und durch Folklore gefördert. In dem vorliegenden Werk zeigt uns Maccoby, wie die Passionsspiele den Mythos zunehmend verschärften, wie die Juden, angeführt von Judas Ischariot, als grausame Folterer Jesu dargestellt wurden, bis die Zuschauer dieser Massenunterhaltungen zu antisemitischer Raserei aufgestachelt waren, die sich häufig in Pogromen entlud. Maccoby empfiehlt deshalb, die Oberammergauer Passionsspiele einzustellen, die in der langen antijüdischen Tradition stehen, welche letztlich in den Holocaust mündete. Vielleicht wäre es noch besser, wenn man anstelle eines Verbotes, gleichzeitig zu diesen unseligen Spielen, sein eigenes Theaterstück „Die Disputation" aufführen würde, damit das Publikum endlich die verschiedenen religiösen Standpunkte vergleichen kann. Der diesjährige Abraham-Geiger-Preis für die Passionsspiele ist jedenfalls ein unverständlicher Fehlgriff, eine Kapitulation, auch wenn ihr Intendant, Christian Stückl, ein sympathischer, vielleicht etwas naiver Zeitgenosse sein mag. Antijudaismus, auch in seiner folkloristischen Ausformung, lässt sich nicht reformieren. Es ist besser, ihn offenzulegen, als ihn pseudofortschrittlich zu verschleiern.

Der Antisemitismus überlebte die Aufklärung und kehrte in neuer Gestalt wieder, als „rassistische" Variante, die in den Juden die ewigen Fremden sah, Parasiten, wurzellose Kosmopoliten, Verschwörer gegen das Vaterland, Verursacher von Wirtschaftskrisen und Kriegsniederlagen, Profiteure der Ausbeutung, böse Kommunisten, böse Kapitalisten, und jetzt wieder, ganz aktuell, Verursacher oder wenigstens Profiteure der Corona-Virus-Pandemie, so wie sie im Mittelalter die Verursacher der Pest gewesen sein sollen. Maccoby macht klar, dass ohne die jahrhundertelange antijüdische Gehirnwäsche der europäischen Bevölkerung durch die Kirche auch der Holocaust unmöglich gewesen wäre. Er rüttelt die christliche Welt aus dem Schlaf, denn ihre Antwort auf diesen Zivilisationsbruch wird über die Zukunft des Christentums entscheiden oder darüber, ob es überhaupt eine Zukunft haben wird. Nach seiner Auffassung könnte eine dauerhafte Lösung des Problems des Antisemitismus darin bestehen, den paulinischen Sühne-Mythos abzubauen. Wenn Jesus als Lehrer wahrgenommen wird, statt als Opfer angebetet zu werden, wenn er für sein Leben und seine Taten geschätzt wird, statt für seinen Tod und seine mystische Auferstehung, dann könnte der Antisemitismus ein Ende finden. Ein erwünschter Nebeneffekt davon wäre nach seiner Meinung die Rehabilitierung von Judas Ischariot, den er entmythologisiert und auf seine historischen Beine stellt, soweit es die historische Quellenlage zulässt. Er wurde mit einem entwürdigenden Verräter-Stigma beladen, trotz seiner Loyalität zum historischen Jesus, mit dem er zu einer – wenn auch gescheiterten – Befreiungsmission aufgebrochen war.

Man möchte ergänzend zu Maccoby sagen, dass es auch langsam an der Zeit ist, das Neutralitätsgebot im Grundgesetz in gesellschaftliche Realität umzusetzen und Staat und Kirche vollständig zu trennen. Eine der wichtigsten, uneingelösten Forderungen der Aufklärung ist die Privatisierung der Religion. Man könnte sich dabei Frankreich zum Vorbild nehmen, das in Folge der Dreyfus-Affäre den Laizismus im ersten Artikel seiner Verfassung verankert hat. Den staatlichen Religionsunterricht könnte man durch eine vergleichende Religionskunde ablösen, mit der heilsamen Folge, dass den religiösen Dogmen und Mythen, die sich im Laufe der Jahrhunderte in unseren Köpfen verfestigt haben, die Grundlage entzogen würde.

Peter Gorenflos
Berlin, den 1. Juli 2020

Vorwort und Danksagung

Es mag als merkwürdiger Zufall erscheinen, dass von allen zwölf Jüngern Jesu derjenige, den die Evangeliengeschichte als Verräter auswählt, den Namen des jüdischen Volkes trägt. Diese Zufälligkeit fiel auch christlichen Kommentatoren auf, die ihn als geheimnisvolles göttliches Zeichen verstanden, durch das die Judas-Rolle der Juden angedeutet wurde. Ich habe dies als Ansatzpunkt für eine Betrachtung der Rolle genommen, die die Figur des Judas Ischariot in der Geschichte des christlichen Antisemitismus spielt. Mit fortschreitender Beweisführung wird das Element des Zufalls allmählich verschwinden, und es wird ziemlich klar, dass Judas gerade wegen seines Namens für eine unheilvolle, aber notwendige mythologische Rolle ausgewählt wurde.

Während ich dieses Buch schrieb, habe ich von vielen Menschen unschätzbare Hilfe erhalten. Zum Thema der Behandlung von Judas in der Kunst muss ich meinen Freunden Professor Lazar von der University of South California und Professor Michael Podro von der University of Essex für die Mühe danken, die sie sich machten, um mich mit Auskünften über Quellen zu versorgen. Ebenso muss ich den Mitarbeitern der London Library und des Warburg Institute für ihre zuvorkommende Hilfe danken. Von Peter Halban habe ich unermüdliche Ermutigung und viel Verständnis erfahren. Adam Bellow von The Free Press, New York, ist der denkbar beste Lektor gewesen, sowohl wegen seines stilistischen Feingefühls als auch wegen der kundigen und kreativen Kritik der Thematik. Den größten Nutzen habe ich aus der ständigen Hilfe, Kritik und Mitarbeit von meiner Frau Cynthia gezogen, die so viel zu diesem Buch beigetragen hat, dass es nur ihr gewidmet werden konnte.

Kapitel 1

Judas in der westlichen Vorstellung

Wie wichtig ist Judas Ischariot in der Geschichte des Christentums? Eine einfache Antwort könnte lauten, er habe überhaupt keine Bedeutung. Er taucht in keiner christlichen theologischen Theorie auf und wird auch in keinem Glaubensbekenntnis erwähnt. Doch eine solche Antwort bliebe an der Oberfläche. Das Christentum ist nicht bloß ein theologisches System oder eine Liste abgrenzbarer Glaubensrichtungen. Es ist auch ein Gebilde der Fantasie; sein eindrucksvollstes Merkmal, wodurch es einen großen Teil der Menschheit für sich eingenommen hat, ist seine Erzählung. Die zentrale Geschichte des Christentums, wie sie in den Evangelien und besonders in den Passionsszenen enthalten ist, ist die eigentliche Quelle der Empfindungen von Entsetzen, Mitleid, Trauer und Freude (und, könnte man hinzufügen, Hass), die den christlichen Gläubigen an seine Religion binden und bestimmend für sein religiöses und moralisches Leben sind. In dieser Geschichte fällt Judas Ischariot eine wesentliche Rolle zu, jene des Verräters, und als solcher zieht er die Emotionen auf sich, die fester Bestandteil der christlichen religiösen Haltung sind.

Alle Religionen beschäftigen sich mit dem Widerstreit zwischen dem universellen Guten und Bösen. Im Christentum wird dieser Konflikt nicht durch ein Bild von unaufhörlichem Kampf gelöst, in dem am Ende das Gute gewinnt, sondern durch eine Geschichte der scheinbaren plötzlichen

Niederlage des Guten, das sich demütig dem Bösen ergibt. Aber das Gute erringt dadurch einen größeren Sieg, weil gerade diese Verleugnung und Niederlage notwendig ist, um das Böse zunichtezumachen. In dieser Geschichte wird eine Person gebraucht, die als Mittelsmann zwischen Gut und Böse agiert, jemand, der zur Seite des Guten gehört, aber als Erfüllungsgehilfe des Bösen handelt, sodass die zeitweilige Niederlage erreicht werden kann. Warum genau eine solche Gestalt gebraucht wird, ist die Frage.

Es dürfte schon deutlich geworden sein, dass die christliche Erzählung hier auf der Ebene des Mythos behandelt wird anstatt aufgrund der historischen Fakten. Judas Ischariot tritt darin nicht auf, weil es diese Person tatsächlich gab, sondern weil eine solche Person gebraucht wird, damit die Erzählung ihre größtmögliche psychologische und spirituelle Wirkung erzielt. Wir werden nachweisen, dass die Erzählung von Judas Ischariot fast zur Gänze erfunden ist. Aber das macht die Erzählung keineswegs belanglos; ihr Rang als Mythos wird davon nicht berührt. Der Fragesteller hat die Aufgabe, sowohl die Macht als auch den Zweck des Mythos zu erforschen und die historische Realität, worauf er beruht, zu rekonstruieren. Der Gegensatz zwischen Realität und Mythos kann selbst zum Gegenstand nützlicher Betrachtung werden.

Sehen wir uns zunächst die bekannte Geschichte von Judas' Verrat an, wie sie in den Köpfen der normalen Leser der Evangelien existiert: Judas Ischariot war einer der Jünger Jesu. Wir erfahren weder etwas über seine Familie oder seine Herkunft noch über die Bedeutung seines zweiten Namens „Ischariot" oder wie er zum Jünger Jesu wurde. Er darf nicht verwechselt werden mit einem anderen Jünger Jesu, der ebenfalls Judas hieß, aber nicht „Ischariot", und Jesus treu ergeben blieb. Judas Ischariot wurde von Jesus zum Kassenwart der Gruppe der Jünger ernannt und betreute die gemeinsame Kasse; aber er war von Natur aus habgierig und nutzte seine Stellung aus, um zum eigenen Vorteil zu betrügen, während er sich bei wohltätigen Ausgaben als knauserig erwies. Versucht vom Satan, verleitete ihn schließlich seine Habgier zum Verrat. Er ging auf die wichtigsten Feinde Jesu zu, die Anführer der Priester, und bot ihnen an, Jesus gegen Geld zu verraten. Man vereinbarte die Summe von dreißig Silberlingen und händigte sie ihm aus, und Judas wartete auf eine passende Gelegenheit für den Verrat. Judas war bei dem Abendmahl mit den anderen Jüngern anwesend. Jesus aber wusste, dass Judas Ischariot vorhatte, ihn zu verraten, und ließ dieses Wissen beim Abendmahl durchblicken, indem er Judas ein in Wein getunktes Brotstück mit den Worten reichte, die Person, die dies empfinge, würde ihn verraten. Judas verließ darauf die Tafel und traf sich mit den Priestern. Nach dem Mahl begab sich Jesus mit den anderen Jüngern in den Garten Gethsemane, wo er die Nacht betend verbrachte. Hierher führte Judas die Feinde Jesu und identifizierte diesen, indem er ihm einen Kuss gab. Darauf wurde Jesus festgenommen und weggebracht zu seiner Haft, Gerichtsverhandlung und Hinrichtung. Judas Ischariot aber überkamen Gewissensbisse, und er gab das Geld den Tempelpriestern zurück und erhängte sich. Nach einer anderen Darstellung platzten seine Eingeweide auf einem Feld auseinander, das er von den dreißig Silberlingen gekauft hatte.

Der obige Bericht ist aus einer unbewussten Verschmelzung der Erzählungen in den verschiedenen Evangelien entstanden. Eigentlich sind diese Erzählungen in mancherlei Hinsicht widersprüchlich, aber der nicht fachkundige Leser betrachtet die Evangelien deshalb nicht als voneinander abweichend oder einander widersprechend. Vielmehr füllt er die Lücken des einen Evangeliums aus einem anderen auf und macht sich, wo Widersprüche zu bestehen scheinen, harmonisierende Interpretationen zu eigen. Der einzige Aspekt der Geschichte, wo die Harmonisierung so schwierig ist, dass jedem Leser ein Widerspruch bewusst werden kann, betrifft Judas' Tod. Der Leser wird sich nicht daran stören, dass sich bei Markus und Johannes überhaupt kein Bericht über Judas' Tod findet,[1] da er die Lücke wohl einfach mit den Berichten bei Matthäus und in der Apostelgeschichte ausfüllt. Aber es könnte ihn verwirren, dass Matthäus und die Apostelgeschichte so unterschiedliche Berichte über Judas' Tod geben (wobei Matthäus ihn als Suizid eines Büßers beschreibt, die Apostelgeschichte dagegen als vom Himmel herbeigeführten Tod eines unbußfertigen Schurken). Es bedurfte der Genialität mittelalterlicher Gelehrter, eine Lösung zu finden (etwa, dass Judas, nachdem sein Suizidversuch gescheitert war, seine Buße aufgab und schließlich durch Gottes Eingreifen starb). Erst in der Neuzeit, als das Neue Testament nicht mehr als unfehlbares Dokument ohne jegliche Widersprüche angesehen wurde, wurden harmonisierende Methoden von Gelehrten (wenngleich nicht von gewöhnlichen Gläubigen) fallen gelassen, und man räumte ein, dass in den zu verschiedenen Zeiten entstandenen Evangelien verschiedene und unvereinbare Merkmale existierten. So wurde es möglich, die Frage (der die folgenden vier Kapitel in diesem Buch gewidmet sind) zu bedenken: „In welchen Schritten veränderte und entwickelte sich die Judasgeschichte während der Aufzeichnung der vier Evangelien?"

Selbst der laienhafte Leser möchte sich vielleicht nicht völlig auf das im Neuen Testament gebotene Zeugnis verlassen. Vielleicht hat er von gewissen weitverbreiteten gelehrten Theorien über Judas Ischariot gehört, obwohl er wahrscheinlich irgendwie denkt, dass sie sich irgendwo in den Texten des Neuen Testaments finden. Solche gelehrten Theorien erreichen die Öffentlichkeit oft durch Filme oder Romane über das Leben Jesu, die zwangsläufig eine Darstellung der Beziehung Jesu zu Judas beinhalten. Zum Beispiel gibt es eine weitverbreitete Meinung, dass Judas Ischariot Judäer war, nicht wie die anderen Jünger, die Galiläer waren. Viele Menschen wären überrascht, wenn sie hörten, dass die Evangelien nichts enthielten, was diese Theorie ausdrücklich untermauerte, die allein auf einer fragwürdigen gelehrten Ableitung des Namens „Ischariot" beruht. Es gibt auch eine verbreitete Theorie, dass Patriotismus und Zelotismus Judas Ischariot zu seinem Verrat an Jesus motivierten; in manchen Versionen dieser Theorie wünschte Judas Ischariot eigentlich gar nicht, den Tod Jesu herbeizuführen, sondern vielmehr ihn zum entschlossenen und wunderbaren Handeln zu zwingen, um die Römer zu besiegen. Auch das steht nicht im Neuen Testament. Es wurde erst im 19. Jahrhundert behauptet, um Judas Ischariot mit einer glaubwürdigen Motivation auszustatten.

Allerdings hat die Judasgeschichte seit ihrer Entstehung gerade wegen ihrer unhistorischen Aspekte und besonders wegen ihrer Darstellung des Bösen als Selbstzweck fasziniert. In der klassischen Version der Geschichte steht Judas in der Gewalt des Teufels, und der Teufel an sich ist die Verkörperung des grundlosen Bösen. Das Motiv der Habgier scheint für die Ausmaße des Verbrechens kaum auszureichen. Die Philosophie und Theologie hinter der Geschichte ist ungeschminkt dualistisch: Es gibt eine kosmische Kraft des Bösen, die dem Guten für immer entgegensteht. Die modernen Versionen, die die Judasgeschichte zu vermenschlichen versuchen, indem sie Judas eine sympathische Rolle geben und ihn mit glaubwürdigen Motiven ausstatten, gehen an der Sache vorbei.[2] In einem Roman oder Theaterstück oder Film muss jede Rolle eine Motivation haben; in einem Mythos gilt dies indes nicht. Vielmehr steht jede Rolle für ein Element der Existenz, das ist, was es ist, und nichts anderes. Lévi-Strauss betont in seinen Untersuchungen zum Mythos zu Recht, dass Mythos kein literarisches Phänomen ist und dass er unabhängig von jedem Erzählen besteht. Sobald er in literarischer Form bearbeitet wird, hat er die Tendenz, seine mythische Kraft und seinen Stellenwert zu verlieren, obgleich manche literarischen Formen bewusst die Aura des Mythos wahren. Die Evangelien sind keine Romane, sondern die Inszenierung eines Mythos und eines Rituals; sie verbindet weit mehr mit dem frühen griechischen Drama, mit den Passionsspielen des Attis und mit den mittelalterlichen christlichen Passionsspielen als mit moderner weltlicher Literatur.

Dennoch zeigt sich die Macht des Judasmythos in der Rolle, die er auch in der westlichen weltlichen Fantasie gespielt hat. Judas Ischariot ist der archetypische Verräter in Legende, Kunst und Literatur. Wo immer der Vorwurf des Verrats erhoben wurde, um für ein Unglück verantwortlich gemacht zu werden, tauchte der Name „Judas" auf. Er ist das Symbol des unmotivierten Bösen, das immer bereit ist, das Gute zu vernichten. Der Judaskuss ist das Siegel dieser heimtückischen Bedrohung; der Kuss, der die vertraute Nähe und die Verwandtschaft zwischen dem höchsten Guten und dem schwärzesten Bösen zeigt. Selbst wo der Name „Judas" nicht ausdrücklich auftaucht, scheint die westliche Fantasie fasziniert von diesem Thema der Verwandtschaft, Freundschaft und sogar Liebe zwischen dem Helden und der Kraft, die ihn vernichtet. Artus muss seinen nahen Verwandten haben, Mordred – genau genommen sein unehelicher Sohn –, der vom Schicksal bestimmt ist, ihn zu Fall zu bringen. Othello kann nicht von äußeren Feinden besiegt werden, die er triumphal bezwingt, aber sein intimer Freund und Berater Jago ist sein Ruin. Brutus und Cassius, als archetypische Verschwörer erdacht, die auf den Tod ihres Wohltäters Julius Caesars sinnen, werden in Dantes Hölle neben Judas gestellt. Hinter allen Bildern des Verrats steht Judas, einer der auserwählten Zwölf, der auf einer Bank neben seinem Meister liegt, verstörend mit der Gestalt des „Jüngers, den Jesus liebte" verschmelzend, das in Wein getunkte, von Jesus selbst angebotene Brot annehmend, das ihn als den Feind bestimmt, erfüllt von dem Prinzip des Bösen.

Verflochten mit Judas als Vertrautem und Feind ist die Stellung der Juden in der christlichen Fantasie. Die Juden sind das Volk Jesu, mit dem er die engsten Bande hat. Er spricht von ihnen mit Liebe, aber auch Kummer und Tadel: „Jerusalem, Jerusalem, du tötest die Propheten und steinigst die Boten, die zu dir gesandt sind. Wie oft wollte ich deine Kinder um mich sammeln, so wie eine Henne ihre Küken unter ihre Flügel nimmt; aber ihr habt nicht gewollt." (Mt 23, 37) Doch gerade dieses Volk ist in der christlichen Erzählung dazu bestimmt, ihn zu verraten; wie Judas töten sie ihn nicht in einem direkten Mord, wie sie es angeblich bei früheren Propheten machten, sondern verrieten ihn hinterrücks an seine Feinde, Fremde, vor denen sie ihn eigentlich hätten schützen sollen. Nirgendwo in den Evangelien wird Judas als ein Vertreter des jüdischen Volkes als Ganzem bezeichnet; dennoch gibt es einen außerordentlichen thematischen Anklang zwischen den Erzählungen von einem individuellen Verrat und der Erzählung von einem gemeinsamen Verrat durch Blutsverwandte Jesu, die Juden. Dieser Widerhall beeinflusst jeden Leser der Evangelien, sei er sich dessen bewusst oder nicht. Im Mittelalter und, wie wir sehen werden, auch in der Neuzeit wird die Parallele weiter verfeinert, wenngleich in der Regel mit einer gewissen Zurückhaltung, als sei man irgendwie gehemmt, ausdrücklich zu sagen: „Judas und die Juden sind eins." Judas ist keine Allegorie, sondern ein Symbol, dem man erlauben muss, seine Magie im Dunkel zu bewirken. In angespannten Zeiten allerdings fällt die normale Zurückhaltung weg. Wenn eine Katastrophe eingetreten ist, etwa die Große Pest von London, oder eine Niederlage wie im Deutsch-Französischen Krieg oder im Ersten Weltkrieg – wann immer ein Verräter gebraucht wird, dem man die Schuld an einem schwer erträglichen Unglück aufladen kann –, werden die Juden für diese Rolle ausgewählt, wird der Name „Judas" offen auf sie angewandt. In solchen Zeiten wird das Symbol enthüllt, und die Worte von Papst Gelasius I. werden gängige Meinung: „In der Bibel wird das Ganze oft nach dem Teil benannt: Da Judas ein Teufel und Gehilfe des Teufels genannt wurde, gibt er seinen Namen dem ganzen Volk."

Ein eindrucksvolles Beispiel nicht nur für die Macht des Mythos über die Fakten, sondern auch für die Verknüpfung zwischen der Judasgeschichte und dem Bild von den Juden ist die weitverbreitete Wahrnehmung von den Juden als kleinlich und geizig. Das bekannteste Beispiel in der Literatur ist Shylock, aber er ist nur einer in einer langen Reihe literarischer jüdischer Geizhälse.[3] In Wirklichkeit haben die Juden es nie an Großzügigkeit fehlen lassen. Großzügigkeit ist eine der am höchsten geschätzten Eigenschaften im jüdischen Ethos. Die Idee der Barmherzigkeit hat in der jüdischen Tradition mehr tiefe Rücksicht und menschliche Ausgestaltung erhalten als in jeder anderen Kultur, besonders was das Vermeiden von Demütigung und Herablassung beim Verrichten guter Taten betrifft. Die Mischna, das verbindlichste rabbinische Werk, hebt hervor, dass Wohltätigkeit für Juden und Nicht-Juden gleichermaßen gelten muss,[4] ein Grundsatz, der von einer langen Reihe jüdischer Philanthropen befolgt worden ist. Doch diese Tatsache hat das Bild vom Juden als Geizhals nicht im Geringsten beeinflusst, weil es nicht auf Beobachtung beruht, sondern auf einem tief verwurzelten kanonischen Mythos. Der Verräter, der seinen Meister für Geld verkaufte, ist der zugrundeliegende Archetyp, und das Geld, das jeder Jude angeblich begehrt, ist nichts anderes als die dreißig Silberlinge, die der Preis für Judas' Verrat waren. In den Passionsspielen des Mittelalters fanden die Zuschauer Vergnügen an einer Szene, in der Judas mit den jüdischen Älteren um sein Blutgeld feilschte, wobei jeder versuchte, die andere Seite an Habgier zu überbieten. In dieser Art von lebhafter Dramatisierung wurde das Bild vom jüdischen Geizhals unauslöschlich geformt.

In der Antike beschuldigten selbst die heftigsten hellenistischen Antisemiten wie Apion und Manetho die Juden nie, geldgierig zu sein. Vielmehr qualifizierten sie sie als ungehobelte Bauern ab, die unerfahren im Handel waren, ein Vorwurf, gegen den Josephus, der jüdische Historiker, sie zu verteidigen versuchte. Und außerhalb der westlichen Welt, in Regionen, wo der christliche Mythos mit seiner Judas-Komponente keinen Einfluss hat, waren die Juden diesem Vorwurf nie ausgesetzt.[5]

Juden waren natürlich die herausragenden Zwischenhändler und Geldverleiher des christlichen Europa, und auf diese Tatsache ist als historische Grundlage für die antisemitische Verleumdung hingewiesen worden. Aber dieses Argument stellt die Abfolge des Geschehens auf den Kopf. In Wirklichkeit könnte man argumentieren, dass die christliche Welt versuchte, die Juden mit ihrem negativen Bild in Deckung zu bringen, indem man sie von allen Gewerben und gehobenen Berufen ausschloss und indem man ihnen verbot, Land zu besitzen oder zu bebauen. So garantierte das Christentum, dass die Juden in ein Volk von Wucherern verwandelt wurden. Nur vereinzelte christliche Denker, zum Beispiel Petrus Abaelardus, waren aufgeklärt genug, um zu bemerken, dass man den Juden kaum vorwerfen konnte, Wucherer zu sein, wenn man ihnen keine andere Betätigung erlaubte. Indessen war die Funktion der Juden als gewerbsmäßige Wucherer von größtem Nutzen für die christliche Gesellschaft; ohne die jüdischen Wucherer (oder, wie wir heute sagen würden, „Banker") wären viele der prachtvollen Kirchen im christlichen Europa nie gebaut worden.[6] Ein kluger christlicher König betrachtete die Juden (rechtlich seine *servi* oder Sklaven) als seinen wertvollsten Besitz, denn sie liehen ihm Geld und zogen oft seine Steuern ein, wodurch sie gleichzeitig den Unmut der Bevölkerung ablenkten. Unterdessen konnten die Juden durch Massaker oder Vertreibung geopfert werden, wenn irgendein Notstand ihre massenhafte Enteignung verlangte. Die Sünde des Wuchers wurde von jeder Kanzel gebrandmarkt; aber jeder kluge Herrscher verstand, dass ohne Zinsforderung kein Geld verliehen würde und große Unternehmungen nicht verwirklicht werden könnten. Welches Glück also, dass die notwendige Sünde von einem Volk begangen werden konnte, das ohnehin schon verflucht war. Diese Verdammnis hatten sie mit einem noch notwendigeren Verbrechen auf sich gezogen, dem Verrat an Jesus, ohne den niemals die Erlösung in die Welt kommen würde. Die Juden konnten deshalb als die Unberührbaren der christlichen Gesellschaft fungieren, die in diesem Fall nicht die physisch, sondern die moralisch schmutzige Arbeit verrichteten. Und je mehr sie verleumdet und gehasst wurden, desto besser erfüllten sie ihre Funktion, da jeder Fluch den Fluchenden von der Teilnahme an ihren notwendigen, aber bösen Aufgaben trennte. Perfekt veranschaulicht wird diese Funktion von der Tatsache, dass in vielen Regionen die jüdischen Gemeinden gezwungen waren, einen Henker für öffentliche Hinrichtungen zu stellen.

In einem früheren Buch, *Jesus und der jüdische Freiheitskampf,* suchte ich den historischen Jesus von dem Opfermythos zu befreien, den die paulinische christliche Kirche gebildet hatte. In *Der Mythenschmied* versuchte ich zu zeigen, wie dieser Mythos vor einem hellenistischen Hintergrund der Gnostik und der Mysterienreligion entstand, wie er sich im Mittelalter entwickelte und wie er unausweichlich in den Antisemitismus mündete. In *Der Heilige Henker* legte ich dar, dass Opfermythen wie im Christentum in der Antike eher die Regel als die Ausnahme waren und dass zu allen Erlösungsreligionen die dunkle Gestalt des Verräters gehörte, ohne dessen böse Mitwirkung es keine Erlösung vom Bösen geben konnte. In früherer Religion galt die durch Menschenopfer gesuchte Erlösung greifbaren Missständen wie Hunger, Pest oder militärischer Niederlage. Die Erlösungskulte („Mysterienreligionen") der griechisch-römischen Welt jedoch suchten Erlösung vom Übel des Todes an sich durch den Tod und die Auferstehung eines Menschengottes (Osiris, Adonis, Attis, Dionysos), eine idealisierte Form des Menschenopfers. Auch das Christentum glaubte, dass der Tod Jesu seinen Anhängern Unsterblichkeit bringe, betonte aber, dass sein Tod durch Sünde verursacht sei, das eigentliche Übel, das durch das Erlösungsopfer gebannt werde. Nur das Judentum verwarf das Gottmenschen-Opfer als Mittel, um das Problem des Bösen zu bekämpfen. Das Judentum konzentrierte wie das Christentum seine Sorge auf das moralische Böse, vertrat aber die Meinung, dass der Mensch fähig sei, der „bösen Neigung" aus eigener Kraft zu begegnen, unterstützt von seiner angeborenen „guten Neigung" und durch die Anleitung der Thora.

In *Der Heilige Henker* habe ich das Thema des Judas gestreift, aber mein Hauptanliegen war dort noch die Rolle, die dem jüdischen Volk als den rituellen Verrätern im christlichen Opferkult zugewiesen war. Im vorliegenden Buch richte ich die Aufmerksamkeit im Wesentlichen auf Judas Ischariot. Ich beschäftige mich in der Hauptsache mit dem Mythos von Judas Ischariot, nicht so sehr mit der historischen Wirklichkeit, die dahinterliegt, obwohl auch sie beachtet wird. Zunächst werde ich die Entwicklung des Mythos in den Evangelien nachzeichnen, der sich verändert und nach und nach wächst, von einer bloßen Idee des Verräters in eine blühende Sage; ich werde dann die Epoche nach den Evangelien und das Mittelalter betrachten, als eine voll aufgeblühte Judassage entstand, die das ganze Leben des Judas von der Wiege bis zum Grab umfasste, und ich werde die tödliche Rolle, die die Gestalt des Judas Ischariot spielte, und die bedeutungsmäßige Aufladung des Wortes „Judas" im Sinne von „Verräter" in modernen antisemitischen nachchristlichen Bewegungen untersuchen.

Im christlichen Mythos geht es um ein Opfer. Jesus, der menschgewordene Gott, erleidet den Tod, um die Menschheit zu erlösen und denjenigen, die ihn als ihren Erlöser annehmen, ewiges Leben zu verschaffen. Aber diese Beschreibung des Mythos ist nicht ganz genau. Eigentlich gibt es in dem Mythos zwei Opfergestalten, von denen die eine ihr Leben verliert und die andere ihre Seele. Diese zwei Gestalten, die man als Weißen Christus und als Schwarzen Christus bezeichnen könnte, sind beide wesentlich für den christlichen Mythos wie auch für viele ähnliche Mythen.

Zum Beispiel können wir die christliche Erzählung mit jener von Baldur in der skandinavischen Mythologie vergleichen. In der *Prosa-Edda* findet sich die folgende Erzählung. Baldur ist ein guter und schöner Gott, der Sohn Odins, des höchsten Gottes. Einmal träumte Baldur, dass sein Tod nah sei. Er erzählte es den anderen Göttern, die bestürzt waren und beschlossen, ihn zu beschützen. Sie vereinbarten mit der Göttin Frigg, dass sie allen Lebewesen und Stoffen auf der Erde, ob Tier, Pflanze oder Mineral, einen Eid abnehmen würde, damit sie Baldur nicht verletzen würden. Alle gaben diese Verpflichtung ab, sodass die Götter Baldur nun als unverwundbar betrachteten. Folglich vergnügten sie sich damit, dass sie ihn in die Mitte stellten und alle möglichen Dinge auf ihn warfen und schossen, um zu sehen, wie ihn nichts verletzen konnte. Der böse Gott Loki aber sann darauf, wie er Baldur schaden könnte. Zu diesem Zweck ging er als alte Frau verkleidet zu Frigg und fragte sie, ob es etwas auf der Welt gäbe, bei dem sich Frigg nicht die Mühe gemacht hatte, einen Eid zu verlangen, Baldur nicht zu schaden. Frigg verriet, dass ein Ding so unwichtig war, dass sie keinen Eid von ihm erbeten hatte: der Mistelzweig. Loki ging, brach den Mistelzweig und ging zu der Versammlung der Götter zurück, wo das Spiel, Gegenstände auf Baldur zu werfen und zu schießen, noch im Gange war. Am Rand des Kreises stand der blinde Gott Hödur. Loki fragte Hödur, warum er nicht auch Baldur die Ehre erwies, auf ihn zu schießen. Hödur erwiderte, dass er nicht mitmachen könne, da er blind sei und keine Waffe habe. Loki drückte ihm darauf einen Bogen in die Hand, setzte den Mistelzweig als Pfeil ein und zeigte Hödur, wohin er schießen müsse. Hödur schoss den Mistelzweig ab, der Baldur traf und tötete. Baldurs Körper wurde dann unter großer Trauer auf einem gewaltigen Scheiterhaufen verbrannt, zusammen mit seiner Gemahlin und seinem Pferd.

Frazer hat mit einer Fülle von Beispielen nachgewiesen, dass der Mythos von Baldurs Tod aus einem tatsächlichen Ritual abgeleitet wurde, bei dem ein Abbild Baldurs (früher ein Menschenopfer, das für den Gott stand) bei einem Feuerfest verbrannt wurde, um das Gedeihen der Feldfrüchte zu fördern.[7]

Auch hier wird ein Gott getötet, und keiner kann beschuldigt werden außer dem niederträchtigen Intriganten Loki, dem Gott des Unheils und Bösen. Selbst der blinde Hödur trägt keine Schuld, weil ihm Loki vorgegaukelt hat, der Pfeil werde nicht schaden. Alle Götter werfen Steine auf Baldur, aber ihre Steine sind wirklich harmlos, und sie werfen sie nur aus Spaß. Der böse Loki, den jeder mit Schrecken betrachtet, ist allein verantwortlich und wird deshalb wegen seiner Tat verbannt und verflucht.

Und doch ist der Tod Baldurs ein heilstiftendes Ereignis, denn ohne es wird die Ernte ausfallen. Der böse Loki nimmt die Schuld auf sich, aber Götter und Menschen ziehen alle ihren Nutzen daraus. Loki hat zweifellos seinen Platz und seine Funktion, nämlich eine Tat von unsagbarer Bosheit zu vollbringen und den daraus folgenden Hass und die Flüche zu ertragen. Im christlichen Mythos ist es Judas Ischariot, der diese Funktion übernimmt. Die Rolle des blinden Hödur wird von Pontius Pilatus gespielt, der Jesus tatsächlich kreuzigt, aber keine Schuld an dieser Tat trägt, weil er durch List dazu verleitet worden ist (die Mechanismen der List haben unterschiedliche Versionen). Als Pontius Pilatus seine Hände wusch, während die dicht gedrängten Reihen der jüdischen Judasse die Verantwortung übernahmen, indem sie im Chor riefen „Kreuziget ihn!", symbolisiert er die Unschuld der römischen Macht, entlastet von der Mittäterschaft am Tod Jesu, sodass die Schuld vollständig auf die Juden fallen kann. Es ist kein Wunder, dass in der Äthiopischen Kirche Pontius Pilatus ein Heiliger war, wenngleich seine Kanonisierung von der etablierten Kirche nicht bestätigt wurde; der Grund dafür war eine neue Theorie, hinter der Eusebius stand, nach der Pilatus schließlich doch eine Teilschuld trug.[8] Jedenfalls ist die verbreitete Ansicht, dass Pilatus der Schwäche schuldig ist, der jüdischen Mordlust nachgegeben zu haben, nicht Teil der Erzählung der Evangelien, die Pilatus von der Schuld freisprechen.

Es ist interessant, dass die zentrale Szene des christlichen Mythos eine schuldige Menge und ein unschuldiges Individuum beschreibt, während der Baldur-Mythos das Gegenteil darstellt, eine unschuldige Menge und ein schuldiges Individuum, Loki. Hödur entspricht in der Tat Pilatus, aber die beteiligte Schar der Götter teilt Hödurs Unschuld. Im christlichen Mythos gibt es nur einen Hödur und eine Schar von Lokis oder Judassen. Dieser Unterschied zeigt, dass der christliche Mythos (anders als die skandinavische Version) bezweckt, ein ganzes Volk, die Juden, für die Judas-Rolle zu bestimmen. Dies liegt zum Teil daran, dass der skandinavische Mythos auf der übernatürlichen Ebene bleibt; alle Beteiligten sind Götter, während der christliche Mythos Götter und Menschen mischt. Satan, ein böser Gott wie Loki, ist anwesend, denn er hat Besitz von Judas und (stillschweigend) der jüdischen Menge ergriffen, und Jesus, ein guter Gott wie Baldur, ist das zentrale Opfer. Aber die Opfertragödie findet auf der Erde statt, auf die der gute Gott herabgestiegen ist. Aber, und das ist höchst wichtig, der böse Gott handelt durch menschliche Stellvertreter, die als irdische Träger der Schuld zurückbleiben: „Sein Blut komme über uns und unsere Kinder!" (Mt 27, 25)

Was ist die Bedeutung dieses Opferdramas? Beide Versionen des Mythos rühren zweifellos von einem alten Blutritual her. Beide sind von dem wirklichen Brauch des Menschenopfers gelöst – der skandinavische Mythos, indem er das ganze Geschehen in die Wohnstätte der Götter erhöht, der christliche Mythos, indem er einen historischen Tod an einen Opferzweck anpasst. Aber die Vergeistigung eines Menschenopfers ist die normale Strategie einer Mysterienreligion. Der psychologische Mechanismus ist der gleiche, ob beim wirklichen oder beim vergeistigten Menschenopfer: Die Gemeinschaft möchte, dass das Opfer stattfindet, weil es anderenfalls keine Erlösung geben wird, aber sie verlagert die Verantwortung auf irgendeine böse Gestalt. Der Tod des Opfers wird mit allem Anschein tief empfundenen Schmerzes betrauert, denn je tiefer der Schmerz, desto vollständiger die Abgrenzung der Gemeinschaft von dem Tod, den sie begehrte. Die Mittel, durch die der Tod zustande kam, werden geleugnet, entweder durch Verbannen, Ächten oder Demütigen des Henkers oder, wie im Fall der athenischen Buphonia, indem ein Prozess gegen das Messer stattfindet, mit dem das Opfer vollzogen wurde.[9] Wiedergutmachung wird geleistet, indem man den Geist des Opfers anbetet; es wird zum Gott oder ist bereits ein Gott, wenn es getötet wird. Somit ist die Auferstehung des Opfers ein notwendiger Teil des Prozesses und kann sogar den ganzen Sinn ausmachen, wenn das Ritual mit einer Initiation in ein Mysterium verbunden ist, das Unsterblichkeit verheißt. Aber das Wesentliche am Ritual ist, es ohne Schuld vollziehen zu können, und das bedeutet, die Verantwortung der Gemeinschaft für den rituellen Tod nachhaltig zu unterdrücken. Im Baldur-Mythos (wenn wir ihn von der „sekundären Bearbeitung", wie Freud es nannte, freimachen) haben wir ein Bild von der ganzen Gemeinschaft, die ein Opfer steinigt; dies ist die Realität einer gemeinschaftlichen Verantwortung für den Tod. Aber der Mythos sagt uns, dass dies nur ein Schein ist: Die Steine sind harmlos, und der Tod tritt nicht ihretwegen ein, sondern durch die Intrigen eines Einzelnen, den die Gemeinschaft verstößt.[10] Im christlichen Mythos wird eine schuldige Gemeinschaft sorgfältig von der christlichen Gemeinschaft unterschieden, zu deren Nutzen der Tod geschieht. Diese Gemeinschaft von Juden muss in Kürze geächtet, gebrandmarkt und vertrieben werden: Die wahre Gemeinschaft wird von der anwesenden Handvoll trauernder Christen und von dem unschuldigen römischen Statthalter verkörpert. Gerade die Menschen, die den Tod am sehnlichsten wünschen, weil sie mit festem Vertrauen glauben, dass er ihnen Erlösung bringt, sind von Trauer und Entsetzen ergriffen, wenn er eintritt und folglich von der Schuld, ihn herbeigeführt zu haben, völlig entlastet.[11]

Die Mapuche-Indianer, die am Titicacasee in Peru leben, sind in jüngster Zeit von Patrick Tierney untersucht worden.[12] Er fand heraus, dass sie ein grausiges Menschenopfer verrichteten, etwa alle zehn Jahre, wenn ihre Gemeinschaft von einer gewaltigen periodischen Meeresflut bedroht war. Geopfert wurde ein Knabe, der in das Meer gestellt wurde, nachdem man ihm Arme und Beine abgetrennt hatte, und man glaubte, dass er zur Schutzgottheit für den Stamm würde. Eine Frau aus dem Stamm, Machi Juana, führte das Opfer aus. Sie wurde geächtet und von dem ganzen Stamm voller Abscheu behandelt; an jedem Missgeschick, das einem Stammesangehörigen widerfuhr, wurde ihr die Schuld zugeschoben. Doch wann immer ein wichtiges Festmahl stattfand, wies man ihr einen Ehrenplatz am Tisch zu. Somit ist sie ein gutes Beispiel für die Gestalt, die ich als den „Heiligen Henker" bezeichnet habe; der Ausführende des Opfers, der gehasst und geächtet wird, der aber doch weiterhin Ehrfurcht einflößt, weil seine böse Tat Erlösung bewirkt hat. Ein verstecktes Beispiel dafür ist der biblische Kain, der seinen Bruder tötete, doch göttlichen Schutz erhielt auf seiner Wanderschaft und der Gründer einer Stadt war und der Ahne der Gründer der Künste (Gen 4, 17–22); was die Bibel als Mord bezeichnet, war in der Kenitersage, von der die Bibel die Geschichte ableitet,[13] ein Heilsopfer. Auch die Juden sind trotz des Abscheus, den ihr angebliches kosmisches Verbrechen hervorrief, mit einer gewissen Ehrfurcht betrachtet worden. Selbst auf dem Tiefpunkt ihrer Machtlosigkeit hat man sie im Besitz einer magischen Macht gesehen. Die Legende vom Ewigen Juden (im Englischen: „Wandering Jew", die manchmal mit der Legende von Judas Ischariot verschmolzen ist) drückt diese christliche Ehrfurcht vor dem Heiligen Henker aus, der verurteilt ist, für die Tat zu leiden, die der Menschheit Erlösung gebracht hat. Im Neuen Testament erhält Judas Ischariot nicht wie Kain oder der Ewige Jude das zweifelhafte Geschenk eines verlängerten Lebens; er starb durch Selbstmord in einer

Version, durch himmlische Vernichtung in einer anderen. Aber in einigen späteren Versionen der Geschichte wird seine Strahlkraft verstärkt. Er wird ein Fürst und eine respektable Person mit einem beeindruckenden Schicksal. So sehr der Mythos auch Abscheu fördern möchte, kann nie ganz in Vergessenheit geraten, dass er schließlich der Schwarze Christus ist, ein Mittler der Erlösung.

Der christliche Mythos ist eine kraftvolle Version der Möglichkeit, Schuld zu bannen, die von der Menschheit seit dem Neolithikum genutzt worden ist.[14] Das Judentum ist eine revolutionäre Religion, die versuchte, menschliches und göttliches Opfer zu vermeiden,[15] und anstrebte, die moralische Verantwortung an die Gemeinschaft selbst und an die Individuen, aus denen sie besteht, zu übertragen. Es ist schiere Ironie, dass den Juden genau die Rolle, die sie aus der Religion verbannen wollten, aufgebürdet wurde – Ausführende des menschlich-göttlichen Opfers zu sein.

Die Hebräische Bibel bekämpft das Menschenopfer. Psalm 106, 37–38 klagt an: „Sie brachten ihre Söhne und Töchter dar / als Opfer für die Dämonen. Sie vergossen schuldloses Blut, / das Blut ihrer Söhne und Töchter." Die Thora (Dtn 12, 31) verbietet feierlich Menschenopfer: „Wenn du dem Herrn, deinem Gott, dienst, sollst du nicht das Gleiche tun wie sie (die Kanaaniter); denn sie haben, wenn sie ihren Göttern dienten, alle Gräuel begangen, die der Herr hasst. Sie haben sogar ihre Söhne und Töchter im Feuer verbrannt, wenn sie ihren Göttern dienten." Auch die Propheten eiferten gegen das Menschenopfer: „Auch haben sie die Kulthöhe des Tofet im Tal Ben-Hinnom gebaut, um ihre Söhne und Töchter im Feuer zu verbrennen, was ich nie befohlen habe und was mir niemals in den Sinn gekommen ist." Der phönizische Opferkult des Moloch wird immer wieder verurteilt. Die Heftigkeit der Hebräischen Bibel zeigt, dass sie gegen eine sehr reale Bedrohung kämpfte. Das Menschenopfer war in der antiken Welt heimisch, und als Mittel der Erlösung übte es einen starken Reiz aus. Es gibt Hinweise, dass es auch in der frühen Geschichte der Israeliten eine Rolle gespielt hatte. Die Geschichte von Isaaks Fesselung (Gen 22) zeigt Gott, der ein Kind als Opfer verlangt. Aber er lenkt ein und führt stattdessen ein Tieropfer ein. Aber auch das Tieropfer verlor seine sühnende Bedeutung im biblischen und rabbinischen Denken. Das Modell des Opfers ist das „Friedensopfer", was ein mit Gott geteiltes Mahl der Freundschaft ist. Auch die „Sühneopfer" nahmen diese Eigenschaft an; sie brachten nicht mehr Versöhnung, die nur durch Reue und Sühneleistung herbeigeführt werden konnte, sondern bezeichneten eine letzte Feier der Aussöhnung zwischen dem reuigen Sünder und Gott.[16]

So hatte sich das ganze jüdische Opfersystem in die Richtung bewegt, Opfer als Geschenke an Gott zu verstehen und nicht als stellvertretendes Leid für die Sünden des Opfernden. Unter diesen Umständen war es kein großer Schock für das jüdische Sühnesystem, als der Tempel zerstört wurde und alle Opfer aufhörten. Doch die christliche Theorie der sühnenden Kraft des Todes Jesu stützte sich auf ein primitives Muster der jüdischen Tieropfer als stellvertretend.[17]

Wegen der Illusion, er sei überwunden, ist der christliche Mythos in der Neuzeit umso mächtiger. Nachchristliche Bewegungen sind aufgekommen, sowohl der Rechten wie der Linken, in denen der Judas-Mythos aufgeblüht ist, und die Juden sind das Volk des Teufels geblieben, der nicht mehr mit Hörnern, Schwanz und Hufen abgebildet wird, sondern in einer rationalistischen Verkleidung als die biologische Gefahr, die fremde Bedrohung für die Nation oder die kapitalistische, imperialistische oder zionistische Verschwörung. Die Juden finden sich weiter in der Rolle des Verräters, aber es ist nicht mehr eine Christusgestalt, die sie für einen heilbringenden Tod verraten; vielmehr verraten sie das Volk oder die Rasse oder den rechtmäßigen Zaren – wie man den „jüdischen Bolschewiken" nachsagte – oder die wahre Revolution wie in Stalins Ausfällen gegen Judas-Trotzki. In dieser modernen mythischen Rolle haben die Juden keinen positiven Aspekt; sie sind nicht mehr die unfreiwilligen Verursacher der Erlösung, sondern das Böse schlechthin; sie sind deshalb entbehrlich und können total ausgelöscht werden.

Man beachte den *Optimismus* dieser verstörenden Einstellung: Das Böse kann aus der Welt getilgt werden. Sobald die Juden vernichtet sind, wird eine neue Welt beginnen, gesäubert von dem Bösen, denn sie ist *judenrein*. Dieser neue Optimismus zeitigte eine größere Gefahr für die Juden als die früheren Pogrome und Massaker. Seltsamerweise lässt sich die Heftigkeit des modernen Antisemitismus vielleicht als Ergebnis des Vernunftglaubens der Aufklärung erklären. Die Aufklärer des 18. Jahrhunderts gaben den Juden allerdings keine Judasrolle. Wenn sie antisemitisch waren (wie im Fall Voltaires), stellten sie die Juden nicht als gefährlich dar, sondern als dumm, unwissend und rückständig. Manchmal waren ihre Angriffe auf die Juden indirekte Kritik am Christentum, das auf dem „Aberglauben" des Judentums gründe. Obgleich Voltaire erklärte, die Juden seien zu rückständig, um zivilisiert zu werden, war es die Aufklärung, die die Juden tatsächlich emanzipierte. Dies führte schließlich zu Klagen, dass die Juden die Künste, Naturwissenschaften und gehobenen Berufe in Beschlag nähmen und beängstigende Macht erlangten. Als die Juden nicht mehr als rückständig verachtet oder bevormundet werden konnten, machten atavistische Ängste sie zu dem Feind, den die ideologischen Strömungen verlangten, die von der Aufklärung die Überzeugung geerbt hatten, die Welt müsse neu gestaltet werden und das Problem des Bösen könne durch menschliche Vernunft gelöst werden. Die *Hybris* des grenzenlosen Utopismus belebte alte Stereotype wieder, die umso mächtiger wirkten, weil ihr Ursprung nicht eingestanden werden konnte – da sie in ein Zeitalter des Irrationalismus gehörten, das man offiziell überwunden hatte.

Aber obwohl der Einfluss des rationalistischen Optimismus der Aufklärung auf moderne Bewegungen, sicherlich auf den Kommunismus, aber auch auf den Nazismus,[18] nicht geleugnet werden kann, ist dies nicht die ganze Geschichte. Es gibt auch einen Einfluss vom christlichen Mythos her; denn jener Mythos bot nicht nur einen leidenden Christus, sondern auch einen triumphierenden. Die Endzeit-Bewegungen des Mittelalters gerieten zwar oft in Konflikt mit der etablierten päpstlichen und weltlichen Autorität, bauten ihre Träume aber auf achtbare christliche Tradition, angefangen mit der Offenbarung des Johannes.[19] Diese apokalyptische Tradition sagte voraus, dass eines Tages die unvollkommene Welt enden und eine neue Welt beginnen würde. Eingeläutet würde sie mit der Rückkehr Christi, der eine Armee der Gläubigen gegen den Antichrist anführen würde.[20] In manchen Versionen würde der Antichrist ein Jude sein, der eine mächtige jüdische Armee anführte. Vor der letzten Schlacht würde der Antichrist großen Erfolg haben. Er würde den jüdischen Tempel wiederaufbauen und von den Juden als ihr verheißener Messias anerkannt. Aber in der letzten Schlacht würde die Armee des triumphierenden Christus die Juden bis auf den Letzten, Mann, Frau und Kind, vernichten. In diesem Mythos wird das Böse letztlich der Vernichtung unterworfen, und das bedeutet, dass eine Zeit kommen wird, wann die Rolle der Juden beendet werden kann. Wenn die Leiden Christi nicht mehr notwendig sind, weil die Sünde abgeschafft worden ist, dann kann auf die Juden verzichtet werden. Sie können verschwinden oder ausgelöscht werden, entweder durch physische Vernichtung oder durch Massenbekehrung. Wann immer Wellen des Endzeit-Eifers durch das Christentum rauschten, gab es regelmäßig Versuche, die grausamere Alternative umzusetzen. Die schlimmsten Massaker an Juden vor der Nazizeit geschahen zur Zeit der Kreuzzüge, als die volkstümlichen Endzeit-Erwartungen ihren Höhepunkt erreichten. In normaleren Zeiten wurden die Juden toleriert, weil sowohl die Unvermeidbarkeit als auch der Nutzen des Bösen akzeptiert wurde.

Wenn die moderne Welt versuchte, sich von den mythischen Denkmustern zu lösen, hat sie diese also oft nur bekräftigt. Anstatt das Böse in das Reich des ungesicherten Aberglaubens zu verbannen, gelang es der

Aufklärung nur, eine Version des christlichen Mythos durch eine andere zu ersetzen, die die Juden nachdrücklich in ihrer Judasrolle hielt. Wir mögen fragen: „Was haben die zwei christlichen Szenarien des leidenden und des triumphierenden Christus gemeinsam?" Die Antwort ist, dass beide das Problem des Bösen auf einer individuellen Ebene als unüberwindlich verstehen. Sowohl der Versuch, die Lösung auf eine göttliche Gestalt zu verlagern, für deren Opfer jemand zahlen muss, als auch jener, das Böse insgesamt abzuschaffen, bedeuten eine Resignation bei der Bestrebung, dem Bösen auf einer alltäglichen Ebene beizukommen. Diese Resignation drückt sich gerade in der Erhöhung des Bösen auf einen kosmischen Status aus, da es von einer übernatürlichen Quelle ausgehe, dem Teufel.

Das Judentum steht für eine ganz andere Denkweise über das Böse, obwohl es nie ernsthaft als Alternative zum christlichen Konzept betrachtet wurde. Satan spielt keine Rolle in der Hebräischen Bibel, außer im Buch Hiob als göttlich gebilligter *Provokateur*. In den Pseudepigraphen erreicht Satan Unabhängigkeit, und dieser Aufstieg wird im Christentum noch weitergetragen; aber das normative Judentum nahm diese Werke nie in den Kanon auf und verweigerte Satan einen höheren Rang, als er in der Hebräischen Bibel genossen hatte. Er bleibt einfach ein Symbol dessen, was die Rabbis als „die böse Neigung" bezeichnet haben, die sie als Bestandteil der menschlichen moralischen Struktur betrachteten und nicht als unabhängiges kosmisches Prinzip. Das Böse, behaupteten sie, könne durch den menschlichen Willen kontrolliert werden; seine Energien könnten sogar für das Gute nutzbar gemacht werden. Aber die Konsequenz war, dass man das Böse nicht beseitigen konnte. Es war für immer Teil des Menschseins.[21] Diese Tatsache war nur erträglich, weil man glaubte, das Böse sei kontrollierbar; also bestand die Aufgabe des Menschen genau darin, es zu kontrollieren. Optimistischer als das Christentum in der einen Hinsicht, war das Judentum in einer anderen pessimistischer. Aber die Hinnahme des Bösen im Menschen bedeutete, dass das Judentum keine übernatürliche Rettungsmaßnahme verlangte, sich nicht der Macht des Bösen in einem gewaltsamen Erlösungsdrama bedienen musste und keine völkermörderische Endlösung erwartete.

Über Judas Ischariot sind Bücher und Artikel geschrieben worden, aber sie alle konzentrieren sich auf historische oder literarische Fragen wie „Was waren Judas' wirkliche Motive?" oder „Was für eine Person war Judas?" In neuerer Zeit hat Frank Kermode von einem ästhetischen Standpunkt aus über die Judas-Geschichte geschrieben und Fragen gestellt wie „Wie entwickelte sich die Geschichte von Evangelium zu Evangelium?" und „Wie führte die innere Erzähllogik der Geschichte eines Widersachers zu fantasievollen Ausschmückungen?"[22] Anknüpfend an das Werk von Vladimir Propp über Volkssagen zeigt Kermode, dass die Judasgeschichte einem Erzählmuster entspricht, in dem die Funktion des Widersachers wichtiger ist als seine persönlichen Eigenschaften, die erst in einem späteren Stadium in der Überlieferung der Geschichte als Reaktion auf den erzählerischen Drang des Erzählers und die Neugier seines Publikums erscheint. Kermodes Werk zeigt deutlich das große Element der freien Erfindung in der Judassage. Aber sein rein ästhetisches Interesse nimmt der Erzählung ihren mythischen Status. Die Autoren der Evangelien, die diese Erzählung entwickelten, und ihre Nachfolger, die sie weiterspannen, waren keine Romanciers oder Dichter im heutigen Verständnis. Sie grübelten über einer Erzählung, auf der ihre ganze Erlösung beruhte. Wenn sie ein Detail hinzufügten, dann nicht um ihren literarischen Geschmack zu befriedigen, sondern eher, weil die Veränderung die Erlösung zu fördern schien. Die Erzählung war eine Waffe im Kampf gegen den Teufel und seine Knechte. Jedes Mal wenn die Geschichte erzählt wurde, wiederholte sie ein kosmisches Drama des Verrats und der Unterwerfung, des qualvollen Todes und der wunderbaren Auferstehung, die der Erzähler und sein Publikum persönlich erleben mussten. Die Geschichte hatte auch politische Bedeutung, da sie zeigte, warum die Kirche dazu bestimmt war, auf Kosten der Synagoge aufzublühen, warum die Juden verdammt waren und die Christen ihren Platz als das Volk Gottes einnehmen sollten. Sie erklärte, warum die Kirche in Rom sein musste und warum Rom in der Kirche sein musste. Es war ein Mythos, der auch die neue Kirche bestätigte, indem jüdische Tradition aufgegeben und die patriarchalischen Bündnisse usurpiert wurden. Betrachtet man eine solche Erzählung wie eine Volkssage oder einen Roman, trivialisiert man sie oder erhebt sie auf den Rang von Literatur, was eigentlich ein Stück Propaganda ist.

Rudolf Bultmann popularisierte die Idee, dass jeder Mythos eine Fundgrube tiefer, unbestrittener Weisheit ist, der nur in moderne Begriffe übersetzt werden müsse, um uns zugänglich zu werden. Auf den christlichen Mythos angewendet, stellte diese Idee die fundamentalistische Position wieder her, die durch die Textkritik des Neuen Testaments erschüttert war. Statt eines Fundamentalismus, der auf der totalen historischen Wahrheit und Stimmigkeit des Neuen Testaments beharrte, machte der neue Fundamentalismus totale Wahrheit auf der symbolischen Ebene für sich geltend. Auch Jung wirkte auf eine Schule von Autoren ein, darunter Joseph Campbell, jede Art von Mythologie mit einem neuen Respekt zu behandeln, obwohl der christliche Mythos als angeblicher Höhepunkt mythologischen Denkens anscheinend immer den größten Nutzen daraus zieht. Dieser übertrieben ehrfürchtige Ansatz schließt die Art von sorgfältiger moralischer Prüfung aus, der jeder Mythos unterzogen werden sollte. Wir meinen nicht mehr, dass ein Mythos „geplatzt" ist, nur weil sein fehlender historischer Inhalt offengelegt wurde; aber das heißt nicht, dass er nicht auf andere Art verworfen werden kann. Ein Mythos muss an seinen sozialen Wirkungen überprüft werden.

Es ist durchaus möglich, sich mit dem Antisemitismus nur auf der mythischen Ebene auseinanderzusetzen. Die Notwendigkeit, das Bild von Judas Ischariot von bösen Geistern zu befreien und die Ehre des Namens „Judas" wiederherzustellen, ist Teil der Konfrontation mit der erfinderischen mythischen Grundlage des Antisemitismus. Eine solche Konfrontation, die mit einem Eintauchen in die Mythenwelt der westlichen Kultur verbunden ist, ist weitaus wichtiger als der rationalistische Diskurs über die Ursachen oder Übel des Antisemitismus. Gewisse nicht-mythische Erklärungen des Antisemitismus aber sind so verbreitet akzeptiert, dass es sinnvoll ist, sie aus dem Weg zu räumen, bevor man fortfährt.

Xenophobie. Es wird weithin angenommen, dass die Juden gehasst werden, einfach weil sie anders sind. Sicherlich ist das bisweilen ein Faktor (als zum Beispiel Jiddisch sprechende Juden vor den russischen Pogromen nach Europa und Amerika flüchteten), aber nie ein sehr wichtiger. Deutschlands Juden waren vollkommen assimiliert und wurden deshalb umso mehr gehasst. Die schleichende Gefahr des Juden, der so gerissen ist, dass er nicht von dem Nicht-Juden unterschieden werden kann, ist für den Antisemiten besonders beängstigend. Wenn Juden andererseits leicht erkennbar sind (chassidische Juden zum Beispiel), erscheinen sie unheimlich und bedrohlich. Keine derartige Reaktion rufen etwa die Amischen hervor, deren Unverwechselbarkeit in Kleidung, Speisen und Endogamie als bizarr und liebenswert angesehen wird. In Indien und China, wo es in der hinduistischen, buddhistischen, taoistischen oder konfuzianischen Religion keinen antisemitischen Mythos gibt, sind die Juden nie wegen ihrer Besonderheit gehasst worden, sondern eher als engagierte Gemeinschaft respektiert worden. Eine Variante der „Xenophobie"-Theorie ist die von frühen Zionisten vorgelegte: dass die Juden gehasst wurden, weil sie landlos sind. Die Entstehung Israels widerlegte diese Theorie, denn der Antisemitismus hat keine Anzeichen gezeigt zu verschwinden und „Antizionismus" ist ein Deckwort für Antisemitismus geworden.[23] Die Existenz eines blühenden Antisemitismus in Regionen, wo es keine Juden gibt, widerlegt zur Genüge die „Xenophobie"-Theorie, außer als zusätzlichen Faktor.

Ökonomische Faktoren. Es ist die bevorzugte Theorie „nüchterner" Menschen, dass Antisemitismus rein ökonomische Ursprünge habe. Die Konzentration der Juden auf Handel oder Geldverleih oder Besitz zum Beispiel werden verantwortlich gemacht. Dies klammert die Tatsache aus, dass Juden genauso gehasst werden, wenn sie sich von diesen Berufen abwenden. Juden können gehasst werden, weil sie Ärzte oder Anwälte oder Bauern oder sogar Nobelpreisträger sind. Wenn man berücksichtigt, dass ein Teil dieser ökonomischen Konzentration tatsächlich durch Antisemitismus *verursacht* wurde, wird die Unzulänglichkeit dieser Art von Theorie offenkundig. Wenn die „ökonomische" Erklärung selbst eine Form der Verteufelung wird wie im Marxismus oder im Antisemitismus von Ezra Pound,[24] kehren wir zur mittelalterlichen Vorstellung vom Juden als Wucherer zurück, der Judas-Mythos, wie wir argumentiert haben, taucht wieder auf. Häufiger jedoch wird die ökonomische Erklärung angewendet, um zu zeigen, dass am Antisemitismus nichts Außergewöhnliches ist: Er ist einfach ein Beispiel der Feindseligkeit gegenüber Minderheiten. Selbst der Holocaust, heißt es oft, war nicht ungewöhnlich, sondern findet seine Entsprechung in der Ausrottung der Armenier, der Sinti und Roma und anderer verhasster Minderheiten. Bei der Überprüfung jedoch finden wir, dass es in den anderen Fällen immer „rationale", wenngleich amoralische, politische oder ökonomische Motivationen für ein Massaker gab. Die Armenier drängten auf eine unabhängige anatolische Enklave im Herzen der Türkei, die ernste ökonomische und politische Probleme für die Türken verursacht hätte, während die deutsche Ausrottung der Juden ökonomisch unsinnig und nachteilig für die Kriegsanstrengungen war. Nur in dem Fall der Juden fußte das Massaker auf reiner Paranoia, d.h. auf einer albtraumhaften Mythologie, in der die Juden als Satansgestalten auftraten.

Die Strenge der jüdischen Moral. Eine Erklärung des Antisemitismus, die Freud vorlegte[25] und die in jüngerer Zeit von George Steiner wiederbelebt wurde,[26] ist, dass er aus Ärger über die moralischen Anforderungen des Judentums entsteht. In dieser Theorie wünschen die Christen, zu der moralischen Freiheit des Heidentums zurückzukehren, aber sehen als Hindernis hierfür die vom Judentum abgeleiteten Elemente des Christentums, namentlich die Forderung, über „Besitz, Status und weltliche Behaglichkeit" hinauszuweisen (Steiner).

Nach dieser Theorie sind Christen verbittert, wenn sie mit strengen moralischen Forderungen von Heiligen wie Franziskus oder Dominikus konfrontiert sind und geben den Juden die Schuld, durch den alten Bund als

Erste einen solchen Maßstab aufgestellt zu haben. Das ist in hohem Grade unglaubhaft. Es ignoriert die gesamte Geschichte der Verteufelung der Juden dafür, dass sie einen moralischen Standard hätten, der weit *niedriger* sei als der anderer Menschen, und dass sie Diebe, Giftmörder, Kindermörder und Verschwörer gegen die Menschheit seien. Steiners Theorie des Antisemitismus ist nur eine Variante der verbreiteten Vorstellung, wonach die starke Kritik am jüdischen Verhalten aus der Erwartung stammt, dass sich Juden besser benehmen als andere Menschen. Die wirkliche Erklärung für die „Doppelmoral" ist, dass bei anderen Menschen als moralische Entgleisung verziehen wird, was man bei einem Juden als Beweis für seine grundsätzliche Verdorbenheit betrachtet. Wenn Israel zum Beispiel wegen eines politischen Verhaltens streng verurteilt wird, das bei anderen Ländern als normal gilt, rührt dies nicht daher, dass von Israel Vorbildlichkeit erwartet wird; solche Kritik kommt besonders von denjenigen, die die geringste Meinung von Israel und dem Zionismus haben.

Aber Steiners Theorie enthält dennoch ein gewisses Element verworrener Wahrheit. Irgendwo in der christlichen Psyche nämlich werden die Juden als das strafende Über-Ich betrachtet. Die Gestalten, die dieses Bild verkörpern, sind die Pharisäer der Evangelien, die als strenge, tadelnde Vaterfiguren dargestellt werden. Dies macht sie freilich nicht zu verehrten Sittenlehrern. Vielmehr werden sie als Heuchler und grausame Schurken dargestellt, die nicht verstehen, dass jeder, der behauptet, Gottes moralische Forderungen erfüllt zu haben, nur ein Heuchler sein kann. Die einzige wahre Antwort auf Schuld ist zu sagen „Sei mir Sünder gnädig" und sich unter den Schutz des Sühneopfers der Kreuzigung zu stellen. Die Pharisäer stehen nicht für einen strengen moralischen Standard; sie stehen für ein völliges moralisches Versagen, das aus Selbstgefälligkeit entsteht. Aber indem sie moralische Forderungen formulieren, die weder sie noch sonst jemand erfüllen können, beharren sie grausam auf der Fortsetzung eines unmöglichen moralischen Kampfes, den Gott der Vater in seiner Gnade beendet hat, als er seinen Sohn sandte, um am Kreuz zu leiden. Christen verübeln diesen Fortbestand moralischer Forderungen seitens der Juden, aber dies ist etwas ganz anderes, als die Juden als moralische Musterbeispiele zu betrachten; im christlichen Denken gehen solche moralischen Forderungen mit Grausamkeit, Heuchelei und jeglicher Art moralischen Versagens einher.

Der Gottesmord an Jesus wird nicht nur durch seine verräterischen jüdischen Brüder, symbolisiert durch Judas, herbeigeführt, sondern auch durch diese jüdischen Väter. Auf einer unbewussten Ebene symbolisieren die Pharisäer Gott den Vater selbst, der im Christentum als eine sehr grausame Gestalt gesehen wird. Er besteht auf dem Tod seines Sohnes als Sühne für Sünden, die im Ungehorsam gegenüber seinen grausamen moralischen Forderungen begangen wurden – Sünden, die anderenfalls streng bestraft würden. Dieser Aspekt wird vom christlichen Mythos verborgen, der stattdessen nur von der Liebe des Vaters zur Welt spricht, als er seinen einzigen Sohn aufopfert, damit die Menschheit auf barmherzige Weise der ewigen Verdammnis entgeht. Aber der unbewusste Hass, den Christen gegenüber diesem Vater-Gott empfinden, wird in Hass auf seine angeblichen Anhänger, die Juden, umgeleitet.

Natürlich sehen die Juden diese Sache ganz anders. Für sie sind die Forderungen des Gesetzes nicht Ausdruck der Grausamkeit Gottes, sondern seiner Liebe.[27] Für Juden ist der Kern von Gottes Botschaft, dass Moral möglich ist: „Dieses Gebot, auf das ich dich heute verpflichte, geht nicht über deine Kraft und ist nicht fern von dir." (Dtn 30, 11) Im Judentum hat Gott die Menschen nie zu Verdammnis verurteilt und muss deshalb keine Rettung durch die Folterung eines göttlichen Opfers bewerkstelligen. Nicht weil das Judentum eine unmöglich strenge Moral predigt, wird es gehasst (eine solche Moral ist eher typisch für das Christentum, dessen Heilige dem gewöhnlichen Menschen das Gefühl eingeben, unfähig zur Güte zu sein, womit sie die zentrale Botschaft bekräftigen, Moral sei etwas, dem man entkommen müsse). Eher wird das Judentum gehasst, weil es entgegen der christlichen Lehre von der Erbsünde predigt, dass gewöhnliche Menschen fähig sind zu moralischer Verantwortung, Anstand und liebevollem Verhalten durch eigene Anstrengungen, wenngleich mit der Anleitung des Gesetzes. Indem das Judentum auf der Möglichkeit der Moral für alle beharrt, bedroht es die christliche Art des Auswegs. In seiner Darstellung der freudschen Theorie des Antisemitismus gelingt es George Steiner nicht, irgendeinen wesentlichen Unterschied zwischen Judentum und Christentum herauszuarbeiten. In seiner Sicht setzt das Christentum bloß die jüdischen moralischen Forderungen fort, wenn auch in einer weniger strengen Form, und entsteht Antisemitismus aus dem Bodensatz von Judentum, der im Christentum zurückgeblieben ist. Aber diese Ansicht lässt den bezeichnenden christlichen Ansatz zur Rechtfertigung und die Art, in der diese vom Judentum bedroht ist, völlig außer Acht.

Das von den Evangelien vermittelte Bild der Pharisäer ist wichtig im Antisemitismus, weil es das Judentum karikiert, das Jesus angeblich stürzen will. Noch wichtiger aber ist das Mittel, mit dem das Judentum gestürzt wurde: das Drama des göttlichen Opfers, mit dem das Gesetz für die Erlösung überflüssig gemacht wurde, und die Rolle der Juden als Widersacher, doch unwissentliche Förderer des Opfers. Womit wir uns auseinandersetzen müssen, ist ein tiefsitzender Mythos, eingeschärft über viele Jahrhunderte und mit der Wucht psychologischer Notwendigkeit für eine ganze Gesellschaft. Das Bild des Judas Ischariot hat einen wichtigen Teil dieses Mythos geformt. Was wir verstehen müssen, ist, wie die Judas-Erzählung entstand und welchen besonderen Bedürfnissen sie diente.

Anmerkungen

1   Das Fehlen eines Todesberichts von Judas bei Lukas kann nicht als Lücke betrachtet werden, da Lukas und die Apostelgeschichte vom selben Autor stammen.
2   In Nikos Kazantzakis' *Die letzte Versuchung* wird Judas als Zelot oder politischer Realist dargestellt, der dennoch einem Freund Jesu oder Gleichgestellten am nächsten kommt. Ich möchte den Wert (literarisch oder historisch) einer solchen Darstellung nicht leugnen, obwohl ich in Betracht ziehe, dass sie historisch gesehen den schweren Fehler hat, vorauszusetzen, dass Jesus selbst weder Zelot noch ein politischer Realist war, und dass moralisch gesehen der Quietismus und die Entrücktheit, die Jesus zugeschrieben werden, dem diesseitigen messianischen Utopismus des Judentums moralisch überlegen sind. Der wesentliche Punkt jedoch ist, dass es falsch ist zu glauben, eine solche Darstellung sei eine gültige Deutung der Erzählung der Evangelien, die ein Mythos über Gut und Böse ist und weder ein realistischer Roman noch eine historische Abhandlung.
3   Shakespeares Shylock steht in der volkstümlichen Tradition der mittelalterlichen Geschichten von der „reizenden Tochter des Juden", in denen ein geiziger Jude von einem jungen Christen sowohl seines Schatzes als auch seiner Tochter beraubt wird. Siehe Maccoby „The Figure of Shylock" (1970) und „The Delectable Daughter" (1970). Scotts Isaac in *Ivanhoe* (wenn auch ein wenig sympathischer) steht in der gleichen Tradition. Dickens Fagin ist ein Kompendium jüdischer Stereotypen einschließlich des Geizes. Das Oxford English Dictionary führt den Begriff „grasping" (=habgierig) unter den umgangssprachlichen Bedeutungen von „jüdisch" auf.
4   Mischna, Gittin 5, 8.
5   Seltsamerweise haben die Japaner, die unkritisch viel von der antisemitischen Mythologie ihrer Naziverbündeten übernahmen, dieses mythische Geschick in Gelddingen mit *Bewunderung* betrachtet.
6   „Überdies war jüdische Hilfe für die zwei typischen Beschäftigungen des Mittelalters – Kämpfen und Bauen – damals [11. – 13. Jahrhundert] unverzichtbar. Die Kreuzzüge, so verheerend sie für die Juden waren, wären ohne das Kapital, das sie dafür zur Verfügung stellen mussten, nicht im gleichen gewaltigen Rahmen möglich gewesen. Selbst kirchliche Stiftungen wandten sich an sie, wenn irgendein wichtiges Unternehmen beabsichtigt war: So nimmt man an, dass Aaron von Lincoln, der große anglo-jüdische Bankier des 12. Jahrhunderts, beim Bau von nicht weniger als neun Zisterzienser-Klöstern in England geholfen habe, desgleichen bei der großartigen Abbey von St Albans und der Kathedrale von Lincoln" (Roth, 1943, S. 231).
7   Frazer (1957), Bd. 2, S. 795–874.
8   Siehe Brandon (1967), S. 155 f.
9   Die jährlichen Buphonia („Ochsenmord") in Athen stellten die rituelle Opferung von Zeus in Gestalt eines Stiers dar. Der Brauch war, dass die Priester nach der Opferung des Stiers in gespielter Panik vom Altar wegliefen und dabei einen Spruch riefen, der sie von

der Schuld lossprach, den Gott getötet zu haben. Danach wurde in einer besonderen Kammer des Tempels ein Prozess abgehalten, in dem die Schuld an der Tötung dem Messer gegeben wurde, das die Kehle des Stiers aufgeschlitzt hatte. Nachdem das Messer schuldig gesprochen war, wurde es zur Strafe in einen Fluss geworfen. Siehe Yerkes (1953), S. 68–74.

10 Dies ist ein Beispiel dessen, was Walter Burkert „Komödie der Unschuld" nennt, die, so behauptet er, einen Teil aller griechischen Opfer bildet. Siehe Burkert (1983).

11 Christen leugnen in der Regel, dass sie die Verantwortung für die Kreuzigung auf den Juden geschoben haben, mit dem Argument, die gesamte Menschheit sei für dieses Verbrechen verantwortlich und die Juden handelten bloß als Vertreter der Menschheit. Diese Behauptung nimmt oft die Form an, „wenn wir dort gewesen wären, hätten wir das Gleiche getan." Die unausgesprochenen Worte sind aber „Gott sei Dank waren wir *nicht* dort". Eine verallgemeinerte Schuld ist nicht schwer auszuhalten, solange es einen besonderen Sündenbock gibt, der die Hauptlast tragen kann. Es verbessert kaum die Lage der Juden, anstatt als unmenschlich böse als das Musterbeispiel des menschlichen Bösen betrachtet zu werden.

12 Tierney (1989).

13 Der Name „Kain" (Qayin) ist die Grundlage des Stammesnamens „Keniter" (siehe Num 24, 21, Ri 4, 11). Der Einfluss der kenitischen Religion auf die israelitische Religion ist in der Bibel in der Geschichte von Moses Schwiegervater und Ratgeber Jitro erhalten, der als Keniter bezeichnet wird (Ri 1, 16 und 4, 11). Zur ausführlichen Diskussion siehe Maccoby, *Der Heilige Henker* (1982), S. 11–70.

14 Die griechisch-römischen Mysterienkulte, zu denen das Christentum gezählt werden sollte, waren spiritualisierte Versionen von Opferkulten, die aus prähistorischen Zeiten stammten. Siehe Campbell (1959) und Burkert (1983).

15 Ein Menschenopfer wurde oft auch als göttliches Opfer verstanden. Die geopferte Person wurde in der Regel göttlich nach dem Tod. Die Götter der Mysterienreligionen Osiris, Attis, Adonis und Dionysos waren alle menschlich-göttliche Gestalten. Häufig kam die notwendige Mischung des Menschlichen und Göttlichen dadurch zustande, dass ein Elternteil des Opfers menschlich war, der andere göttlich.

16 Siehe Maccoby (1989), S. 90–93. Die rabbinische Theorie ist, dass die Sühneopfer nur für unabsichtliche Sünden gelten. Durch Reue erlangen bewusste Sünden den Status von unabsichtlichen und somit wird ein Sühneopfer geeignet. Diese Lehre findet sich in der Bibel (siehe Lev 4, 5, 1–19, 5, 20–26).

17 Siehe besonders Hebr 9, 11–14 zur christlichen Ansicht von der Beziehung zwischen dem Tod Jesu und dem jüdischen Opfersystem.

18 Der Nazismus lässt sich müheloser von der Romantik herleiten, die eine völkische Reaktion auf den Rationalismus und Individualismus der Aufklärung war. Aber die pseudowissenschaftliche Berufung des Nazismus auf Biologie und Eugenik wie auch seine hemmungslose soziale Manipulation und seine Betonung der Technik leiten sich von Haltungen der Aufklärung ab. Siehe Berlin (1979), Talmon (1960), Horkheimer und Adorno (1973).

19 Der Chiliasmus beeinflusste die Kreuzzüge des 12. und 13. Jahrhunderts (Pastoureaux, „Hirtenkreuzzug"), die Bauernaufstände in England (14. Jahrhundert) und Deutschland (16. Jahrhundert), die Taboriten (15. Jahrhundert) und die Wiedertäufer (16. Jahrhundert). Bedeutende chiliastische Führer waren John Ball, Martin Huska, Thomas Müntzer, Jan Matthys und Jan Bockelson.

20 Siehe Bousset (1896), Cohn (1957). Siehe auch Cohn (1967) zum Einfluss des christlichen Chiliasmus auf den Nazismus.

21 Der Talmud sieht tatsächlich die Möglichkeit, dass die „böse Neigung" schließlich beseitigt wird. Aber dies wird nicht als Lösung des menschlichen Dilemmas betrachtet, sondern als Belohnung für den langen Kampf damit. Dies findet in der zukünftigen Welt statt, wenn die Zeit für Belohnung anbricht. Aber die rabbinische Haltung zu diesem Ende des moralischen Kampfes ist zweideutig. Man bedenke den Spruch: „Eine Stunde der Erquickung in der künftigen Welt ist besser als alles Leben in dieser Welt; aber eine Stunde in Buße und guten Werken auf dieser Welt ist besser als alles Leben in der künftigen Welt." (Mischna, Abot, 4, 17) Eine Abneigung, die Vorstellung vom Ende der menschlichen Anstrengung zu akzeptieren, zeigt sich auch in dem rabbinischen Spruch: „Die Schriftgelehrten haben keine Ruhe, weder in dieser Welt noch in der künftigen Welt." (Babylonischer Talmud, Berachot 64a) Man bekommt den Eindruck, dass die Rabbis die künftige Welt als etwas Langweiliges betrachten.

22 Kermode (1979).

23 Die starke Zunahme des muslimischen Antisemitismus wegen des Aufstiegs Israels ist dem eigenartigen Charakter des muslimischen antisemitischen Mythos geschuldet. Dieser beruht nicht auf gottesmörderischen Fantasien, sondern auf der Vorstellung von den Juden als einem besiegten Volk, ein für alle Mal vom Propheten im Kampf gedemütigt. Muslime können also gegenüber Juden tolerant sein, solange sie unterlegen und verachtet bleiben. Doch wenn die Juden so dreist sind, Muslimen im Kampf gegenüberzutreten und diese sogar besiegen, verschwindet die Toleranz und wird durch wütenden Hass ersetzt, verbunden mit Vorwürfen des satanischen Einflusses. Heute haben Muslime von christlichen und post-christlichen Quellen die ganze Palette antisemitischer Verleumdungen übernommen, die der muslimischen Tradition früher fremd war. Eine derartige Reaktion lässt sich nicht politisch erklären, sondern ist wieder eine Sache des religiösen Mythos, wenn auch eines anderen.

24 Siehe Maccoby (1974).

25 In *Der Mann Moses und die monotheistische Religion*.

26 In *In Blaubarts Burg* (1971). Eine populärere Version dieser Theorie findet sich in Prager und Tolushkin (1987).

27 Der Gedanke, die Anforderungen jüdischer Moral seien grausam, taucht fortwährend in gewissen Ausdrücken auf, die ständig in der Presse erscheinen. Wenn Juden jemals Gerechtigkeit verlangen oder in Selbstverteidigung handeln, wird dies als „Rache" oder „Auge um Auge" dargestellt, auch wenn diese Ausdrücke nie in ähnlichen Umständen im Zusammenhang mit anderen Völkern erscheinen. Dieser Antisemitismus ist kaum bewusst. Eher handelt es sich um eine automatische Reaktion, bedingt von der christlichen Theologie, die Jesus darstellt, als habe er das Gesetz der Liebe an die Stelle der Rache gesetzt – ein totales Zerrbild des jüdischen moralischen Denkens. Der biblische Ausdruck des „Auge um Auge" befasst sich nicht mit grausamer Rache, sondern mit Gerechtigkeit, die einen Ausgleich für Ungerechtigkeit verlangt, der angemessen sein soll, aber nicht überzogen. Er wurde nie wörtlich verstanden, wie die Bibel selbst zeigt, wenn sie die verschiedenen Titel finanzieller Entschädigungen für Verletzungen erklärt (Ex 21, 19).

Kapitel 2

Das Rätsel um die frühen Quellen

Einer der dramatischen Höhepunkte der Kreuzigungsgeschichte ist nach allen Berichten der Verrat Jesu an seine Feinde. Dieser Moment ist eines der lebendigsten Elemente in der Erzählung der Evangelien und hat die christliche Fantasie fast 2000 Jahre lang beschäftigt. Doch wenn wir uns den Ursprüngen der Geschichte von Judas Ischariot in den vier Evangelien zuwenden, fällt uns sofort auf, dass die Geschichte sich von Evangelium zu Evangelium verändert und entwickelt. Wichtige Elemente der Geschichte, die schließlich hervortraten und sich der Fantasie der gewöhnlichen Christen einprägten, fehlen in der frühesten Fassung, dem Markusevangelium. So fehlt zum Beispiel das Thema der Habgier als Judas' Motiv für den Verrat, und erst im spätesten Evangelienbericht wird Judas als Kassenwart der Gruppe der Jünger beschrieben. Selbst die berühmte Summe von „dreißig Silberlingen", der Preis von Judas' Verrat, bleibt unerwähnt bei Markus, der auch jede Beschreibung von Judas' Tod vermissen lässt. Dies ist eine Geschichte, die als nackter Kern einer Erzählung beginnt, aber auf ein wachsendes emotionales Bedürfnis reagiert, durch das es für die Zwecke einer religiösen Gemeinschaft geformt wird. Wir werden die Entwicklung des Judas-Mythos durch die aufeinander folgenden Evangelien in späteren Kapiteln betrachten. Hier werden wir uns auf jene Teile des Neuen Testaments konzentrieren, die älter als die Evangelien sind, und auf die Abschnitte der Evangelien selbst, die Spuren einer Version der Erzählung von Judas aufweisen, die noch älter als Markus sind.

Nach übereinstimmender Ansicht aller Wissenschaftler sind die Paulusbriefe die frühesten Dokumente des Neuen Testaments. Nicht alle sind echt. Von einigen (wie der Brief an die Hebräer) weiß man seit langem, dass sie Paulus fälschlicherweise zugeschrieben worden sind. Andere sind noch umstritten (Kolosser, 2 Thessalonicher, Epheser, die Pastoralbriefe). Doch ist Paulus einhellig als Urheber von Römer, 1 und 2 Korinther, Galater, Philipper, 1 Thessalonicher und Philemon anerkannt. Diese echten Briefe können auf die Jahre 50–60 u. Z. datiert werden, während das früheste Evangelium, Markus, um 70 u. Z. verfasst wurde (allerdings datieren es einige Wissenschaftler auf etwa 65 u. Z.).

Somit besteht das Neue Testament aus zwei Hauptteilen: den Evangelien (und der Apostelgeschichte, geschrieben von Lukas, dem Autor eines Evangeliums) und den Paulusbriefen. Die Reihenfolge, in der die Evangelien geschrieben wurden, war nach Ansicht der meisten Wissenschaftler: Markus (um 70 u. Z.), Matthäus (um 80), Lukas (um 85), Johannes (um 100). Die drei Evangelien von Markus, Matthäus und Lukas sind einander im allgemeinen Aufbau sehr ähnlich, und ein großer Teil des Stoffs bei Matthäus und Lukas ist fast eine Wiederholung des Stoffs von Markus. Diese drei Evangelien werden deshalb als „die synoptischen Evangelien" bezeichnet (wobei „synoptisch" so viel wie „die gleiche Sicht" bedeutet). Das vierte Evangelium, Johannes, allerdings ist ganz anders angelegt und beruht eindeutig nicht auf Markus. Das Buch der Apostelgeschichte wurde um 90 geschrieben und schildert die Geschichte der frühen Kirche nach dem Tod Jesu. Es bezeugt die Spannung, die zwischen Paulus und der von Jakobus, Petrus und Johannes geführten Jerusalemer Kirche bestand. Aber Paulus' Schreiben, besonders der Galaterbrief, zeigen, dass die Spannung in der historischen Realität viel größer war, als das Buch der Apostelgeschichte verrät. Die Jerusalemer Kirche wurde von Persönlichkeiten geführt, die über große Autorität verfügten, da sie die unmittelbaren Anhänger Jesu waren, die ihn zu seinen Lebzeiten persönlich gekannt hatten und seine Lehren aus erster Hand kannten. Paulus dagegen lernte Jesus nie persönlich kennen. Er schloss sich der Bewegung nach dem Tod Jesu an, eine Folge seiner Vision auf dem Weg nach Damaskus. Doch auch er forderte große Autorität als Apostel ein, gestützt auf Visionen, in denen er, wie er behauptete, Anweisungen von dem himmlischen Jesus empfing. Das Buch der Apostelgeschichte will zeigen, dass Paulus und die Jerusalemer Kirche sich nach anfänglichen Streitigkeiten aussöhnten und dass Petrus, der führende Lehrer der Jerusalemer Kirche, allmählich die paulinische

Lehre von der Abschaffung der Thora übernahm. Dieses Bild ist historisch fragwürdig. Die Jerusalemer Kirche betrachtete die jüdischen Vorschriften weiterhin als maßgeblich.[1] Um 60 u. Z. spalteten sich die Anhänger Jesu in zwei eigenständige Vereinigungen, die Jerusalemer Kirche und die Paulinische Kirche. Die Evangelien und die Apostelgeschichte wurden von der Paulinischen Kirche hervorgebracht, die durch die Fiktion einer Aussöhnung mit der Jerusalemer Kirche ihre Autorität unter ihren größtenteils nichtjüdischen Anhängern stärken wollte, aber die Jerusalemer Kirche in ihrem Festhalten an jüdischen Vorschriften auch als rückständig betrachtete. Im 2. Jahrhundert wurden die Nachfolger der Jerusalemer Kirche, als Nazarener bezeichnet (später Ebioniten), zu Ketzern erklärt, und ihre Schriften wurden vernichtet, sodass nur Fragmente erhalten sind. Dieser historische Hintergrund ist wichtig, wenn wir später die Entwicklung der Judaserzählung betrachten.

Wenn wir zu den Paulusbriefen, den frühesten Dokumenten im Neuen Testament, zurückkehren, stellen wir fest, dass Paulus anscheinend nichts von Judas' Rolle, den Tod Jesu herbeigeführt zu haben, gehört hat. Seine einzige Anspielung auf einen Akt des Verrats kommt in der Einleitung zu seinem Bericht vom Abendmahl vor, wo er schreibt: „… Der Herr Jesus, in der Nacht, als er verraten wurde, nahm er das Brot …" (1 Kor 11, 23) Aber auch das ist fragwürdig, da der griechische Ausdruck *paredidoto* nicht „verraten" bedeuten muss. Es kann auch einfach „übergeben" heißen, ohne den Anklang an Verrat.[2] Ginge es nicht um die Erzählung der Evangelien von Judas, die Bibelübersetzer im Sinn hatten, wäre Paulus' Ausdruck wahrscheinlich als Hinweis auf die Übergabe Jesu an den Hohepriester durch die festnehmenden Soldaten betrachtet worden. Aber die Paulusbriefe sollten nicht mit der Erzählung der Evangelien im Sinn gelesen werden, weil es die Evangelien noch nicht gab, als Paulus die Briefe schrieb. So übersetzt die New English Bible (Neues Testament 1961, Altes Testament 1970) die entsprechende Stelle nicht mit Verrat, sondern gibt sie wieder als „… in der Nacht seiner Gefangennahme …"

Auch wenn Paulus das Verb doch im Sinn von Verrat gebraucht hätte, würde dies nur bedeuten, dass der Gedanke in den 50er-Jahren bereits verbreitet war, Jesus sei durch Verrat zu Tode gekommen, nicht unbedingt, dass der Verrat mit Judas Ischariot verknüpft wurde. Es gibt sogar einen positiveren Beweis in Paulus' Schriften dafür, dass diese Verknüpfung noch nicht bestand, nämlich Paulus' Aussage, dass Jesus unmittelbar nach seiner Auferstehung von „den Zwölf" gesehen wurde (1 Kor 15, 5). Wenn wir dies mit den späteren Berichten in den Evangelien vergleichen, sehen wir, dass deren Autoren darauf achteten, *nicht* zu sagen, der auferstandene

Jesus sei von den zwölf Jüngern gesehen worden; nach ihrem Bericht waren es dieses Mal nur elf Jünger, da Judas Ischariot ja abtrünnig geworden war. Matthäus sagt sehr deutlich: „Die elf Jünger gingen nach Galiläa auf den Berg, den Jesus ihnen genannt hatte. Und als sie Jesus sahen, fielen sie vor ihm nieder …" (Mt 28, 16–17) Markus sagt mit gleicher Genauigkeit: „Später erschien Jesus auch den Elf, als sie bei Tisch waren…" (Mk 16, 14) Lukas spricht in ähnlicher Weise von den „Elf" (Lk 24, 33). Nur Johannes versäumt es, eine genaue Zahl für die verbleibenden Jünger anzugeben. Allerdings spricht er von Thomas als einem „der Zwölf" (Joh 20, 24) im Zusammenhang des Erscheinens nach der Auferstehung, aber dies scheint nur „einer der ursprünglichen Zwölf" zu bedeuten und weist nicht darauf hin, dass sie zu dieser Zeit immer noch zwölf an der Zahl waren.

Die nachdrückliche Aussage der synoptischen Evangelien (d.h. Markus, Matthäus und Lukas), dass der auferstandene Jesus nur elf Jüngern erschien, deutet an, dass es eine gegenteilige Überlieferung gab, die untergraben werden musste. Dies ist die frühere Überlieferung, die Paulus empfing und weitergab. Unsere Schlussfolgerung muss daher sein, dass es vor 60 u. Z. keine Überlieferung vom Verrat und Treuebruch des Judas gab. Vor diesem Datum wurde Judas als loyaler Apostel betrachtet, der den Tod Jesu zusammen mit den anderen betrauerte und das Erlebnis seiner Auferstehung mit ihnen teilte. Die ganze Geschichte des Verrats wurde nicht weniger als 30 Jahre nach dem Tod Jesu erfunden, aus Gründen, denen wir nachgehen werden. Wir müssen immer bedenken, dass die Evangelien das Ringen der Paulinischen Kirche spiegeln, sich selbst im Verhältnis zur Jerusalemer Kirche zu definieren.

Natürlich wurden die elf Apostel in den späteren Berichten bald wieder auf die Zahl zwölf gebracht. Die Geschichte, wie das gemacht wurde, wird in der Apostelgeschichte (1, 12–26) erzählt, die mit einem Bericht vom Erscheinen des auferstandenen Jesus vor den Aposteln beginnt. Wieder werden sie gewissenhaft als elf gezählt, nicht zwölf; es wird sogar eine Namensliste angegeben, die Judas Ischariot weglässt, aber einen anderen Judas einschließt, bezeichnet als Sohn (oder Bruder) des Jakobus, der früher nur im Lukasevangelium erwähnt wurde. Dann folgt der Bericht von der Wahl eines anderen Apostels, der Judas Ischariots Platz einnehmen sollte. Die schließlich gewählte Person ist Matthias; beiläufig wird von dem kläglichen Tod Judas' berichtet. Interessant ist, dass man nie wieder etwas von Matthias hört. Selbst in der späteren Kirchenlegende gibt es ihn nicht. Man könnte daraus schließen, dass er eine nicht existente Person ist, allein dafür erfunden, um die Lücke zu füllen, die Judas' Überlaufen zurückgelassen hatte. Der Name „Matthias" ist nur ein Ersatz des schon vorhandenen

Apostels Matthäus mit nur einer kleinen Variation der Schreibweise.[3] Jedenfalls ist klar, dass er nicht anwesend war, als das Auferstehungserlebnis der Elf nach der Apostelgeschichte stattfand. Hier besteht also ein wirklicher Widerspruch zwischen den Berichten in den Evangelien und der Apostelgeschichte und jenem, den Paulus gibt, der sagt, dass die Auferstehung von „den Zwölf" bezeugt wurde. Dieser Widerspruch kann nur erklärt werden, wenn man annimmt, dass Paulus nichts von dem Treuebruch des Judas wusste, während die späteren Berichte gezwungen waren, die Zahl der Apostel zu verringern, um eine Ungereimtheit mit der Erzählung über Judas zu vermeiden, die sich in der Zwischenzeit ergeben hatte. Denn es ist kaum vorstellbar, dass Judas, nachdem er Jesus verraten hatte, sich den anderen elf Aposteln wieder angeschlossen und mit ihnen gemeinsam die Auferstehung erlebt haben könnte. Eine solche erzählerische Unlogik kann nicht als Erklärung für Paulus' Bericht in Erwägung gezogen werden.[4]

Was geschah zwischen dem Verfassen der Paulusbriefe und dem Verfassen der Evangelien und der Apostelgeschichte, das die Erschaffung der Geschichte von Judas' Verrat verursachte? Eine ausführlichere Antwort auf diese Frage wird zu gegebener Zeit folgen. Vorerst sei angemerkt, dass die Autoren der Evangelien im Allgemeinen ein Bedürfnis verspürten, das Leben Jesu in erzählerischer Form auszufüllen, wie es Paulus nie versucht hatte. Hierzu nutzten sie historische Überlieferungen, die von der Jerusalemer Kirche herrührten. Aber sie entwickelten auch erzählerische Details, die von einer neuen Auffassung stammten, die den Nazarenern, den jüdischen Anhängern Jesu, oder Jesus selbst fremd war – nämlich, dass Jesus ein göttliches Opfer war. Diese Auffassung wurde von Paulus zunächst ziemlich schematisch entwickelt; er bot nur den Entwurf eines Mythos, der aus der Herabkunft eines göttlichen Erlösers, seiner Gründung einer Kirche durch Riten der Taufe und des Abendmahls, seinem gewaltsamen Tod durch die Mächte des Bösen, seine Auferstehung und Wiederaufnahme der Göttlichkeit und seiner durch das Sühneopfer bewirkten Erlösung bestand.[5] Einige dieser Zutaten, etwa Taufe und Auferstehung, bestanden bereits in der Jerusalemer Kirche, aber auch solche Materialien wurden von Paulus grundlegend neu interpretiert. Diese Faktoren verlangten eine weitere erzählerische Ausarbeitung durch seine Nachfolger, und die Grundlagen für solche Ausarbeitungen waren in heidnischen gottesmörderischen Mythen zur Hand. Zu solchen aus heidnischen Mythen stammenden Ausschmückungen gehören die jungfräuliche Geburt Jesu, die Geburt in einem Stall (oder in einer Höhle in einer anderen Version), der Besuch der heiligen drei Könige und viele andere, für Paulus unvorstellbare Details, mit denen Jesus der griechisch-römischen Welt glaubwürdig gemacht wurde als Opfergottheit, durch die Erlösung zu erlangen war. In dieser nachpaulinischen Ausgestaltung müssen Herkunft und Entwicklung der Judaslegende gesucht werden.

Wir müssen auch die Frage stellen, warum es Judas war und nicht einer der anderen Apostel, der für diese Rolle ausgewählt wurde. Auch die anderen sind mit einem gewissen Maß des Verrats verknüpft: „Da verließen ihn alle Jünger und flohen" (Mt 26, 56) bei seiner Gefangennahme, und Petrus fiel noch tiefer, als er Jesus dreimal verleugnete. Aber allein Judas übernahm die aktive Rolle eines Verräters, nicht von Furcht bedrängt wie die andern. Es ist in der Tat eine berechtigte Frage, warum Verrat von allen Aposteln behauptet wird, da es gute Gründe gibt, die Glaubwürdigkeit einer solchen Schwäche bei ihnen zu bezweifeln. Aber Judas ist ein besonderer Fall, und wir dürfen durchaus nachfragen, warum er für diese höchste Sünde herausgegriffen wurde.

Die Antwort könnte sein, dass Judas wegen seines Namens, der „Jude" bedeutet, ausgewählt wurde. In der Zeit, die der Abfassung der Evangelien vorausging, hatte sich der beginnende Antisemitismus, der sich in den Paulusbriefen findet,[6] zu einer ausgewachsenen Anklage des jüdischen Volkes als Gegner, Verräter und schließlich Mörder Jesu entwickelt. Wahrscheinlich in diese Zwischenzeit gehört ein Abschnitt in einem der Paulusbriefe, aber anscheinend nicht von Paulus selbst geschrieben, sondern von einem seiner nichtjüdischen Schüler, der ihn zum Text der Schrift seines Lehrers hinzufügte:[7]

> Denn, Brüder, ihr seid den Gemeinden Gottes in Judäa gleichgeworden, die sich zu Christus Jesus bekennen. Ihr habt von euren Mitbürgern das gleiche erlitten wie jene von den Juden. Diese haben sogar Jesus, den Herrn, und die Propheten getötet; auch uns haben sie verfolgt. Sie missfallen Gott und sind Feinde aller Menschen; sie hindern uns daran, den Heiden das Evangelium zu verkünden und ihnen so das Heil zu bringen. Dadurch machen sie unablässig das Maß ihrer Sünden voll. Aber der ganze Zorn ist schon über sie gekommen. (1 Thess 2, 14-16)

Die Beschuldigung, die Juden seien „Feinde aller Menschen", ist typisch für den hellenistischen Antisemitismus, wie man ihn bei alexandrinischen Autoren wie Apion und Manetho und römischen Autoren wie Tacitus und Seneca findet. Die Aussage, dass die Juden „das Maß ihrer Sünden voll" gemacht haben, erinnert an biblische Äußerungen über die Amoriter (Gen

15, 16) und deutet an, dass die Juden verdammt sind, aus ihrem Land vertrieben zu werden, als Strafe für ihre Sünden, da sie ihre eigenen Propheten und, als äußerstes Verbrechen, sogar Jesus töteten. Die weitere Aussage, „aber der ganz Zorn ist schon über sie gekommen", legt nahe, dass dieser Abschnitt entweder während des jüdischen Krieges gegen Rom oder danach geschrieben wurde, der mit einer militärischen Katastrophe und der Zerstörung des Tempels endete. Als Folge dieses Krieges entschied die Paulinische Kirche (bereits getrennt von der Jerusalemer Kirche), alle jüdischen Verbindungen abzustreiten, zu leugnen, dass Jesus in irgendeiner Weise ein Rebell gegen Rom war, und stattdessen zu bekräftigen, dass er ein Rebell gegen die jüdische Religion war, womit man die gesamte Schuld an der Kreuzigung Jesu auf die Juden schob. Die Evangelien und die Apostelgeschichte sind die Dokumente, in denen diese paulinischen Positionen eingeführt wurden. Das erste Evangelium, Markus, wurde wahrscheinlich in Rom geschrieben, gerade zur Zeit des jüdischen Krieges. Es ist der erste literarische Ausdruck der neuen Paulinischen Kirche, die ihren Sitz in Rom hatte. Es überzieht die Juden mit Verleumdungen und endet mit der Verkündigung der Göttlichkeit Jesu durch einen römischen Zenturio (Mk 15, 39), womit es den römischen Glauben dem jüdischen Verrat gegenüberstellt.[8]

Nirgendwo sonst sagt Paulus, dass die Juden Jesus oder ihre eigenen Propheten töteten, wenn er ihnen auch vorwirft, dass sie den Anspruch Jesu, der Erlöser zu sein, zurückwiesen, und ihre Blindheit kritisiert. Es findet sich in dem oben zitierten Abschnitt eine Bitterkeit gegenüber den Juden, die weit über Paulus' Einstellung hinausgeht. Er gehört in eine Epoche, als die Paulinische Kirche – die durch Paulus vom Heidentum oder Fast-Heidentum bekehrten Gemeinden – jeglichen Respekt vor den Juden als auserwähltem Volk Gottes verloren hatte und sie nur als ein böses Volk betrachtete. Die verwendeten Ausdrücke finden alle Entsprechungen in den Evangelien und in der Apostelgeschichte, die den Gedanken noch weiter tragen, dass die Juden von Gott gänzlich als verbrecherische Menschen abgelehnt werden.[9] Die Evangelien enthalten auch, zum ersten Mal in literarischer Form, die Gestalt von Judas dem Verräter, dessen Legende in der Zeitspanne entstanden sein muss, die den Evangelien unmittelbar vorausging, zusammen mit dem entstehenden Bild von den Juden als einem Volk von Verrätern.

Der Name „Judas" ist die gräzisierte Form des alten biblischen Namens Jehuda (Juda), den als Erster der respekteinflößende Sohn Jakobs trug, der zum Stammvater eines großen Stammes wurde. König David gehörte zu diesem Stamm, ebenso dessen dynastische Nachfolger, deren Reich als Juda bezeichnet wurde, nachdem die nördlichen Stämme sich um 975 v. u. Z.

losgelöst hatten und das Reich Israel bildeten. Als die zehn Stämme des Nordreichs 740 v. u. Z. von den Assyrern in Gefangenschaft genommen wurden, blieb das Reich Juda das wesentliche Überbleibsel der Israeliten, die Jahrhunderte zuvor aus Ägypten ausgezogen und in das Heilige Land eingedrungen waren. Folglich wurden die übrig gebliebenen Israeliten allmählich als Judäer oder Juden bezeichnet, obwohl sie den Namen Israel für ihr Land und ihre religiöse Gemeinschaft beibehielten. Der Teil des Stammes Benjamin, der zur Zeit der Abspaltung der nördlichen Stämme der königlichen Familie Davids treu geblieben war, schloss sich dem Stamm Juda an und wurde ununterscheidbar von diesem und ebenfalls als Juden bezeichnet. Auch die Angehörigen des priesterlichen Stammes Levi, der seine patrilineare Identität bewahrte (und das bis heute getan hat), wurden als Juden bezeichnet, ein Name, der in früheren Zeiten nur für Angehörige des Stammes Juda gegolten hatte. Daher wurde der Name Juda oder Judas von den Juden vor allen anderen als ihr nationaler und königlicher Name geehrt. Der Name gelangte zu noch mehr Ehre durch den Ruhm des heldenhaften Judas Makkabäus, der die Juden im 2. Jahrhundert v. u. Z. von ihren syrisch-hellenistischen Unterdrückern gerettet hatte.

Dass dieser edle Name in der gesamten westlichen Welt gleichbedeutend mit Übel und Verrat werden sollte, gibt ein Maß für die Verleumdung, mit der die Juden vom christlichen Mythos überzogen wurden. Gäbe es einen englischen Namen, der die Aura von „England", „die Kirche von England", „Königin Elisabeth" und „Nelson" im englischen Denken kombinierte, und würde dieser Name für einen Schurken selbst einer erfundenen Geschichte verwendet (von einer Geschichte angeblich allerhöchster Wahrheit ganz zu schweigen), würde man sogleich annehmen, dass eine schwere Verunglimpfung des englischen Volks und seiner Geschichte beabsichtigt wäre. Es fällt deshalb nicht schwer anzunehmen, dass der Name „Judas" bewusst anstelle des Namens eines beliebigen anderen Apostels für eine diabolische Rolle gewählt wurde, als Teil der antisemitischen Kampagne in der Paulinischen Kirche, die die Juden als Volk des Teufels und Feinde des menschgewordenen Gottes besetzt hatte.[10]

Also wurde Judas ausgewählt, um für den Verrat an Jesus durch seine jüdischen Landsleute zu stehen, die sich weigerten, ihn als den Messias anzuerkennen. Aber über allen zwölf Jüngern hängt, wie oben betont, eine gewisse Wolke des Verrats, nicht nur über Judas Ischariot. Am meisten spricht gegen Petrus, den bedeutendsten der Zwölf, von Jesus ausgewählt, der Felsen seines Reiches zu sein. Nicht nur verleugnet er Jesus dreimal in der Nacht seiner Gefangennahme (wenn er ihn auch nicht verlässt, wie es andere Jünger tun); er hatte auch einen ernsthaften Streit mit Jesus (siehe

Mk 8, 32–33, Mt 16, 21–23). Als Jesus sein bevorstehendes Opfer ankündigte, begriff Petrus die Notwendigkeit der Kreuzigung Jesu nicht und „machte ihm Vorwürfe", diese vorauszusagen. Bei dieser Gelegenheit wurde Petrus von Jesus barsch als „Satan" angeredet (Mk 8, 33, Mt 16, 23).

Diese negativen Elemente in der Überlieferung um die nächsten Freunde und Jünger Jesu entstanden offenbar aus dem aufkeimenden Konflikt zwischen der Jerusalemer Kirche und der Paulinischen Kirche. Es ist äußerst unwahrscheinlich, dass in der Jerusalemer Kirche, wo Petrus der wichtigste geistige Führer war (obgleich nicht der nominelle Leiter), Geschichten erzählt wurden, die seine Rolle bei den Ereignissen, die zum Tod Jesu führten, schlechtgemacht hätten. Allenfalls mag die Rede davon gewesen sein, dass die Jünger beim Beten in Gethsemane versagten. Aber dass sie, und besonders Petrus, den Kern des Auftrags Jesu nicht verstanden haben sollten und auch zur Zeit seiner Gefangennahme einen Mangel an Glauben und Mut an den Tag legten, dürften Anklagen gewesen sein, die von Gegnern stammten und nicht von den Aposteln selbst, die die Jerusalemer Kirche bildeten und nach dem Tod Jesu die eigentliche Autorität übernahmen. Zum einen steht Petrus' angebliche Feigheit, als er Jesus verleugnet, in einem merkwürdigen Gegensatz zu seinem standhaften Mut in seinem eigenen Sanhedrin-Prozess (Apg 5), dessen wesentliche Details zweifellos aus authentischen Überlieferungen der Jerusalemer Kirche stammen.[11]

Außerdem war eines der Kernprobleme, die die Kirchen spalteten, gerade die Frage, die im Mittelpunkt des „Streits" Petrus' mit Jesus stand – ob Jesus in die Welt kam, um als Erlöser im jüdischen Sinne zu handeln (um sein eigenes Volk aus der Knechtschaft unter Götzendienern zu befreien) oder im Sinne der Mysterien-Religionen (um die ganze Welt vor der Verdammnis zu retten). In Wirklichkeit war es ein Streit mit der Paulinischen Kirche, die den Lehren des Paulus folgte, dass Jesus die ganze Zeit die Absicht gehabt hätte, am Kreuz zu sterben und dass dies der Hauptzweck gewesen sei, vom Himmel herabzusteigen. Die Jerusalemer Kirche hingegen (wie es nach ihrem treuen Festhalten an den Praktiken des Judentums, einschließlich den Sühneriten des jüdischen Tempels, erscheint) betrachtete Jesus als menschliche Gestalt, von Gott gesandt, um Israel zu befreien, wie Mose und andere Retter in der Vergangenheit. Sie glaubten, dass er auferstanden war, aber nicht mittels eines göttlichen Aufstiegs in den Himmel, sondern durch ein Wunder, wie bei Lazarus, und bald zurückkehren würde, um seinen menschlichen Auftrag der nationalen Rettung zu vollenden. Dieser grundlegende Unterschied zwischen den Kirchen wird in der Apostelgeschichte verschleiert, die ein unhistorisches Szenario der Aussöhnung zwischen Petrus und Paulus anbietet, in dem

Petrus dargestellt wird, als ringe er mühsam mit sich, um zu den von Paulus verfochtenen höheren Wahrheiten zu gelangen.

Dieses paulinische Bild schreibt Petrus eine gewisse Beschränktheit zu, und diese „jüdische" Beschränktheit wird auch in den Evangelien eingesetzt, um zu erklären, warum die Zwölf das angebliche Ziel Jesu nicht verstanden, nämlich die Selbstopferung als göttliches Sühneopfer. Wie das Verratssyndrom kommt dieser Gedanke in der paulinischen Literatur (Evangelien und Apostelgeschichte) auf, um der Tatsache gerecht zu werden, dass Paulus, der Jesus nie persönlich kennenlernte, dennoch behauptete, mehr über seine Ziele zu wissen als seine engsten Jünger, denen Paulus' Vorstellung von Jesus als göttlichem Opfer unbekannt war. Paulus, der Zuspätkommende, musste an die Stelle der authentischen Zwölf treten, und dies wurde durch die Entwicklung von Geschichten bewerkstelligt, die sie als beschränkt und unzuverlässig schilderten. Doch ihre Autorität war so groß, dass sie nicht ganz verdrängt werden konnten und sie so dargestellt werden mussten, als hätten sie doch noch verspätet die höhere Einsicht von Paulus angenommen.[12]

Somit kann Judas' Verrat als extremes Beispiel für die angebliche Unzuverlässigkeit der Zwölf und ihrer Lehren in der Jerusalemer Kirche verstanden werden.

Es gibt einen gewissen interessanten Hinweis, der zeigt, dass es ein früheres, milderes Stadium der Judaslegende gab, in dem Judas nur die gleiche Art von Dummheit und Unzuverlässigkeit wie den anderen Aposteln zugeschrieben wurde. Dieser Hinweis findet sich im Johannes-Evangelium, das zwar das letzte der vier ist, aber doch manchmal wegen seiner Unabhängigkeit von den synoptischen Evangelien Überlieferungen wiedergibt, die sich sonst nirgends finden. In diesem Evangelium weist einer der Apostel Jesus zurecht:

> Judas – nicht der Judas Ischariot – fragte ihn: Herr, warum willst du dich nur uns offenbaren und nicht der Welt? (Joh 14, 22)

Wir wundern uns vielleicht über diese unerwartete Frage, die von dem *anderen* Judas kommt, der in den Evangelien allgemein überhaupt nicht auftritt. Klingt der redaktionelle Kommentar, dass der gemeinte Judas hier nicht Judas Ischariot ist, nicht allzu nachdrücklich? Ein derartiger Verdacht wird bekräftigt, wenn wir feststellen, dass es eine abweichende Lesart in manchen Handschriften gibt, in der das Wort „nicht" weggelassen ist.[13] Auch mögen wir fragen, was genau die Bedeutung der Jesus hier gestellten Frage ist.

Der Schlüssel zur Bedeutung der Frage findet sich in einem anderen überraschenden Abschnitt des Johannesevangeliums, wo dieselbe Frage in denselben Worten gestellt wird:

> Das Laubhüttenfest der Juden war nahe. Da sagten seine Brüder zu ihm: Geh von hier fort, und zieh nach Judäa, damit auch deine Jünger die Werke sehen, die du vollbringst. Denn niemand wirkt im Verborgenen, wenn er öffentlich bekannt sein möchte. Wenn du dies tust, zeig dich der Welt! Auch seine Brüder glaubten nämlich nicht an ihn. Jesus sagte zu ihnen: Meine Zeit ist noch nicht gekommen ... (Joh 7, 2-6)

Hier ist die Kritik Jesu schärfer, und die „Brüder" werden in eine streitlustige Rolle gestellt, anders als „nicht der Judas Ischariot" in dem anderen Abschnitt. Doch ist die Übereinstimmung des Wortlauts bemerkenswert: Beide empfehlen, dass Jesus sich „der Welt zeige". Es ist sehr wahrscheinlich, dass beide Abschnitte sich auf den gleichen Vorfall beziehen, obgleich der eine Abschnitt die Kritik Judas zuschreibt und der andere den Brüdern Jesu. Aber das Überraschendste an diesem Dialog Jesu mit seinen Brüdern ist, dass er überhaupt stattfand. Denn wir erfahren an anderer Stelle, dass die Familie Jesu ihn als Verrückten abtat (Mk 3, 21). Außerdem hören wir, dass Jesus selbst ein besonderes Verhältnis zu seiner Mutter und seinen Brüdern ablehnte und ihnen einen bevorzugten Zugang zu ihm verweigerte (Mt 12, 46, Mk 3, 31, Lk 8, 19). Doch hier haben wir ein Bild von Jesus, der sich mit seinen Brüdern bespricht, die ihm einen Rat gaben (wenngleich die Anfänge eines feindseligen Bilds von diesen Brüdern schon zu erkennen ist). Außerdem muss die verwirrende Tatsache erklärt werden, dass einerseits die Evangelien die Brüder Jesu als unfreundlich, gleichgültig oder bestenfalls nörglerisch (bei Joh 7) schildern, wir aber andererseits aus der Apostelgeschichte und anderen Quellen wissen, dass die Brüder Jesu kurz nach seinem Tod in seiner Bewegung eine herausragende Rolle spielen; sein Bruder Jakobus folgte ihm sogar als Führer der Bewegung.

Ein anderer Punkt, den es zu beachten gilt, ist, dass einer der Brüder Jesu wirklich Judas hieß; eine Tatsache, die nur in einem einzigen Evangelium preisgegeben wird (Mt 13, 55). Dem wird in der Regel keine Bedeutung beigemessen, da die Brüder Jesu nicht seine Jünger waren und er ihnen gleichgültig oder feindselig begegnete. Dies wenigstens ist das Bild, das die Evangelien insgesamt vermitteln; aber der aus dem Rahmen fallende Abschnitt bei Johannes, wo die Brüder Jesu durchaus nicht gleichgültig erscheinen, sondern sich brennend für seine Karriere interessieren, stellt uns vor die Frage, ob es nicht doch etwas zu bedeuten hat, dass die gesamte

Geschichte nicht nur zwei Jünger namens Judas enthält (Judas Ischariot und „Judas, Sohn des Jakobus"), beide offenbar nicht blutsverwandt mit Jesus, sondern auch einen dritten Judas, der sein Bruder war. Was ist die historische Wahrheit um die Brüder Jesu? Waren sie in seiner Lebensgeschichte wichtiger, als die Evangelien eingestehen möchten? Überdies weiß man, dass genau dieser Bruder Judas, der anscheinend keine Rolle in der eigenen Bewegung Jesu spielte, nach dem Tod Jesu wie Jakobus eine herausragende Rolle in der Jerusalemer Kirche spielte, da er der Verfasser des kanonischen Briefs des Judas war.[14] Darauf werden wir in einem späteren Kapitel zurückkommen, wenn wir der Frage nachgehen, wer genau Judas Ischariot war (siehe S. 155–169) und was seine Beziehung zu den anderen beiden Judassen war. Für den Augenblick genügt der Hinweis, dass ein Judas, wahrscheinlich Ischariot (obwohl dies vom Bearbeiter des am weitesten verbreiteten Manuskripts von Johannes verneint wurde), Jesus von einem aktivistischen Standpunkt aus, der eher mit Petrus verknüpft wird, kritisierte.

Wir können aus dieser Beweislage schließen, dass Judas Ischariot nicht plötzlich als teuflischer Verräter Jesu auf der Bühne auftauchte, sondern sich allmählich durch mehrere verschiedene Phasen entwickelte. Gewisse Aspekte der Entwicklung werden in späteren Kapiteln weiter untersucht, besonders die Bedeutung des Namens „Ischariot". Aber auch der Auftritt Judas' als Verräter bedeutet keineswegs das Ende seiner Entwicklung. Wir wenden uns nun den Veränderungen und der Ausgestaltung zu, die im Zuge der Evangelien sowohl im Charakter als auch in der Rolle des Judas Ischariot stattfanden.

Anmerkungen

1 Außerdem ist es wahrscheinlich, dass die Jerusalemer Kirche Jesus nie als göttlich ansah und dass sie das Abendmahl nicht praktizierte. Siehe Maccoby (1986) und Maccoby (1991). Zur allgemeinen Standortbestimmung der Jerusalemer Kirche siehe auch Brandon (1951). Die Ansicht, dass es einen unüberbrückbaren Konflikt zwischen der Jerusalemer und der Paulinischen Kirche gab, wurde erstmals von einem der Begründer der wissenschaftlichen Untersuchung des Neuen Testaments vorgebracht, Ferdinand Christian Baur und seinen Anhängern von der „Tübinger Schule" (siehe besonders Baur 1845). Baurs Werk enthielt jedoch viele Fehler, darunter falsche Datierungen und die unzulässige Einführung hegelianischer philosophischer Ideen. Seine brillanten Einsichten wurden von folgender Kritik und dem Aufkommen der „Formkritik" begraben, die die Ansicht vertrat, dass die Apostelgeschichte völlig unhistorisch sei und keine wie auch immer geartete verlässliche Auskunft über die Jerusalemer Kirche gebe. Diese radikale Skepsis (die auch den Evangelien galt, mit der Schlussfolgerung, dass nichts Authentisches über den historischen Jesus herausgelesen werden könne) diente einem frommen

Zweck; denn der wesentliche jüdische Charakter der Jerusalemer Kirche, wie er von Baur verstörend nachgewiesen wurde, konnte nun mit der Begründung abgetan werden, er stamme von einem späteren Stadium der „Re-Judaisierung" in den Quellen. Ultraskeptizismus führte somit zurück zu einem konventionellen Bild von Jesus und der Jerusalemer Kirche, wonach sie das Judentum ablehnten, und dies ist immer noch die vorherrschende Lehrmeinung in der Wissenschaft des Neuen Testaments. Eine Ausnahme allerdings ist S. G. F. Brandon, der in mehreren herausragenden Werken die Ideen von Baur wiederbelebte, ohne dessen methodologische Irrtümer zu wiederholen (siehe besonders Brandon 1951). Brandon wurde jedoch weitgehend ignoriert. Zunehmendes Bewusstsein unter Wissenschaftlern in jüngerer Zeit über die willkürliche Art der „Formkritik" und ihre Wurzeln in theologischer Apologetik muss letztlich zu einer gründlichen Neubewertung des Werks von Baur und Brandon führen.

2 Paulus verwendet das Verb in diesem neutralen Sinn in Röm 11, 35. Noch bemerkenswerter ist der parallele Satz in Röm 4, 25, wo alle Übersetzer sich einig sind, dass die Bedeutung „hingegeben" oder „ausgeliefert" ist, nicht „verraten". [Luther übersetzt 1 Kor 11, 23 „…als er verraten wurde…", aber die der sogenannten Einheitsübersetzung von 1980 heißt es „…in der er ausgeliefert wurde…". Anm. des Übers.].

3 Es ist verwirrend, dass Matthias ausgewählt wurde, um laut Petrus „nun zusammen mit uns Zeuge seiner Auferstehung" zu sein (1, 22), wenn aus der vorausgegangenen Erzählung völlig klar ist, dass Matthias nicht anwesend war, als Jesus sich den elf Aposteln vierzig Tage hindurch zeigte (1, 3). Wie könnte Matthias ein Zeuge dessen sein, was er nicht gesehen hatte? Die Antwort (was den Autor von Lukas/Apostelgeschichte angeht) könnte sein, dass Matthias einer von jenen war, die zusammen mit den elf Aposteln den auferstandenen Jesus bei einer Versammlung in Jerusalem sahen (Lk 24, 33, wo es heißt: „…und sie fanden die Elf und die anderen Jünger versammelt…"). Dies ist jedoch keine vollständige Antwort, weil eine gewisse Schwierigkeit besteht, den Bericht von der Auferstehungserscheinung in Lk 24 im Verhältnis zu Apg 1 zu erklären. Sind sie voneinander unabhängige Auferstehungsereignisse oder ist das zweite eine gesteigerte Version des ersten? Falls Letzteres, hat der Autor bei der Ausarbeitung seines Berichts in Apg versäumt, ein Auferstehungsereignis anzubieten, das Matthias „bezeugte".

4 Natürlich ist es immer möglich, eine harmonisierende oder glättende Erklärung für den Konflikt zwischen Paulus und den späteren Autoren zu fabrizieren; etwa, dass Paulus von ihnen nur in der Ansicht abwich, Matthias sei vor, nicht nach dem Auferstehungserlebnis der Apostel auserwählt worden. Aber solche Erklärungen sind durch den gesamten Verlauf der modernen Forschung zum Neuen Testament diskreditiert, die ihren wissenschaftlichen Rang nur erlangte, indem sie die geschickten, aber nicht überzeugenden Harmonisierungen, die im Zeitalter des Glaubens die Regel waren, gemieden hat. Tatsache ist, dass Paulus weder Judas' Treuebruch noch die Wahl von Matthias erwähnt und eine Aussage macht, die kaum mit dem einen wie dem anderen in Einklang gebracht werden kann. Es ist unglaubwürdig, eine Kenntnis dieser angeblichen Ereignisse in seinen Schriften vorauszusetzen, nur um seine Geschichte hinzubiegen, damit sie mit den späteren Berichten übereinstimmt.

5 Zu Paulus als dem Schöpfer des christlichen Opfermythos siehe Maccoby (1986).

6 Siehe Maccoby (1986) und Maccoby (1990).

7 Siehe Pearson (1971) zu Argumenten, die die späte Entstehung dieses Abschnitts zeigen.

8 Siehe Maccoby (1980). Die Jerusalemer Kirche dagegen zeigte sich der jüdischen Sache loyal, indem sie sich am Kampf gegen Rom beteiligte, wobei sie starke Verluste erlitt. Die Paulinische Kirche brachte die Geschichte in Umlauf, dass die Jerusalemer Kirche, gewarnt von einem Orakel, Jerusalem kurz vor dem Krieg verließ und nach Pella in Trans-

jordanien emigrierte. Der legendäre Charakter dieser Geschichte ist von modernen Wissenschaftlern vollständig nachgewiesen worden (siehe Brandon, 1951, S. 168-173, und Lüdemann, 1980). Die Pella-Legende war Teil der Bemühungen der Paulinischen Kirche (initiiert durch die Apostelgeschichte), den Bruch zwischen Paulus und Petrus zu verdecken und eine fiktionale Kontinuität zwischen der Jerusalemer und der Paulinischen Kirche zu konstruieren.

9   Siehe besonders Mt 23, 31–37; Apg 7, 51–53. Zu Antisemitismus in den Evangelien siehe Ruether (1974), Gager (1983), Sanders (1987).

10   Von den Autoren, die eine absichtliche Verbindung zwischen dem Namen „Judas" und dem jüdischen Volk gesehen haben, wonach Judas von Anfang an als Symbol und Archetypus des angeblichen jüdischen Verrats gedacht war, seien die Folgenden genannt: J. M. Robertson (1910), S. 110 f., W. B. Smith (1911), S. 308, A. Drews (1921), S. 249, L. G. Lévy (1909), S. 539, S. Lublinski (1910), S. 146: „Er wird Judas genannt, weil er durch dieses Synonym als Vertreter des gottesmörderischen Volkes bezeichnet werden sollte", F. K. Feigel (1910), S. 50.

11   Der Prozess gegen Petrus und seine Gefährten führte zu ihrem Freispruch, dank der Unterstützung durch Gamaliel und die übrigen Pharisäer (Apg 5). Dieses Ereignis widerspricht dem gewöhnlichen Bild in den Evangelien und in der Apostelgeschichte, wonach die Pharisäer feindselig gegen Jesus und seine Jünger sind. Ereignisse, die dem gewöhnlichen Trend der Erzählung zuwiderlaufen, entsprechen wahrscheinlich der historischen Wahrheit. Sie können nicht in der Zeit hinzugefügt worden sein, als die Erzählung unter der paulinischen Redaktion ihre endgültige Form erhielt, und müssen deshalb von den frühesten Berichten überlebt haben. Dies ist das grundlegende Prinzip der sogenannten Tendenzkritik.

12   Ein Abschnitt, der die paulinische Haltung zur Jerusalemer Kirche ausdrückt, ist jener, in dem Jesus die Jünger tadelt, weil sie höhere Stellen in seinem Reich wünschen (Lk 22, 24–27). Jesus ermahnt dann Petrus: „Simon, Simon, der Satan hat verlangt, dass er euch wie Weizen sieben darf. Ich aber habe für dich gebetet, dass dein Glaube nicht erlischt. Und wenn du dich wieder bekehrt hast, dann stärke deine Brüder." Dies enthält die paulinische Version der Ereignisse: dass Petrus schließlich einlenken und den Paulinismus annehmen würde. Diese Version wird in der Apostelgeschichte verbreitet, widerspricht aber einem anderen Beleg, dass Petrus sich nach ihrem Streit in Antiochia nicht mit Paulus aussöhnte (Gal 2, 11–14). Zu der vollständigen Beweisführung, die die hier gebotene Ansicht von der Jerusalemer Kirche stützt, siehe Maccoby (1986), S. 119–155.

13   Die Lesart, die sich in koptischen Versionen des 3. und 4. Jahrhunderts findet, ist „Judas der Kanaanäer sagte zu ihm …" Die Bedeutung des „Kanaanäers" wird später (S. 169) untersucht werden und es wird behauptet werden, dass es so viel wie „Ischariot" bedeutet. Vorerst genügt der Hinweis, dass das Wort „nicht" hier fehlt, eine Bestätigung des Verdachts, dass es von einem Herausgeber hinzugefügt wurde.

14   Manche Kommentatoren streiten jedoch ab, dass dieser Judas der Bruder Jesu war; dies würde bedeuten, dass vier Judasse zu berücksichtigen wären: Judas Ischariot, Judas, Sohn des Jakobus, Judas, der Bruder Jesu, und Judas, der Autor des Judasbriefes. Diese Vermehrung der Judasse ist in sich ein merkwürdiges Phänomen.

Kapitel 3

Die Erzählung entsteht: Markus und Matthäus

Nach fast zwei Jahrhunderten Diskussion sind die meisten Wissenschaftler zu dem Ergebnis gekommen, dass die Evangelien in der folgenden Reihenfolge geschrieben wurden: Markus, Matthäus, Lukas und Johannes. Der Vorrang von Markus ergibt sich vor allem aus dem Umfang des Materials, das Matthäus und Lukas mit kleinen persönlichen Veränderungen von Markus übernommen haben. Die späte Entstehung von Johannes zeigt sich vor allem in seiner ausgereiften Theologie und in seiner resignierten Haltung, denn er ging davon aus, dass die Wiederkehr Jesu nicht bald bevorstünde. Wir werden sehen, dass die Art, wie sich die Judaserzählung entwickelt und von Evangelium zu Evangelium ausgefeilter wird, eine weitere Bestätigung der Reihenfolge ist, zu der man auch aus vielen anderen Gründen gelangt ist.

Nach der kirchlichen Überlieferung wurde das Markusevangelium in Rom geschrieben. Der Name „Markus" (Marcus) selbst ist römisch. Ob Markus mit der Person namens Markus oder Johannes Markus im Neuen Testament identisch ist (Apg 12, 25; 13, 5; 15, 37; Kol 4, 10; Phlm 24; 2 Tim 4, 11), ist nicht klar. Falls ja, war er einmal ein persönlicher Helfer von Paulus, dem Paulus abwechselnd misstraute (Apg 15, 37–38) und traute (2 Tim 4, 11). Die Überlieferung behauptete auch, dass Markus den Stoff seines Evangeliums von Petrus erhielt, während der Letztere in Rom weilte.[1]

Diese Behauptung kann wohl als ein Versuch abgetan werden, dem Markusevangelium die Autorität der Jerusalemer Kirche zu verleihen. Es ist unwahrscheinlich, dass Petrus jemals in Rom war.

Das Markusevangelium ist in einem groben, umgangssprachlichen
Griechisch geschrieben. Es schildert Jesus als galiläischen Wundertäter,
der der Sohn Gottes ist und weiß, dass er am Kreuz wird leiden müssen.
Es bietet eine anschauliche, knappe Version der Passionserzählung und
stellt die Juden als die Hauptfeinde Jesu dar, die nicht verstünden, dass ihre
Religion veraltet sei. Es endet abrupt mit dem „leeren Grab" und bietet
keinen Bericht von der Erscheinung des Auferstandenen.

Im Markusevangelium wird Judas Ischariot zum ersten Mal in der Liste
der Jünger in 3, 14–19 erwähnt. Erwähnenswert ist, dass diese Liste nur
einen Judas enthält. Offenbar hatte die Aufspaltung dieser Figur in zwei,
den guten Judas und den bösen Judas, noch nicht stattgefunden. Tatsächlich tritt bei Markus nie mehr als ein Judas auf.[2]

Die nächste Erwähnung von Judas Ischariot ist die unerwartete Mit-
teilung seines Verrats (Mk 14, 10–11):

> Judas Ischariot, einer der Zwölf, ging zu den Hohepriestern. Er woll-
> te Jesus an sie ausliefern. Als sie das hörten, freuten sie sich und ver-
> sprachen, ihm Geld dafür zu geben. Von da an suchte er nach einer
> günstigen Gelegenheit, ihn auszuliefern.

Diesem Verrat wird keine Motivation unterstellt. Die nackte Tatsache seines Angebots wird erzählt, und obwohl die „Hohepriester" ihm Geld an-
bieten, wird dies nicht als Motiv für sein Tun angedeutet. Auch wird nicht
erklärt, woraus sein Verrat bestehen würde. Da Jesus unbewaffnet war und
keinen Geleitschutz hatte, ist nicht klar, warum die „Priester" ihn nicht
jederzeit festnehmen können oder warum sie den Beistand eines Verräters
brauchen. Der einzige Schlüssel zu diesem Rätsel taucht in einem früheren
Abschnitt auf, in dem es heißt, dass die Priester „einen Aufruhr im Volk"
fürchteten und deshalb beschlossen, ihn „mit List" in ihre Gewalt zu bringen und bis nach dem Fest zu warten (Mk 14, 1–2).

Dann kommt der Bericht vom Abendmahl, in dem der Verrat angedeutet wird, Judas selbst allerdings nicht erwähnt wird:

> Während sie nun bei Tisch waren und aßen, sagte er: Amen, ich sage
> euch: Einer von euch wird mich verraten und ausliefern, einer von
> denen, die zusammen mit mir essen. Da wurden sie traurig, und einer
> nach dem andern fragte ihn: Doch nicht etwa ich? Er sagte zu ihnen:

Einer von euch Zwölf, der mit mir aus derselben Schüssel isst. Der Menschensohn muss zwar seinen Weg gehen, wie die Schrift über ihn sagt. Doch weh dem Menschen, durch den der Menschensohn verraten wird. Für ihn wäre es besser, wenn er nie geboren wäre. (Mk 14, 18–21)

Vermutlich sagt Judas wie die anderen Jünger zu Jesus „Doch nicht etwa ich?", wohl wissend, dass er selbst der Verräter war und dass Jesus dies wusste. Dieses schmerzliche Detail wird nicht ausgeschlachtet. Aber der Kommentar Jesu drückt der Angelegenheit ihren Stempel auf, denn er weist darauf hin, dass der Verrat vom Schicksal bestimmt und notwendig ist. Also besteht ein Band der Mitschuld zwischen Jesus und Judas; wir fühlen, dass Judas die schreckliche Sünde des Verrats mit der Zustimmung Jesu auf sich nimmt oder zumindest die Unvermeidbarkeit einsieht. Aber davon wird nichts verdeutlicht oder auch nur vielleicht bewusst bedacht. Es bleibt den Berichten in den späteren Evangelien überlassen, diese Dinge klarer darzustellen.

Es folgt der Bericht vom Abendmahl mit seinen zwei Themen von den eucharistischen Worten Jesu und seinem „Enthaltsamkeitsgelübde".[3] Ein Lobgesang wird gesungen und dann führt Jesus die Jünger zum Ölberg, wo Jesus, auf dem Weg nach Gethsemane, die Abtrünnigkeit der Jünger und Petrus' Untreue prophezeit. An keiner Stelle wird erwähnt, dass Judas die Gesellschaft Jesu und der Jünger verlassen habe.

In Gethsemane betet Jesus; aber die Jünger lassen ihn im Stich, denn sie schlafen ein. Er weckt sie und tadelt sie zweimal, aber als er sie zum dritten Mal schlafend antrifft, hat er sich damit abgefunden und sagt: „Die Stunde ist gekommen; jetzt wird der Menschensohn den Sündern ausgeliefert. Steht auf, wir wollen gehen! Seht, der Verräter, der mich ausliefert, ist da." (Mk 14, 41-42)

Noch während er redete, kam Judas, einer der Zwölf, mit einer Schar von Männern, die mit Schwertern und Knüppeln bewaffnet waren; sie waren von den Hohepriestern, den Schriftgelehrten und den Ältesten geschickt worden. Der Verräter hatte mit ihnen ein Zeichen vereinbart und gesagt: Der, den ich küssen werde, der ist es. Nehmt ihn fest, führt ihn ab, und lasst ihn nicht entkommen. Und als er kam, ging er sogleich auf Jesus zu und sagte: Rabbi! Und er küsste ihn. Da ergriffen sie ihn und nahmen ihn fest. (Mk 14, 43–46)

Judas erscheint plötzlich, obwohl nicht darauf hingewiesen worden ist, dass er die Gesellschaft Jesu jemals verließ. Dieser Fehler in der Erzählung weckt die Aufmerksamkeit der späteren Erzähler, die versuchen, ihn zu berichtigen. Das Ungeschick könnte darauf hinweisen, dass das Thema des Verrats auf eine frühere Erzählung aufgesetzt wurde, in der es keinen solchen Verrat gab. Interessant ist auch, dass der Verräter hier „Judas" genannt wird, nicht „Judas Ischariot", was zeigt, dass wir hier eine Erzählung haben, in der Judas noch nicht von Judas Ischariot unterschieden ist. Außerdem wird Judas als „einer der Zwölf" bezeichnet, als müsste erklärt werden, wer er war; das zeigt, dass dies in einigen früheren Versionen, die Markus adaptierte, die erste Einführung von Judas in die Erzählung der Evangelien war. Dies würde bedeuten, dass die früheren Auftritte von Judas im Markusevangelium nicht Teil der frühesten Judasgeschichte waren. Dieser Vers allerdings, der Judas zum ersten Mal als Verräter in Gethsemane einführt, ist der Keim, aus der die markussche Schicht der Ausgestaltungen der Judasgeschichte entwickelt wurde; es gab ursprünglich keinen Abschnitt in der Abendmahlserzählung über Judas' bevorstehenden Treuebruch und das Vorauswissen Jesu. Die Geschichte, wie wir sie hier in unserer frühesten Quelle haben, hat schon mehrere Veränderungen erfahren. Man hat schon gespürt, dass dem plötzlichen Verrat des Judas in Gethsemane (der Keim der Geschichte) irgendwelche Vorfälle, die zu ihm hinführten, vorausgegangen sein müssen, die hier nachgeliefert worden sind, aber ohne sorgfältige Beachtung der Veränderungen, die logischerweise für die erzählerischen Verknüpfungen notwendig sind.

Es ist interessant, dass Markus die „Schriftgelehrten und Ältesten" an der Verhaftung Jesu beteiligt, entgegen den Belegen anderswo (siehe S. 98). Es war wichtig, die ganze jüdische Oberschicht in den Verrat Jesu einzubeziehen, nicht nur das Umfeld des Hohepriesters. Der Kuss des Verräters ist ein erzählerisches Thema, das eine Untersuchung im Licht vergleichender Mythologie und biblischer Beispiele verlangt. Judas' ehrfürchtige Anrede Jesu als „Rabbi" enthält auch eine Prise Heuchelei, die zum Verrat des Kusses hinzukommt. Hier genügt es, darauf hinzuweisen, dass die Funktionsweise des Verrats alles andere als klar ist. Warum musste Jesus von Judas identifiziert werden? Gewiss war Jesus doch hinreichend bekannt, nachdem er im Tempel vor begeisterten Massen gepredigt hatte? Worin genau bestand Judas' Verrat? War es seine Identifizierung von Jesus oder dass er die verhaftende „Menge" zum Versteck Jesu führte? Diese verwirrenden Fragen müssen im Licht der Summe dieser Berichte untersucht werden. Aber hier sei angemerkt, dass die

Verwirrung und Plumpheit der Geschichte den Eindruck einer Ad-hoc-Improvisation verstärken.

Es bleibt nur die Feststellung, wie viel von der geläufigen Geschichte des Judas in Markus' Version fehlt. Nicht erwähnt wird der Preis von dreißig Stücken Silber, der mit den Hohepriestern ausgemacht ist, noch wird gesagt, dass Judas überhaupt bezahlt wurde, nur dass eine Bezahlung „versprochen" wurde. Auch über Judas' Buße oder seinen Tod wird nichts gesagt. Tatsächlich hören wir nach der Szene in Gethsemane nichts mehr von Judas. Die Figur bleibt ohne persönliche Charakterzüge. In dieser frühesten Version der Judas-Legende bleibt die Erzählung bruchstückhaft, obwohl sie schon weit über ihre frühesten Stadien fortgeschritten ist.

Das Matthäusevangelium ist eine ausgefeiltere Komposition. Während es das Material von Markus über das Predigen und die Wundertätigkeit Jesu verwendet, bietet es auch eine Erzählung über Geburt und Kindheit Jesu – die jungfräuliche Geburt, die Reise der heiligen drei Könige und den Kindermord durch Herodes. Es fügt viel apokalyptisches Material zur Lehre Jesu hinzu und steuert eine Reihe von anderen Sprüchen Jesu bei, die bei Markus nicht zu finden sind. In der Passionserzählung hält es sich eng an Markus, fügt aber Berichte vom Erscheinen des auferstandenen Jesus hinzu. Matthäus schildert Jesus mit vielen authentisch jüdischen Details, die wahrscheinlich von der Überlieferung der Jerusalemer Kirche herrühren; doch dieses Evangelium ist scharf antisemitisch und enthält sogar eine Szene, in der die Juden sich selbst mit einem ewigen Fluch belegen (27, 25).

Der Name „Matthäusevangelium" ist eine irrtümliche Bezeichnung, da der Autor nicht Jesu Jünger Matthäus war, obgleich die kirchliche Überlieferung dies besagt. Der Name des tatsächlichen Autors ist unbekannt; textkritische Befunde zeigen, dass er vermutlich nicht Hebräisch konnte und nach der Zerstörung des Tempels lebte. Der Ort, wo er das Evangelium verfasste, war vermutlich Antiochia, kann aber auch Alexandria gewesen sein. Auf Griechisch drückt er sich idiomatischer und korrekter aus als Markus. Manche Wissenschaftler glauben, dass er Jude war, andere sprechen sich dagegen aus. Die Theorie, dass dieses Evangelium für eine jüdisch-christliche Gemeinde geschrieben wurde, ist in Mode, aber wahrscheinlich nicht zutreffend.

Im Matthäusevangelium wird Judas Ischariot wiederum in der Liste der zwölf Jünger zum ersten Mal erwähnt (Mt 10, 2–4). Auch hier stellen wir fest, dass es keinen zweiten Judas auf der Liste gibt. Wie bei Markus hören wir nirgendwo bei Matthäus von einem Apostel namens Judas außer Judas Ischariot. Wie wir sehen werden, wurde ein zweiter Judas erst eingeführt, als Aufzeichnungen, die auf einen unbescholtenen und loyalen Judas hinweisen, berücksichtigt werden mussten.

In anderer Hinsicht jedoch wird Matthäus' Geschichte viel ausführlicher ausgearbeitet als bei Markus. Hier ist sein Bericht von der Vereinbarung, die Judas und die Hohepriester trafen:

> Darauf ging einer der Zwölf namens Judas Ischariot zu den Hohepriestern und sagte: Was wollt ihr mir geben, wenn ich euch Jesus ausliefere? Und sie zahlten ihm dreißig Silberlinge. Von da an suchte er nach einer Gelegenheit, ihn auszuliefern. (Mt 26, 14–16)

Hier bekommt Judas ein eindeutiges Motiv für seinen Verrat – Geldgier. Während bei Markus die Frage der Bezahlung von den Priestern gestellt wird, kommt die Frage bei Matthäus von Judas. Außerdem blieb der Betrag nicht offen wie bei Markus, sondern wurde auf dreißig Silberlinge festgelegt. Überdies ist Judas' Motiv nicht mehr rätselhaft. Er handelt für Geld, und dies verleiht ihm eine gewisse Eigenständigkeit – er hat einen persönlichen Charakterzug, nämlich Gier. Die Summe von dreißig Silberlingen war nicht viel – es war der Durchschnittspreis eines Sklaven (Ex 21, 32) – und reichte, um eine Person für etwa fünf Monate zu ernähren.[4] Sie würde Judas nicht reich machen, wäre aber ein ausreichender Beweggrund für Gier. Allerdings drängen sich neue Fragen auf: Warum sollte Judas, einer der zwölf Apostel, seine Ideale auf diese Weise aufgeben? Was veranlasste ihn, vermutlich ein Mann mit großartigen Eigenschaften (sonst hätte Jesus ihn nicht auserwählt), Geld der Treue und Erlösung vorzuziehen? Oder wählte Jesus ihn wegen seiner Laster aus, weil er wusste, dass jemand gebraucht wurde, um ihn zu verraten? Neue Einzelheiten werfen neue Fragen auf, und der Weg ist frei für weitere Ausgestaltung. Aber es sollte auch gesagt werden, dass zusätzliche Einzelheiten nicht unbedingt eine Verbesserung der erzählerischen Qualität mit sich bringen. Markus' Verschwiegenheit vermittelt den Eindruck eines unerklärlichen Ausbruchs des Bösen inmitten der Gefährten Jesu und bringt einen auf Gedanken über den metaphysischen Stellenwert des Bösen an sich. Als Judas bei Matthäus ein finanzielles Motiv bekommt, empfinden wir vielleicht, dass ein Abstieg in die Trivialität stattgefunden hat.

Es ist interessant, dass Judas *nicht* das verständlichere Motiv bekommen hat, von Jesus enttäuscht zu sein, weil dieser nicht als diesseitiger Messias handeln wollte, sondern auf der Notwendigkeit der eigenen Kreuzigung beharrte. Wir sind diesem Motiv schon bei Anlässen begegnet, wo Jünger Unverständnis über Jesu Absichten erkennen ließen. Hätte eine derartige

Enttäuschung nicht zu wirklichem Verrat führen können? Viele Kommentatoren haben so gedacht und dies als Grund für Judas' Handeln genannt. Diese Erklärung wird allerdings in den Texten nicht gestützt, die entweder irgendeine Version von Markus' absolutem Bösen oder von Matthäus' unterstellter Habgier oder etwas von beiden vorziehen. Als Grund dafür schlage ich vor, dass die Haltung, sich an einen weltlichen Messias zu klammern, als typisch für die Jerusalemer Kirche betrachtet wurde, die nicht des Verrats an Jesus angeklagt wird, sondern nur der Begriffsstutzigkeit. Die paulinischen Autoren stehen zwar im Streit mit der Jerusalemer Kirche, wollen aber nicht die Verbindung zerschneiden, was der Fall wäre, wenn sie sie des äußersten Verrats anklagten. Folglich kann Judas, der ultimative Verräter, nicht in einer Weise charakterisiert werden, die ihn mit der Jerusalemer Kirche gleichsetzen würde. Obwohl er seinen legendären Werdegang als typischer weltlicher Messias-Anhänger begann, der gegen die „spirituellen" Ziele Jesu protestierte, wurde diese Rolle (des begriffsstutzigen Kritikers, A. d. Hrsg.) auf Petrus übertragen, sodass Judas den Sprung in den Verrat machen konnte, wo er nicht mit der Jerusalemer Kirche gleichgesetzt wurde, sondern mit den Juden, den Musterbeispielen in der christlichen Mythologie für das grundlose Böse wie für Habgier.

Es ist wichtig zu beachten, dass die Evangelien und die Apostelgeschichte nicht in die Epoche gehören, die sie beschrieben, sondern in die nachfolgende, in der die Paulinische Kirche mit der Jerusalemer Kirche wie mit der jüdischen Synagoge haderte. Sie sind Schriften des paulinischen Lagers, und sie beschreiben das Leben Jesu und die frühe Geschichte der christlichen Bewegung aus einer parteiischen Perspektive. Erst Mitte des zweiten Jahrhunderts wurde diesen Schriften allmählich biblischer Rang wie den Schriften der Hebräischen Bibel (nun nach und nach als „Altes Testament" bezeichnet) zuerkannt. Zur Zeit ihrer Abfassung waren die Paulusbriefe, die Evangelien und die Apostelgeschichte parteiische Schriften, geschrieben zu dem Zweck, die Gläubigen gegen gegnerische Gruppen zu einigen und zu sammeln. Vom Standpunkt dieser Schriften war die Jerusalemer Kirche zwar loyal gegenüber Jesus, sah ihn aber falsch, während den Juden Ablehnung und Verrat vorgeworfen wurde. Das Entstehen der Judaslegende illustriert diese Konflikte. Jene, die unter die Oberfläche der Evangelien blicken, erkennen eine Schicht, in der Judas kein Verräter war, sondern ein Verfechter eines weltlichen messianischen Königreichs, und glauben, den wahren, historischen Judas entdeckt zu haben. Aber sie haben nur eine frühere Schicht des legendären Judas aufgedeckt, in einem Stadium, als er die Jerusalemer Kirche repräsentierte in ihrem damaligen Konflikt mit der Paulinischen Kirche.

Wir kommen nun zu Matthäus' Bericht von der Rolle, die Judas Ischariot beim Abendmahl spielte:

> Als es Abend wurde, begab er sich mit den zwölf Jüngern zu Tisch. Und während sie aßen, sprach er: Amen, ich sage euch: Einer von Euch wird mich verraten und ausliefern. Da waren sie sehr betroffen, und einer nach dem andern fragte ihn: Bin ich es etwa, Herr? Er antwortete: Der, der die Hand mit mir in die Schüssel getaucht hat, wird mich verraten. Der Menschensohn muss zwar seinen Weg gehen, wie die Schrift über ihn sagt. Doch weh dem Menschen, durch den der Menschensohn verraten wird. Für ihn wäre es besser, wenn er nie geboren wäre. Da fragte Judas, der ihn verriet: Bin ich es etwa, Rabbi? Jesus sagte zu ihm: Du sagst es. (Mt 26, 20–25)

Es ist kaum zu bezweifeln, dass diese Version später ist als jene von Markus, da die Geschichte deutlich fortgeschritten ist. Was bei Markus nur eine Folgerung ist – dass eine Unterredung zwischen Jesus und Judas stattgefunden hat – wird zum klaren Dialog. Alle Jünger stellen der Reihe nach die Frage an Jesus, und wir erfahren nicht, was Jesus antwortete. Nur Judas' Auftritt wird hervorgehoben, und die Worte der Antwort Jesu werden wiedergegeben.[5] Diese Worte mögen zweideutig erscheinen, aber sie laufen (wie man sie auch übersetzt) auf eine bejahende Antwort hinaus. Jesus weiß, dass Judas ihn verraten wird; Markus bleibt hier unklar und sagt nur aus, dass Jesus wusste, dass er verraten würde. Auch hier empfinden wir vielleicht einen Verlust an künstlerischer Wirkung. Dadurch, dass Matthäus deutlicher wird, hat er etwas von Markus' rätselhafter Verschwiegenheit verloren. Aber die Geschichte ist weitergegangen: Ihre Möglichkeiten treten zutage. Weil Jesus im Voraus von Judas' Verrat weiß, wird Judas noch mehr ein Mann des Schicksals. Sein Verrat ist vorbestimmt. Die schon bei Markus von Jesus ausgesprochenen Worte werden noch bedeutungsschwerer: „Der Menschensohn muss zwar seinen Weg gehen, wie die Schrift über ihn sagt. Doch weh dem Menschen, durch den der Menschensohn verraten wird. Für ihn wäre es besser, wenn er nie geboren wäre." Judas erfüllt nicht bloß eine persönliche Entscheidung. Er erfüllt eine Prophezeiung. Doch wird ihm dafür keine Ehre oder Zufriedenheit zuteil, dass er tut, was vorbestimmt und notwendig ist. Seine Belohnung für seinen Anteil an der Erlösung der Menschheit ist Verfluchung und Verdammnis. Er ist selbst eine Art Opfer; er ist der Schwarze Christus, der durch seine zerstörerische und selbstzerstörerische Tat seinen Mitmenschen Befreiung bringt. Jesu Worte (oder angebliche Worte) fassen die

Rolle des Verfluchten zusammen, dessen Beitrag für die Durchführung eines Opfers verlangt wird, das so abstoßend wie unerlässlich ist – ein doppeltes Opfer, da es sowohl Jesu Tod als auch Judas' Verdammnis verlangt.

Die Vorherbestimmung dieser Ereignisse wird hier wie bei Markus durch den Hinweis auf Prophezeiungen „in der Schrift" ausgedrückt, womit die Hebräische Bibel gemeint ist. Es darf jedoch bezweifelt werden, ob irgendwo in der Hebräischen Bibel solche Ereignisse prophezeit sind. Sicher findet sich nichts, was die Rolle von Judas vorhersagt. Manche Hinweise sind angeführt worden, die aber nur auf oberflächliche verbale Ähnlichkeiten hinauslaufen, wie etwa die zwanzig Silberstücke, für die Josef verkauft wurde, oder die dreißig Silberstücke bei Sacharja 11, 12–13. Der Verräter des vorbestimmten Opfers ist der Hebräischen Bibel völlig fremd, lässt sich aber recht leicht in der griechisch-römischen Mythologie finden und in der Tat in den Opfermythologien der ganzen Welt. Wir können hier einen Drang seitens der Evangelienautoren feststellen, der Hebräischen Bibel Gedanken zuzuschreiben, die nicht zu ihrer Denkweise gehören.

Der Bericht von Matthäus, darin sind sich fast alle Wissenschaftler einig, stützt sich wirklich auf jenen von Markus, den der Autor von Matthäus beim Schreiben vorliegen hatte. Ein Vergleich der Abendmahlserzählungen scheint dies sicherlich zu bestätigen. Matthäus verwendet beinahe Markus' Worte, macht aber manche Aspekte typischerweise deutlicher.

Dies ist auch der Fall in Matthäus' Bericht des eigentlichen Verrats:

> Während er noch redete, kam Judas, einer der Zwölf, mit einer großen Schar von Männern, die mit Schwertern und Knüppeln bewaffnet waren; sie waren von den Hohepriestern und den Ältesten des Volkes geschickt worden. Der Verräter hatte mit ihnen ein Zeichen verabredet und gesagt: Der, den ich küssen werde, der ist es; nehmt ihn fest. Sogleich ging er auf Jesus zu und sagte: Sei gegrüßt, Rabbi! Und er küsste ihn. Jesus erwiderte ihm: Freund, tu, wozu du gekommen bist (oder: Freund, wozu bist du gekommen?). Da gingen sie auf Jesus zu, ergriffen ihn und nahmen ihn fest. (Mt 26, 47–50)

Es gibt hier einige geringfügige stilistische Änderungen gegenüber Markus, aber die einzige wesentliche Ergänzung ist, dass Jesus auf Judas' Gruß antwortet. Wie bei Markus wird keine Erklärung geboten, wann Judas die Gemeinschaft verließ; soviel wir wissen, weilt er noch unter ihnen, bis er mit einer bewaffneten Schar „kommt". Eine merkwürdige kleine Veränderung ist, dass Matthäus in der Aussage über das Zeichen im griechischen Text das Plusquamperfekt bei Markus durch den Aorist ersetzt, womit er ein vorher verabredetes Zeichen zu einem auf der Stelle ausgemachten Zeichen macht. Dies hat die Wirkung, Judas' Aktivität als Anstifter und Verschwörer mit der Obrigkeit hinter den Kulissen zu verkleinern, gleichzeitig aber seine Rolle als aktiver Anführer bei der Gefangennahme aufzuwerten.

Es gibt immer noch keine Erklärung, warum ein Zeichen notwendig sein soll, um auf eine so bekannte Person wie Jesus hinzuweisen. Es scheint, dass die Erzählung zwar einen Verräter verlangt, die Funktionsweise seines Verrats aber undeutlich bleibt. Das Motiv des Verrats mit einem Kuss betont wieder, dass der Verräter ein Angehöriger des vertrauten Kreises Jesu ist, ein Punkt, der vorher während des Abendmahls mit folgenden Worten betont wurde: „Der, der die Hand mit mir in die Schüssel getaucht hat, wird mich verraten." Dies ist wichtiger für die Geschichte als jedes realistische Detail, wie der Verrat ausgeführt wurde, oder auch, worin er genau bestand. In einer realistischen Erzählung wäre das Wichtigste an Judas' Verrat, den Aufenthaltsort Jesu an seine Feinde aufzudecken oder sie zum Versteck Jesu zu führen. Dies würde Judas' Rolle einen Sinn geben, und wir finden einige Hinweise auf ein solches Szenario in späteren Berichten. Hier aber wird das Hauptgewicht auf den verräterischen Kuss gelegt, der den Tod bringt; die erzählerische Rechtfertigung, die erklärt, *wie* der Kuss Tod bringt, ist äußerst fadenscheinig. Wenn Jesus aus irgendeinem Grund identifiziert werden musste, hätte Judas vermutlich einfach auf ihn zeigen können. Aber das wäre nicht so sinnbildlich für Verrat gewesen wie ein Kuss und eine respektvolle Begrüßung.

Es ist vorgeschlagen worden, dass die Geschichte von der Erzählung der Hebräischen Bibel von Joab und Amasa beeinflusst wurde, den zwei rivalisierenden Feldherren König Davids. Joab fiel bei dem König in Ungnade und wurde als Heerführer durch Amasa ersetzt. Aber als ihm befohlen wurde, mit Verstärkungstruppen Amasa zu helfen, sann Joab verräterisch darauf, ihn zu ermorden. „Joab sagte zu Amasa: Geht es dir gut, mein Bruder? und griff mit der rechten Hand nach dem Bart Amasas, um ihn zu küssen. Amasa aber achtete nicht auf das Schwert, das Joab in der (linken) Hand hatte, und Joab stieß es ihm in den Bauch, sodass seine Eingeweide zu Boden quollen." (2 Sam 20, 9) Joabs Motiv war Rivalität um die Heerführung, und David verzieh ihm nie diesen Mord (siehe 1 Kön 2, 5). Aber Joab war David, seinem Herrn, treu ergeben, und es gibt keinen Hinweis auf ein Opfermotiv. Die Geschichte ist also keine genaue Parallele. Dennoch findet sich das Bild des Verrats durch einen Kuss zweifellos in beiden Erzählungen, und es ist eindeutig ein im Osten verbreitetes Erzählmotiv. Das kommt in der Hebräischen Bibel auch in Form eines Sprichworts zum Ausdruck: „Treu gemeint sind die Schläge eines Freundes, doch trügerisch die Küsse eines Feindes." (Spr 27, 6)

Aber der Kuss des Judas kann auch eine andere Bedeutung haben. Er könnte bedeuten, dass es eine besonders enge freundschaftliche und vertrauliche Beziehung zwischen Jesus und Judas Ischariot gab. Dieser Aspekt hat einige Kommentatoren sogar zu dem Vorschlag veranlasst, dass Judas in Wirklichkeit der „Lieblingsjünger" war. Psychoanalytische Kommentatoren haben eine unbewusst homosexuelle Beziehung zwischen Jesus und Judas angedeutet; nach dieser Auffassung war der Verrat ein sadomasochistischer Ausdruck der intimen Bindung (zur weiteren Diskussion siehe S. 174). Doch diese Erklärungen haben die mythologische Ebene verlassen. Die besondere Intimität zwischen Jesus und Judas ist das Band zwischen dem Opfer und seinem Henker, manchmal im Mythos dadurch ausgedrückt, dass sie Zwillinge sind oder zumindest Brüder (Osiris und Set, Romulus und Remus, Baal und Mot, Kain und Abel).[6] Der Henker muss ein Außenseiter sein, aber er muss zu dem Stamm gehören, sonst verliert er seine stellvertretende Berechtigung. Er muss vom Stamm abgelehnt werden und dennoch einer von ihnen sein, je enger verbunden, desto besser. Der Stamm darf die entsetzliche Tat nicht vollbringen, doch sie muss in seinem Namen vollbracht werden. Und im Idealfall wird sie von einem vollbracht, der als ihr Führer fungieren könnte, weil er dem Opfernden nahesteht und fast sein Doppelgänger sein könnte.

Jesu Antwort auf Judas' verräterischen Gruß ist Matthäus' Ergänzung zu der Erzählung. Das Griechische ist einigermaßen kryptisch (*hetaire, eph'ho parei*). Manche Quellen geben dies als mehrdeutigen Befehl wieder („Freund, tu, wozu du gekommen bist") und manche als Frage („Freund, dazu bist du gekommen?"). Es ist möglich, dass Matthäus beide Bedeutungen wiedergeben wollte: Judas nimmt es als Frage, aber Jesus (und die Leser) verstehen es als Befehl. So bewahrt Judas seinen Standpunkt als der böse Verräter, während Jesu ruhige Zustimmung (auch in seinen letzten Worten an seine Jünger ausgedrückt: „...der Verräter ist da") zeigt, dass der Verrat ein Teil des göttlichen Plans ist. Das empfindliche Gleichgewicht zwischen Judas' Tat als Verbrechen und einem Schritt im Drama der Erlösung wird durch Matthäus' Ergänzung gewahrt und vorangebracht. Auch ein rituelles Element gibt es in dem Wortwechsel. Ein Opferritus, in dem die Beteiligten vorbestimmte Rollen spielen, liegt hinter der Szene.

So weit ist Matthäus Markus mit nur wenigen, aber bedeutsamen Ergänzungen gefolgt. Später jedoch legt Matthäus einen Abschnitt vor, der bei Markus überhaupt nicht zu finden ist, als er eine Antwort auf die zwangsläufige Frage des Lesers gibt: „Was geschah mit Judas?":

> Als nun Judas, der ihn verraten hatte, sah, dass Jesus zum Tod verurteilt war, reute ihn seine Tat. Er brachte den Hohepriestern und den Ältesten die dreißig Silberlinge zurück und sagte: Ich habe gesündigt, ich habe euch einen unschuldigen Menschen ausgeliefert. Sie antworteten: Was geht das uns an? Das ist deine Sache. Da warf er die Silberstücke in den Tempel; dann ging er weg und erhängte sich. Die Hohepriester nahmen die Silberstücke und sagten: Man darf das Geld nicht in den Tempelschatz tun; denn es klebt Blut daran. Und sie beschlossen, von dem Geld den Töpferacker zu kaufen als Begräbnisplatz für die Fremden. Deshalb heißt dieser Acker heute Blutacker. So erfüllte sich, was durch den Propheten Jeremia gesagt worden ist: *Sie nahmen die dreißig Silberstücke – das ist der Preis, den er den Israeliten wert war – und kauften für das Geld den Töpferacker, wie mir der Herr befohlen hatte.* (Mt 27, 3–10)

Dies begründet eine Ausbreitung der Legende über den Tod des Judas, verbunden mit Versuchen, die Legende in Prophezeiungen der Hebräischen Bibel festzumachen. Eine ganz andere Legende über den Tod des Judas findet sich in der Apostelgeschichte (siehe unten); diese zwei unterschiedlichen Fortsetzungen der Judas-Saga stammten wahrscheinlich aus verschiedenen Regionen. Das Markusevangelium, das die Bestrafung oder den Tod des Judas nirgends erwähnt, hatte eine erzählerische Lücke hinterlassen, die durch Spekulationen gefüllt wurde, die schnell den Rang von Fakten erlangten.

Wiederholt wird in dem Abschnitt das Wort „Blut" hervorgehoben. Dies wird in der hier zitierten Einheitsübersetzung ein wenig gemildert, da sie Judas' Geständnis so wiedergibt: „Ich habe euch einen unschuldigen Menschen ausgeliefert", während es bei Luther wörtlich heißt: „Ich habe Unrecht getan, dass ich unschuldiges Blut verraten habe." An den Silberstücken klebt Blut (bei Luther ist es „Blutgeld"), und das damit gekaufte Feld heißt „Blutacker". Dahinter steht die Idee des Opfers. Jesu Blut ist im Opfer vergossen worden; dies ist das büßende Blut, das Erlösung bringt, aber es ist auch das Blut, das nach Bestrafung derjenigen schreit, die es vergossen haben. Fast haben wir eine Komödie der Schuldverlagerung: Judas versucht, die Schuld auf die Priester zu schieben, und sie schieben sie zurück auf ihn. Er wirft das Geld in den Tempel: eine zweideutige Geste, die einerseits besagt, dass die Tempelpriester die Schuld auf sich nehmen müssen, und andererseits auch, dass das Geld verdient, geweiht zu werden, da es Erlösung verschafft hat. Wir haben hier die Zweideutigkeit des Opfers, wie es nicht in der jüdischen, aber in der griechisch-römischen Religion betrachtet wird; es ist sowohl heilig als auch verflucht. Die Priester behandeln das Geld mit der gleichen Mischung der Haltungen. Es kann nicht im Tempel verwendet werden, doch es kann einem anderen heiligen Zweck zugeführt werden, dem Begräbnis der Toten; aber nur der Fremden, nicht der im Land Geborenen, da es vermutlich mit einem Stigma verbunden ist, an einem solchen Ort begraben zu werden. Der Begräbnisort ist geweiht, dennoch wird er als „Blutacker" bezeichnet und mit Entsetzen betrachtet.

Alle Vorstellungen hier sind nicht-jüdisch,[7] bekommen aber, wie im Neuen Testament üblich, eine jüdische Fassade. Aus der Hebräischen Bibel kommt eine Reihe von Zitaten, die bei näherer Betrachtung ein Sammelsurium von falschen Zitaten und Bedeutungslosem sind. Der Acker, den Jeremia für siebzehn Schekel (nicht dreißig Stück) Silber für Zwecke des Ackerbaus kaufte, nicht als Begräbnisplatz, war ein Symbol der Hoffnung und Wiederherstellung, nicht des Opfers und der Schuld (Jer 32, 6–15). Es ist vom Autor des Matthäusevangeliums verworren mit einem anderen Geschäft im Buch Sacharja in Verbindung gebracht worden, bei dem der Prophet zu einem symbolischen Zweck dreißig Silberstücke, beschrieben als seinen „Lohn", „im Haus des Herrn dem Schmelzer" hinwarf. Dies hat keine erkennbare Bedeutung für die Erzählung, für die es als Prophezeiung angeführt wird, ganz abgesehen von der Tatsache, dass es zur Prophezeiung Sacharjas gehört, nicht Jeremias, des zitierten Propheten. Aber der „Lohn" des Propheten wird durch eine lose verbale Zuordnung auf den für den Verrat Jesu gezahlten „Preis" bezogen, der als „sein" Preis bezeichnet werden könnte. Der „Töpferacker" scheint seinen Weg auch über Sacharja zu Matthäus gefunden zu haben, wobei der „Töpfer" (in der dt. Übers. „Schmelzer") allerdings im Tempel war und nicht ein Acker nach ihm genannt wurde. Der Autor von Matthäus aber hat offenbar einen „Acker" in den Sacharja-Text eingefügt, um sein Zitat glaubwürdiger zu machen – oder vielleicht, weil er nach dem Gedächtnis zitierte, was auch die falsche Zuschreibung des Abschnitts an Jeremia erklären würde.

Doch bei weiterer Überprüfung stellen wir fest, dass die Auslegung, die den biblischen Texten gegeben wird, nicht so willkürlich ist, wie es scheint. In den meisten Fällen kann man bei Matthäus eine Reaktion auf einen unterirdischen Strang in den biblischen Texten sehen, den die Bibel selbst sich zu verurteilen und zu ächten bemüht.

Dies versteht man vielleicht am besten, wenn man die Bedeutung von Jeremia 19 betrachtet, ein Kapitel, das Kermode folgendermaßen zusammenfasst: „… der Prophet kauft einen Krug im Haus des Töpfers und zerbricht ihn am Begräbnisplatz als Zeichen, dass die Könige Jerusalem mit unschuldigem Blut gefüllt haben …"[8] Das Tal Tofet oder Ben-Hinnom war kein Begräbnisplatz, sondern eine Halde, wo Abfall verbrannt wurde. Doch Kermode liegt nicht ganz falsch, denn Jeremia verwandelt diese Müllhalde durch seine Prophezeiung in eine Art Begräbnisplatz: „So spricht der Herr der Heere: Ebenso zerbreche ich dieses Volk und diese Stadt, wie man Töpfergeschirr zerbricht, sodass es nie wieder heil werden kann. Im Tofet wird man Tote bestatten, weil sonst kein Platz ist zum Begraben." (Jer 18, 11) Es mag durchaus einen anderen unbewussten Zusammenhang zwischen dem „Blutacker" und dem Tal Tofet geben. Es war in diesem Tal (viele Jahrhunderte zuvor), dass die Menschenopfer vollzogen wurden, die in der Hebräischen Bibel verurteilt werden (2 Kön 23, 10, Jer 7, 31). In Matthäus' Kopf mag es eine Verbindung zwischen dem Blut der dort dargebrachten Opfer und dem Blut Jesu gegeben haben.

Also nimmt Jeremia ein Stück Töpferware zu einem Ort des verurteilten Menschenopfers und zerbricht es dort als Symbol unschuldig vergossenen Blutes. Aber während solches Blutvergießen von Jeremia völlig verurteilt wird, betrachtet Matthäus den Fall Jesus zweideutiger als entsetzliches, aber notwendiges Opfer. So wird das „Tal Ben-Hinnom" von Jeremia 19[9], verunstaltet durch Menschenopfer, von Matthäus in einen Blutacker verwandelt, gekauft mit dem Blutgeld eines anderen Opfers, gleichermaßen scheußlich, aber heilbringend, ebenso wie die Akteure es von jenen alten verbotenen Riten glaubten. Falls dem so ist, dann ist dies ein Beispiel für die Verwendung der Hebräischen Bibel, um ihre eigenen Absichten umzukehren und gerade das wiedereinzuführen, was sie abschaffen wollte – nämlich die dankbare Annahme des Menschenopfers, vermittelt durch ein Instrumentarium von Entsetzen und Ablehnung um den Verräter. Jeremia ist genau der Prophet, der mehr als alle anderen gegen den Brauch des Menschenopfers eiferte (siehe S. 27). Doch seine Metaphorik wird von Matthäus für einen ganz anderen Zweck übernommen.

Es gibt auch einen offenkundigeren Sinngehalt, den man aus Jeremia 19 ableiten kann: Die Verurteilung des jüdischen Volkes wegen des Vergießens unschuldigen Blutes. Für Matthäus war der Töpferacker, der Blutacker, ein mit Blutgeld bezahlter Begräbnisplatz von schlechtem Ruf, ein Nachhall des Tals Tofet, auch ein Töpferacker (auf dem Jeremia die symbolische Töpferware zerbrach), auch ein Blutacker (insofern als es der Ort ist, wo unschuldiges Blut gerächt werden muss) und auch ein Begräbnisplatz (wo das Volk Israel schmachvoll beerdigt werden soll). Somit ist die Botschaft des Töpferackers eine Bekräftigung des drohenden Untergangs der Juden, weil sie angeblich das unschuldige Blut Jesu vergossen haben. Spätere christliche Kommentatoren wie Johannes Chrysostomos deuteten den erbärmlichen Tod des Judas als symbolisch für das Schicksal des jüdischen Volkes.[10] Matthäus nimmt diese Deutung vorweg, indem er seinen Bericht über den Tod des Judas auf einen Abschnitt bei Jeremia bezieht, der die Bestrafung der Juden für ihre Sünden prophezeit, obwohl Jeremia natürlich hoffte, sein Volk zur Reue wachzurütteln, und seine Prophezeiung nicht als Zurückweisung der Juden durch Gott verstand.

Eine Schwierigkeit im Text bleibt, dass Matthäus anscheinend das Wort „Töpfer" aus dem Abschnitt tilgte, den er nach Sacharja zitierte. Anstatt wie bei Sacharja dem „Töpfer im Tempel" dreißig Silberstücke hinzuwerfen, lässt Matthäus sie von Judas einfach „in den Tempel" werfen. Wilhelm Genesius schlug vermutlich als Erster vor, dass das Wort *jotzer* („Töpfer" bei Sacharja 11, 13) in *otzar* („Schatzhaus") korrigiert werden sollte. Das ergibt einen besseren Sinn und wird durch den Targum und die Peschitta gestützt;[11] so nennt die deutsche Einheitsübersetzung „Schatzhaus" als andere Übersetzungsmöglichkeit. Es wurde daher vorgeschlagen,[12] dass der Autor des Matthäusevangeliums die Lesart „Schatzhaus" in seinem Text von Sacharja 11, 13 vor sich hatte, was die Aussage erklärt, dass Judas das Geld in den „Tempel" (*naos*) warf, nicht zu dem „Töpfer im Tempel".[13] Es ist allerdings unwahrscheinlich, dass Matthäus das Wort *naos* („Schrein") in der Bedeutung „Tempelschatzhaus" verwenden würde. Der Schrein war der heiligste Teil des Tempels, der nur von Priestern betreten wurde. Das Schatzhaus war ein viel weniger heiliger Ort auf dem Tempelgelände, und Matthäus gebraucht für diesen weiteren Bereich immer das Wort *hieron*. Matthäus scheint gemeint zu haben, dass Judas das Blutgeld in den innersten Schrein des Tempels schleuderte. Dies wäre in der Praxis nicht möglich gewesen, da Judas den Schrein nicht betreten durfte. Aber Matthäus' Standpunkt ist eigentlich, dass das innerste Heiligtum durch die Mitschuld der jüdischen religiösen Autoritäten am Tod Jesu besudelt worden ist. Das Eindringen des Blutgeldes in das Innerste des Tempels (auch wenn die Priester es eilends beseitigen) deutet auf die letztendliche Zerstörung des Tempels voraus. Es gibt also keinen zwingenden Beweis dafür, wie Matthäus Sacharja 11, 13 deutete, besonders da seine Erinnerung an diesen Abschnitt so mangelhaft ist; aber das Erscheinen des „Töpfers" (im „Töpferacker") so nah bei dem Zitat des Abschnitts aus Sacharja deutet sicherlich an, dass er von Matthäus' Wunsch ersetzt wurde, eine Aussage über den Schrein zu machen.

Der Selbstmord Ahitofels wird oft als Parallele oder Quelle für den Selbstmord des Judas angeführt. Aber es gibt nur eine oberflächliche Ähnlichkeit. Ahitofel war der wichtigste Ratgeber König Davids und gerühmt für seine Weisheit. Als Davids Sohn Absalom versuchte, sich des Throns zu bemächtigen, schloss Ahitofel sich der Rebellion an. Aber als er herausfand, dass Absalom seinem Rat nicht folgte, wurde ihm klar, dass die Rebellion zum Scheitern verurteilt war und er erhängte sich (2 Sam 17, 23). Dies geschah nicht aus Zerknirschtheit wegen des versuchten Verrats an seinem Herrn David, sondern weil seine Pläne fehlgeschlagen waren. Sein Verrat an König David wird in der Erzählung der Hebräischen Bibel nicht als eine Urform des metaphysischen Verrats behandelt, sondern als politischer Schritt. König David wird zwar oft von christlichen Autoren als Vorbote des messianischen Jesus verstanden, war aber keine Opfergestalt. Er war ein Messias im jüdischen Sinn, d.h. ein gesalbter König aus Fleisch und Blut, der gegen seine menschliche Neigung zu Sünde ankämpfte, aber danach strebte, angesichts politischer und anderer Schwierigkeiten das Reich Gottes zu errichten. Die Atmosphäre des Schreckens, die die Geschichte von Judas umgibt, fehlt in jener von Ahitofel völlig; wenn irgendein Detail aus der realistischen Erzählung der Hebräischen Bibel von dem Evangelisten verwendet wurde, dann diente dies einem ganz anderen literarischen und religiösen Ziel.[14]

Somit enthält die Geschichte vom Tod des Judas zweifellos viele Anklänge an die Hebräische Bibel; aber diese Anklänge werden in einer Weise benutzt, die ihren Zwecken fremd ist. Die Hebräische Bibel enthält keinen Mythos der Erlösung durch das Böse, außer insofern als ein solcher Mythos abgelehnt wird. Die Bedeutung der Judaslegende sollte nicht über Parallelen mit der Hebräischen Bibel oder der rabbinischen Literatur gesucht werden, sondern im allgemeinen Bereich der vergleichenden Mythologie, wo wir häufig das Thema der Erlösung durch den gewaltsamen Tod eines göttlichen Opfers finden, ein Thema, das nirgendwo in der jüdischen Tradition zu finden ist.

Anmerkungen

1   Gestützt wurde dies durch 1 Petr 5, 13; aber dieser Brief wird heute wegen seiner hoch entwickelten paulinischen Theologie als unecht betrachtet. Siehe Kümmel (1975), S. 421–424.

2   Um mit dieser Schwierigkeit zurechtzukommen, schlugen frühe Kommentatoren des Neuen Testaments vor, dass Thaddäus, der in Markus' Liste erscheint, ein anderer Name für Judas ist.

3   Über die Beziehung zwischen diesen zwei Themen siehe Maccoby (1991), S. 90–129.

4 Diese Berechnung stützt sich auf die in der Mischna beschriebene Rückstellung von 75 Silberschekel als Essensgeld für ein Jahr (plus 25 Schekel für Kleidung) als gesetzliche Regelung für eine geschiedene Ehefrau (siehe Mischna, Ketubot 1, 2 und Talmudkommentar). Der Wert eines Schekels hat sich wahrscheinlich während der Antike wenig verändert.

5 Seltsamerweise sagt Kermode: „Als Jesus prophezeit, dass einer der Zwölf ihn verraten wird, lässt Markus sie alle fragen: ‚Bin ich es?' Bei Matthäus ist es nur Judas, der die Frage stellt ..." (Kermode, 1979, S. 90). Der Autor hat Matthäus 26, 22 übersehen.

6 Zu Kain und Abel als ein Opfer-Brüderpaar siehe Hooke (1947), S. 41 f.; Maccoby (1982), S. 11–40. Zum mythischen Konflikt zwischen Zwillingen oder Brüdern, der zum Brudermord führt, siehe Kluckhohn (1968), Girard (1977), S. 59–62.

7 Ich nenne diese Elemente nicht-jüdisch, weil sie die Heiligkeit des Bösen bedeuten. In der jüdischen Religion ist es charakteristisch, dass sie es ablehnt, in einer Handlung Zweideutigkeit hinzunehmen. Es mag endlos diskutiert werden, ob eine Tat richtig oder falsch ist; aber sobald die Sache entschieden ist, wird sie völlig richtig oder völlig falsch. Der Talmud drückt dies zum Beispiel durch folgende Regelung aus: Wenn entschieden wird, dass es rechtens ist, den Sabbat zu entweihen, um ein Leben zu retten, dann sollte die Entweihung nicht durch eine unbedeutende Person erfolgen, sondern durch einen Rabbi oder die würdigste anwesende Person. Die Hebräische Bibel zeigt den gleichen Gedanken, wenn sie verfügt, dass eine Hinrichtung durch die anklagenden Zeugen und das „ganze Volk" durchgeführt werden muss (Dtn 17, 7). Es darf keine unberührbare brutale Henkergestalt geben, um diese Arbeit auszuführen. Wenn die Gemeinschaft dies verlangt, muss die Gemeinschaft es auch mit gutem Gewissen tun. Diesen grundlegenden Unterschied zwischen Judentum und Christentum kann man auch in ihrer Einstellung zum „gerechten Krieg" (d. h. Verteidigungskrieg) sehen. Das Christentum erlaubt ihn, fühlt sich aber deswegen schuldig; man tut Böses um des Guten willen. Das Judentum betrachtet den Verteidigungskrieg als positive Pflicht (milhemet mitzwa) ohne Beimischung des Bösen. Diese jüdischen Einstellungen sind eine bewusste Ablehnung dessen, was als „transgressiver Sakralismus" bezeichnet worden ist, d. h. die Heiligkeit einer bösen, in der Regel verbotenen Tat, oft verknüpft mit der Idee der magischen Kraft des Verbotenen. Zu „transgressivem Sakralismus" als Element im Hinduismus und als Erläuterung der christlichen Vorstellungen der felix culpa siehe Hiltebeitel (1989).

8 Kermode (1979), S. 87.

9 Das „Tal Ben-Hinnom" (Gehinnom, später als Gehenna wiedergegeben), anfangs ein wirkliches Tal mit brennenden Abfallhaufen, wurde später der symbolische Name des Höllenfeuers.

10 Siehe Chrysostomos, Homilie III zur Apostelgeschichte 1, 15–22. Siehe Anhang 3 zu einer Übersetzung dieses Abschnitts.

11 Der Targum ist die aramäische Übersetzung der Bibel, die Peschitta die syrische Übersetzung. Beide datieren aus der Antike, während die frühesten Manuskripte eines Großteils der Hebräischen Bibel mittelalterlich sind. Wie die Septuaginta (die alte griechische Übersetzung) können der Targum und die Peschitta manchmal benutzt werden, um den Text zu korrigieren, da sie frühere Deutungen belegen.

12 Siehe Montefiori (1927), II, S. 342.

13 In diesem Fall hat seine spätere Einführung des Töpfers in dem Ausdruck „Töpferacker" nichts Sacharja 11, 13 zu verdanken, sondern ist, wie oben erklärt, von Jeremia 19 abgeleitet, zusätzlich mit einer damit verschmolzenen Erinnerung an Jeremia 18, 2 („Haus des Töpfers") und Jeremia 32, 6–15 (Jeremia kauft einen Acker). Eine andere Möglichkeit ist, dass es tatsächlich in Jerusalem einen Blutacker genannten Begräbnisplatz gab,

der früher Töpferacker genannt wurde und dem Matthäus eine christliche Begründung gibt. Allerdings gibt es keinen Beleg in der zwischentestamentlichen oder rabbinischen Literatur für einen solchen Begräbnisplatz. Der Name „Blutacker" oder „Hakeldamach" (Apg 1, 19) erinnert an den Ortsnamen Efes-Dammim (1 Sam 17, 1), auch Pas-Dammim genannt (1 Chr 11, 13). Die aramäische Übersetzung dieses Namens war haqal sumaqta („Rotes Feld"), siehe Palästinensischer Talmud, Sanhedrin, II, 20b. Efes-Dammim jedoch war kein Begräbnisplatz, sondern eine kleine Stadt, etwa 25 Kilometer südwestlich von Jerusalem. Möglicherweise ebenfalls in Matthäus' Erinnerung war die Tatsache, dass dammim „Preis" bedeuten kann im rabbinischen Hebräisch (in dieser Bedeutung ist es nicht von dam, „Blut", abgeleitet, sondern von dem Verb damah, „gleich sein oder Entsprechung"). Das Wortspiel mit „Blut" und „Preis" mag für Matthäus unbewusst eine neue Bedeutung für den alten Namen Efes-Dammim angedeutet haben – der „Acker für den Blut-Preis", was ihn veranlasste, diesen biblischen Widerhall mit seiner Geschichte zu verbinden.

14   Ein Zusammenhang zwischen Judas und Ahitofel wurde von christlichen Kommentatoren auch in dem Vorfall beim Abendmahl gesehen, als Jesus Judas ein eingetauchtes Brotstück gab. Nach Johannes 13, 18 wurde dies als Erfüllung des biblischen Verses „auch mein Freund, dem ich vertraute, der mein Brot aß, tritt mich mit Füßen" (Ps 41, 10 in der Luther-Bibel; in der Einheitsübers. „… hat gegen mich geprahlt"). Der Vers in den Psalmen wurde als Bezug auf Ahitofel als Vorbild für Judas gesehen.

Kapitel 4

Judas Ischariot bei Lukas und in der Apostelgeschichte

Wir haben durch den Vergleich der zwei frühesten Evangelien, Markus und Matthäus, gesehen, dass die Judaslegende nicht statisch war, sondern ein sich wandelndes, wachsendes Gebilde, das auf die Bedürfnisse der Paulinischen Kirche in ihrem Konflikt mit der Jerusalemer Kirche und den Juden reagierte. Wir kommen nun zu Lukas, dem dritten Evangelium, wo wir mit neuen Ausschmückungen rechnen dürfen. Das Lukasevangelium sollte zusammen mit der Apostelgeschichte betrachtet werden, da man sich allgemein einig ist, dass sie von demselben Autor verfasst wurden.

Nach kirchlicher Tradition ist der Autor des Lukasevangeliums und der Apostelgeschichte kein anderer als der im Brief an die Kolosser 4, 14 als der nichtjüdische Anhänger und Begleiter des Paulus genannte Lukas, wo er als „der Arzt Lukas, unser lieber Freund" erwähnt wird (siehe auch Phlm 24 und 2 Tim 4, 11). Jedoch wird Lukas nicht ausdrücklich im Evangelium oder in der Apostelgeschichte erwähnt. Die Verwendung des Pronomens „wir" in den späteren Kapiteln der Apostelgeschichte (was darauf hinweist, dass der Autor gemeinsam mit Paulus reiste) legt nahe, dass der Autor wirklich ein Gefährte von Paulus war. Aber dies könnte Bestandteil einer früheren Quelle sein, die von ihrem Autor in die Apostelgeschichte eingefügt wurde, und der Autor könnte in jedem Fall auch irgendein anderer

Gefährte gewesen sein und nicht Lukas. Viele moderne Wissenschaftler glauben, dass der Autor der Apostelgeschichte weder Lukas noch irgendein anderer Gefährte von Paulus war. Die Gründe für diese Schlussfolgerung sind, dass erstens der Autor kaum erkennen lässt, dass er den Tod Jesu als Sühneopfer betrachtet, wie es Paulus tut; zweitens, dass es wesentliche Unstimmigkeiten zwischen den für Paulus angegebenen biografischen Details in der Apostelgeschichte und Paulus' eigenen Aussagen in seinen Briefen gibt. Wenn diese Ansicht korrekt ist, wissen wir nichts über den Autor der Apostelgeschichte, außer dass er kein Jude war (wie sich an seiner Unkenntnis der Geografie Palästinas und dem Fehlen von Semitismen zeigt). Andererseits gibt es auch Einwände gegen die ultraskeptische Meinung über die Urheberschaft der Apostelgeschichte (nicht zuletzt aufgrund der Motivation, siehe S. 51), und so ist die Ansicht, dass die Apostelgeschichte doch von Paulus' Gefährten, dem Arzt Lukas, geschrieben wurde, immer noch vertretbar.

Einig sind sich die Wissenschaftler darin, dass das Lukasevangelium zwischen 80 und 90 u. Z. und seine Fortsetzung, die Apostelgeschichte, zwischen 90 und 100 u. Z. geschrieben wurden. Zu diesem Ergebnis führen viele Überlegungen (z. B. die genaue Kenntnis der Zerstörung Jerusalems, die Lukas in 21, 20–24 zeigt, und die Aussage in Lk 1, 1, dass es schon viele Evangelien gibt).

Wie Matthäus bedient sich Lukas großzügig beim Markusevangelium, von dem er vieles mit charakteristischen Veränderungen übernimmt. Doch fügt er viele eigene Merkmale hinzu, darunter einen Bericht über die Geburt Johannes des Täufers, Marias Lobgesang, das Magnificat (nach dem Muster von Hannas Danklied, 1 Sam 2, 1–10), und einen langen Abschnitt, der die Tätigkeit Jesu auf dem Weg nach Jerusalem zeigt. Lukas' Griechisch ist geschliffener als das der früheren zwei Evangelien, und im literarischen Stil seiner Zeit stellt er einen Prolog und eine Widmung voran. Sein theologisches Ziel ist, das Leben Jesu in die Weltgeschichte einzufügen und somit die historische Rolle der christlichen Kirche zu bestätigen. Denn er rechnet nicht mit der unmittelbar bevorstehenden Rückkehr von Jesus (im Unterschied zu Markus und Matthäus).

Wie bei Markus und Matthäus wird Judas Ischariot bei Lukas zum ersten Mal in der Liste der zwölf Apostel erwähnt:

Als es Tag wurde, rief er seine Jünger zu sich und wählte aus ihnen zwölf aus; sie nannte er auch Apostel. (Es waren) Simon, dem er den Namen Petrus gab, und sein Bruder Andreas, dazu Jakobus und Johannes, Philippus und Bartholomäus, Matthäus und Thomas,

Jakobus, der Sohn des Alphäus, und Simon, genannt der Zelot, Judas, der Sohn des Jakobus, und Judas Ischariot, der zum Verräter wurde. (Lk 6, 13–16)

Hier haben wir zum ersten Mal eine Liste, die zwei Judasse enthält, einen, der Judas, Sohn des Jakobus, genannt wird und den anderen, der Judas Ischariot genannt wird. Dies ist eine neue Entwicklung, die einige Bemerkungen verdient, obwohl eine ausführliche Behandlung der komplexen Frage der verschiedenen Judasse in der Erzählung des Neuen Testaments einem späteren Kapitel vorbehalten bleibt.[1]

Bei Markus und Matthäus wird der Verräter Judas einfach mit dem Apostel identifiziert, und es findet sich kein Hinweis, dass es mehr als einen Judas unter den Aposteln gegeben haben könnte. Dieser Standpunkt war allerdings schwer zu behaupten, weil es starke Überlieferungen eines Apostels Judas gab, der Jesus treu ergeben blieb. Es gab auch Überlieferungen, dass dieser treue Judas der eigene Bruder Jesu war, obgleich andere Traditionen dem widersprachen. Jedenfalls wurde ein Ausweg aus dieser Verlegenheit mit der Behauptung gefunden, dass es zwei Judasse gab, einen loyalen und einen heimtückischen.[2] Ein zweiter Judas (wie später ausführlich erörtert wird) war ein notwendiges Nebenprodukt des Entstehens der fiktiven Judaslegende. In der historischen Wirklichkeit gab es, wofür wir gute Gründe finden werden, nur einen einzigen Apostel Judas, der Jesus treu blieb. Der zweite Judas war in Wirklichkeit die Rückkehr des ursprünglichen Judas, der schließlich nicht ganz getilgt werden konnte.[3]

Lukas' Bericht von Judas' Abmachung mit den Priestern enthält ebenfalls einige neue Merkmale:

Der Satan aber ergriff Besitz von Judas, genannt Ischariot, der zu den Zwölf gehörte. Judas ging zu den Hohepriestern und den Hauptleuten und beriet mit ihnen, wie er Jesus an sie ausliefern könnte. Da freuten sie sich und kamen mit ihm überein, ihm Geld dafür zu geben. Er sagte zu und suchte von da an nach einer Gelegenheit, ihn an sie auszuliefern, ohne dass das Volk es merkte. (Lk 2, 3–6)

Dies beruht wie Matthäus' Bericht auf einem kurzen Abschnitt bei Markus 14, 10–11. Aber Lukas zeigt den Beleg für zunehmende Ausschmückungen in der mündlichen Tradition. Weder Markus noch Matthäus sagen etwas über Satan, aber jetzt entwickelt sich Judas in eine von Satan inspirierte Person, deren Verrat somit Teil eines kosmischen Kampfes zwischen Gut und Böse wird. Lukas sorgt sich auch um die Glaubwürdigkeit der

Geschichte und fügt Andeutungen hinzu, die darauf verweisen, wie Judas' Verrat abläuft. Warum sollte überhaupt ein Verräter notwendig sein? Warum können die Priester Jesus nicht einfach festnehmen, ohne die Dienste eines Verräters zu verlangen? Dieses Problem wurde von Markus und Matthäus nicht völlig übersehen (siehe oben, S. 54). Lukas führt ihre Lösung weiter: Die Priester wollten die Feindseligkeit der jüdischen Massen nicht wecken, indem sie Jesus offen festnahmen. Es war notwendig, eine heimliche Festnahme zu veranlassen, „ohne dass das Volk es merkte". Doch die Lösung der einen erzählerischen Schwierigkeit erzeugt eine andere. Die jüdische Masse, die hier als Unterstützer Jesu auftritt, wird anderswo als sein Gegner dargestellt. Dies stellt alle Evangelienautoren vor eine Schwierigkeit, und Matthäus und Lukas haben sie nur um ein Geringes vergrößert.

Judas' Habgier wird bei Lukas eher weniger hervorgehoben als bei Matthäus. Wie bei Markus (14, 11) sind es die Priester, nicht Judas, die als Erste Geld ins Spiel bringen, obwohl dies bei Lukas in Absprache mit Judas geschieht, nicht durch ein einfaches einseitiges Versprechen wie bei Markus. Da er Judas' Verrat dem Eingreifen Satans zugeschrieben hat, befasst er sich nicht so sehr damit, Judas' Beweggrund mit Gier zu erklären. Als eine vom Satan besessene Person braucht Judas keine psychologische Motivation. Dennoch spüren wir die Anfänge eines theologischen Problems, das später stärker entwickelt ist: Wie sehr liegt die Schuld bei Judas? Wenn er von einer bösen Macht besessen ist, macht ihn das wehrlos und deshalb nicht schuldfähig? Doch seine böse Eigenschaft als Verräter ist unerlässlich für die Wirksamkeit des Mythos. Dieses Dilemma ist spezifisch für den Typus von Mythos, den die Judasgeschichte veranschaulicht, und wird später vertieft werden.

Lukas erwähnt, wie Markus, in seinem Bericht vom Abendmahl Judas nicht namentlich, obwohl auf seine Rolle als Verräter nachdrücklich angespielt wird. Nach Jesu apokalyptischen und eucharistischen Worten verkündet er:

> Doch seht, der Mann, der mich verrät und ausliefert, sitzt mit mir am Tisch. Der Menschensohn muss zwar den Weg gehen, der ihm bestimmt ist. Aber weh dem Menschen, durch den er verraten wird. Da fragte einer den anderen, wer von ihnen das wohl sei, der so etwas tun werde. (Lk 22, 21–23)

Ein „eifersüchtiger Streit" bricht unter den Jüngern aus, wer im Reich Jesu wohl der Größte sei. Jesus tadelt sie und sagt, sie sollten sich nicht um persönlichen Ruhm sorgen; doch er verspricht ihnen, „ihr sollt auf Thronen sitzen und die zwölf Stämme Israels richten". Dann fährt er fort:

Simon, Simon, der Satan hat verlangt, dass er euch wie Weizen sieben darf. Ich aber habe für euch gebetet, dass dein Glaube nicht erlischt. Und wenn du dich wieder bekehrt hast, dann stärke deine Brüder. (Lk 22, 31–32)

Lukas hat also eine entschiedene Haltung zur Sache des Verrats in dieser Szene. Wo Markus und Matthäus auf die Treulosigkeit der anderen Jünger abheben, die ihn in Gethsemane im Stich lassen, und besonders auf die Verleugnung durch Petrus im Haus des Hohepriesters, flicht Lukas dieses Thema in seinen Bericht vom Abendmahl selbst ein. Bei Markus und Matthäus wartet Jesus, bis er den Ölberg erreicht, bevor er den Abfall der Jünger (Mk 14, 27, Mt 26, 31) und die Treulosigkeit des Petrus (Mk 14, 30, Mt 26, 34) prophezeit. Auch wird bei Markus und Matthäus allein der Verrat des Judas beim Abendmahl erwähnt, und zwar in einer Weise, die ihn in eine spezifische Kategorie stellt. Bei Lukas jedoch geht man nicht zu weit, wenn man feststellt, dass Judas nur der krasseste Fall eines allgemeinen Verrats ist. Es wird der Eindruck vom Verfall der Moral der Jünger insgesamt vermittelt. Wieder stellt Lukas dies als Machenschaft des Satans dar, aber es ist nicht nur Judas, der das Ziel von Satans Zersetzungswerk ist, sondern die ganze Gruppe der Jünger, wie aus der Erklärung Jesu hervorgeht: „Der Satan hat verlangt, dass er euch wie Weizen sieben darf." (Lk 22, 31) Die Tatsache, dass Lukas Judas' Namen im Bericht vom Abendmahl nicht erwähnt, trägt zu dem Eindruck bei, dass sein Verrat nur die Spitze eines allgemeinen Unbehagens ist.

Lukas war auch der Autor der Apostelgeschichte, des Buchs des Neuen Testaments, das sich mit der frühen Kirchengeschichte und besonders mit dem Konflikt zwischen Paulus und der Jerusalemer Kirche befasst. In diesem Konflikt wird, wie oben angedeutet (S. 40), Paulus geschildert, wie er die Jerusalemer Kirche langsam nach seinen Vorstellungen umformt, trotz anfänglicher Abneigung und sogar Feindseligkeit. Insbesondere Petrus wird dargestellt, wie er sich von einer Position der strengen Einhaltung jüdischer Bräuche zu einer paulinischen Position der Erlösung durch den Glauben bewegt. Die Schwierigkeit bei dieser Darstellung war, dass Paulus Jesus überhaupt nicht kannte, während die Anführer der Jerusalemer Kirche die gewöhnlichen Freunde und Anhänger Jesu waren – Männer, die vermutlich besser als jeder andere wussten, was Jesus wünschte. So mussten die Jünger geschildert werden, als hätten sie ihn nie gänzlich verstanden und als fehle es ihnen an Treue zu seinen Zielen.

Lukas' Bericht vom Abendmahl ist eine unverzichtbare Einleitung zu seinem späteren Bericht in der Apostelgeschichte von den Unzulänglichkeiten der Jerusalemer Kirche. Diese Haltung ist auch charakteristisch für Markus und Matthäus; aber Lukas stimmt seinen Abendmahlsbericht sorgfältiger damit ab. Dabei befleckt er die Jerusalemer Kirche mit Judas' Sünde, obwohl er voraussagt, dass die Jerusalemer Kirche diesen Makel durch Petrus' erfolgreiche Erziehung im Paulinismus schließlich abschütteln würde. (Historisch richtig ist, dass die Jerusalemer Kirche nie paulinische Ideen übernahm, aber der offizielle Mythos der Apostelgeschichte und des späteren paulinischen Christentums beruhte auf der Aussöhnung zwischen Paulus und Petrus.)[4] So erklärt Jesus gegenüber Petrus bei Lukas: „...Und wenn du dich wieder bekehrt hast, dann stärke deine Brüder" (Lk 22, 32), eine Prophezeiung nicht nur von der Zeit unmittelbar nach Petrus' Reue für seine Verleugnung, sondern auch von Petrus' angeblicher Rolle in der Jerusalemer Kirche.

Wir kommen jetzt zu Lukas' Bericht vom eigentlichen Verrat:

> Während er noch redete, kam eine Schar Männer; Judas, einer der Zwölf, ging ihnen voran. Er näherte sich Jesus, um ihn zu küssen. Jesus aber sagte zu ihm: Judas, mit einem Kuss verrätst du den Menschensohn? (Lk 22, 47–48)

Wie Markus und Matthäus hat Lukas keinen Ablauf für Judas' Erscheinen angegeben, da er uns nicht mitteilt, wann Judas sich von den anderen Jüngern abgesondert hat. Doch gibt es einige interessante Unterschiede. Die „Schar", die Judas jetzt anführt, besteht aus den „Hohepriestern, den Hauptleuten der Tempelwache und den Ältesten" (Vers 52), anstatt nur von „den Hohepriestern, den Schriftgelehrten und den Ältesten" *geschickt* zu sein (Mk 14, 43, Mt 26, 47). Es wird nicht rundheraus gesagt, dass der Kuss ein abgesprochenes Signal ist, durch das Judas Jesus identifiziert, aber es scheint in der Bemerkung Jesu angedeutet (nicht bei Markus oder Matthäus zu finden). Judas führt nun die Schar an, während er zuvor nur „bei" ihnen war. Lukas hat den bei Markus gefundenen Bericht in mancher Hinsicht gekürzt, in anderer aber erweitert. Nachdem er das abwertende Material über die Jünger beim Abendmahl vermehrt hat, verringert er es im Bericht über die Gefangennahme, denn er erzählt nicht, dass sie wegliefen, nachdem sie kurz Widerstand bewiesen hatten. Allerdings fügt Lukas einige legendäre Details hinzu (besonders Jesu Heilung des Ohrs, Vers 51), aber nicht in der Judasgeschichte. Seine einzige bedeutsame Veränderung scheint das realistische Detail zu sein, dass die festnehmende Gruppe „Hauptleute der Tempelwache" enthielt. Dies stammt aus einer anderen Quelle als Markus und scheint nicht erfunden zu sein, da kein einleuchtendes Motiv für eine solche Erfindung erkennbar ist. Somit ist es wahrscheinlich historisch wahr, während die Einbeziehung der Priester und Ältesten in die Schar äußerst unglaubwürdig ist, da solche hochrangigen Personen nicht persönlich Verhaftungen vornehmen würden. Dass Jesus von der Tempelwache festgenommen wurde (die in Absprache mit der römischen Besatzungsmacht handelte, siehe S. 98), ist historisch wahrscheinlich, während alle anderen, die als an der Verhaftung Beteiligte, einschließlich Judas, erwähnt werden, legendenhafte Ergänzungen sind.

Das Lukasevangelium enthält nichts mehr über Judas, aber der Autor vervollständigt seine Version im ersten Kapitel seiner Fortsetzung, der Apostelgeschichte:

> In diesen Tagen erhob sich Petrus im Kreis seiner Brüder – etwa hundertzwanzig waren zusammengekommen – und sagte: Brüder! Es musste sich das Schriftwort erfüllen, das der Heilige Geist durch den Mund Davids im Voraus über Judas gesprochen hat. Judas wurde zum Anführer derer, die Jesus gefangen nahmen. Er wurde zu uns gezählt und hatte Anteil am gleichen Dienst. Mit dem Lohn für seine Untat kaufte er sich ein Grundstück. Dann aber stürzte er vornüber zu Boden, sein Leib barst auseinander, und alle Eingeweide fielen heraus. Das wurde allen Einwohnern von Jerusalem bekannt; deshalb nannten sie jenes Grundstück in ihrer Sprache Hakeldamach, das heißt Blutacker. Denn es steht im Buch der Psalmen: *Sein Gehöft soll veröden, niemand soll darin wohnen!* und *Sein Amt soll ein anderer erhalten!* Einer von den Männern, die die ganze Zeit mit uns zusammen waren, als Jesus, der Herr, bei uns ein und aus ging, angefangen von der Taufe durch Johannes bis zu dem Tag, an dem er von uns ging und (in den Himmel) aufgenommen wurde – einer von diesen muss nun zusammen mit uns Zeuge seiner Auferstehung sein. (Apg 1, 15–22)

Der einzige andere Bericht vom Tod des Judas findet sich bei Matthäus, was wir früher untersucht haben (S. 64). Es fällt auf, wie sich die beiden Berichte unterscheiden. Bei Matthäus bereut Judas, gibt den Priestern das Blutgeld zurück (die damit den „Blutacker" kaufen) und erhängt sich dann an einem nicht genannten Ort. In der Apostelgeschichte zeigt Judas keine Reue, kauft selbst den „Blutacker" und stirbt einen entsetzlichen Tod auf ebendiesem Feld. Das Feld ist bei Matthäus ein Begräbnisplatz, aber nicht in der Apostelgeschichte. Bei Matthäus stammt der Name „Blutacker" von dem Blutgeld, das für den Kauf verwendet wurde, während er sich in der Apostelgeschichte vom blutigen Tod des Judas ableitet. Matthäus' Bezeichnung des Felds als eines früheren „Töpferackers" (mit allen Verbindungen, die dadurch zu Abschnitten der Hebräischen Bibel über Töpfer und Töpferei geknüpft werden) fehlt bei Lukas, dessen Bezüge zur Hebräischen Bibel ganz andere sind. Ungefähr das Einzige, das die zwei Berichte gemeinsam haben, ist das Vorkommen eines Felds in der Geschichte mit dem Namen „Blutacker"; allerdings kennt nur die Apostelgeschichte eine aramäische Entsprechung dafür. Die Widersprüche zwischen den zwei Geschichten sind so groß, dass sie das Vermögen selbst der entschlossensten Kompromisssucher strapazieren.[5] Hier handelt es sich eindeutig um eine Geschichte im Werden, die in zwei Richtungen verlief.

Dennoch bilden die zwei Geschichten vom Tod des Judas, so unvereinbar sie auf der logischen Ebene sind, eine Art von psychologischer Einheit, denn zusammen erkunden sie die Breite der mythischen Möglichkeiten in der Beantwortung der Frage: „Was geschieht mit dem Verräter?" Die Gläubigen, deren Hoffnungen auf Erlösung auf dem Opfer Jesu beruhen, wünschen, sich dennoch von jeder Beteiligung an der Herbeiführung seines Todes freizusprechen. So müssen sie der Gestalt des Judas die ganze mögliche Schuld aufladen.

In der Praxis gibt es also drei mögliche Varianten im Umgang mit dem Thema der Geschichte des Judas nach seinem Verrat an Jesus (oder vier, falls man das Auslassen der Sache, wie es Markus und Johannes tun, mitzählt):

1) Judas wird von seiner eigenen Schuld überwältigt und begeht Selbstmord.
2) Judas ist unbußfertig, wird bestraft und kommt zu Tode.
3) Judas wird verbannt und wandert, wie Kain, durch die Welt, ein gezeichneter Mann, der die Schuld für seinen Verrät trägt.

Die Geschichten des Neuen Testaments bei Matthäus und in der Apostelgeschichte erkunden nur die beiden ersten Möglichkeiten. Die dritte wird im späteren Christentum in Bezug auf das jüdische Volk untersucht, dessen Exil und Wanderungen als Strafe für ihre Rolle bei der Kreuzigung Jesu betrachtet werden. Die Juden als das Judasvolk tragen durch die christliche Interpretation jüdischer Erfahrung zur Entwicklung des Judasmythos bei. Die christliche Volkssage vom Ewigen Juden drückt auch die Idee aus, dass die Wanderungen der Juden eine Bestrafung für ihr Verbrechen des Gottesmordes sind, obwohl diese Legende auch die Möglichkeit ins Auge fasst, dass der Jude am Ende aller Zeit seine Sünde durch seine Leiden büßen und Vergebung erlangen kann.

Auch die erste Möglichkeit, die sich bei Matthäus findet, stellt die Hoffnung auf Vergebung für Judas in Aussicht. Sein Selbstmord hat eher den Anschein einer selbst verhängten Bestrafung als einer schieren Verzweiflungstat. Er lehnt es ab, von seinem Verrat zu profitieren und versucht, das erhaltene Geld zurückzugeben. Es ist, als wäre er nach einem Anfall von Wahnsinn wieder zur Vernunft gekommen und könnte jetzt nicht mehr verstehen, warum er so gehandelt hat. Anders als Lukas erwähnt Matthäus nicht ausdrücklich die satanische Besessenheit, um Judas' Verhalten zu erklären, aber seine Auflösung der Judasgeschichte legt eine solche Erklärung nahe.

Die Idee von Judas' letztendlicher Erlösung hat Parallelen in Opfermythen anderer Kulturen. In der griechischen und römischen Mythologie zum Beispiel hören wir oft von der späteren Läuterung und Versöhnung des Täters eines unsäglichen Verbrechens.[6] Die letztendliche Erlösung der Juden oder des Judasvolkes war so wichtig in der christlichen Mythologie, dass ihre Bekehrung schließlich als unumgängliche Vorstufe für die Wiederkunft Christi betrachtet wurde.[7] Jedenfalls ist der Verräter oder der Henker des notwendigen Opfers so wichtig für die Heilsgeschichte, dass seine letztendliche Erlösung eine Art von Anerkennung seiner Dienste ist. Neben dem Hass und Abscheu, die seine Tat erregen, gibt es ein unterschwelliges Gefühl, dass er in irgendeiner Weise eine heilige Person ist. Tatsächlich ist er selbst so etwas wie ein Opfer, da er sein Glück und seine Unschuld darangeben muss, um den notwendigen Mord auszuführen.

Der Tod des Judas ist in der Apostelgeschichte eine viel komplexere Geschichte als bei Matthäus, und es ist interessant, sie auf diese Art der Doppeldeutigkeit hin zu untersuchen. In dieser Geschichte ist Judas nicht einfach ein Verbrecher; er zeigt leise Hinweise darauf, selbst ein Opfer zu sein. Sein Tod auf einem „Blutacker", bei dem seine Eingeweide herausfallen, erinnert an den Tod bestimmter Gestalten im heidnischen Mythos und Opferritual, die mit ihrem Blut das Feld düngen. Gerade der Tod des Judas auf einem Acker (anders als an dem nicht näher genannten Ort in Matthäus' Bericht) vertieft die mythologischen Aspekte, indem Zusammenhänge mit den bäuerlichen Opferriten, die jeder Mysterienreligion zugrunde liegen, hergestellt werden. Der „Blutacker" zitiert oder parodiert die „Schädelstätte", wo Jesus starb. Wenn man die Bedeutung des Bluts in der Opfermetaphorik um den Tod Jesu betrachtet, vom Blut des Abendmahls zum „Blut des Lamms", kann der anschauliche Ausdruck „Blutacker" nicht ohne Widerhall bleiben.[8] Es ist ein Satz, der durchaus eine Opferstätte als einen Ort der Schuld und Bestrafung beschreiben könnte. Der Tod des Judas' ist zumindest teilweise jener eines Schwarzen Christus, der seine eigene Passion durchlebt, um die Menschheit von der Todsünde zu verschonen, die er für sie begeht.

Während der mythologische Inhalt der Version der Apostelgeschichte ergiebiger ist als Matthäus', hat auch Letzterer durchaus seine eigene atmosphärische Note. Bei Matthäus erhängt sich Judas, und das Bild des Gehenkten erinnert ebenfalls an viele mythologische Opfergestalten, von Attis bis zu Jesus selbst. In der Apostelgeschichte stirbt Judas durch göttliches Eingreifen (ein verbreitetes Thema im Opfermythos); bei Matthäus stirbt Judas von eigener Hand, auch ein Motiv, das oft in der Mythologie vorkommt, zum Beispiel im selbstverschuldeten Tod Odins. Solange wir irrtümlich den Tod des Judas als historisches Ereignis sehen, können wir nur Widersprüche in dem Zeugnis sehen: Judas kann sich nicht erhängt haben, wenn er an dem Austreten seiner Eingeweide starb; er kann nicht auf einem Feld gestorben sein und zugleich anderswo; das Feld kann nicht sowohl aus dem Grund, den Matthäus nennt, wie auch aus dem Grund, den die Apostelgeschichte angibt, „Blutacker" heißen. Aber sobald wir den historischen Ansatz fallenlassen und die Geschichte als Mythos betrachten, verschwinden die Widersprüche und werden zu Variationen eines Themas. Wie Lévi-Strauss gezeigt hat, bilden die verschiedenen Versionen eines Mythos ein Ganzes; was aus einer weggelassen werden musste, liefert die andere. Judas starb sowohl durch Erhängen als auch durch das Austreten der Eingeweide, sowohl durch göttlichen Eingriff als auch von eigener Hand und so weiter, weil alle diese Variationen zu seiner Funktion als Verräter des Opfers, Träger der Schuld und Schwarzer Christus beitragen.

Der Autor der Apostelgeschichte ist wie der Autor des Matthäusevangeliums bemüht, seine Version vom Tod des Judas in der Hebräischen Bibel zu begründen, obwohl er andere Texte verwendet. Er sagt zum Beispiel (in Vers 16), dass die Bibel „durch den Mund Davids" Judas' Bestrafung prophezeite, und in Vers 20 gibt er Zitate aus den Psalmen wieder, die er im Sinn hat. Diese (die Psalmen 69, 25 und 109, 8) sind kaum überzeugende „Prophezeiungen", da sie bloß verallgemeinerte Flüche gegen König Davids Feinde sind. Nichts deutet namentlich auf Judas hin oder dass der Psalmist sie als Prophezeiungen verstand, statt als Beurteilungen von Ereignissen seiner eigenen Zeit.

Dennoch sahen wir, dass Matthäus' Bericht sich von bestimmten Aspekten der Hebräischen Bibel ableitete, wenngleich von einem primitiven Standpunkt aus betrachtet, der der Bibel an sich fremd ist. Ähnliches lässt sich über die Apostelgeschichte sagen. Das plastische Bild von Judas' Blut und Eingeweiden, die auf die nackte Erde eines offenen Feldes fallen, erinnert an die Geschichte von Kain und Abel; auch Abels Blut wurde auf einem „Feld" vergossen (Gen 4, 8). Gott sagte zu Kain: „… Das Blut deines Bruders schreit zu mir vom Ackerboden. So bist du verflucht, verbannt vom Ackerboden, der seinen Mund aufgesperrt hat, um aus deiner Hand das Blut deines Bruders aufzunehmen." (Gen 4, 10–11) Die Lehre der Hebräischen Bibel, dass das Blutvergießen das Land austrocknet, ist eine späte Entwicklung in der menschlichen Geschichte; hinter ihr liegt die entgegengesetzte Vorstellung, dass gerade das Blutvergießen im Menschenopfer das Land fruchtbar macht. Das Bild vom Ackerboden, der „seinen Mund aufsperrt", um Blut zu empfangen, ist sehr alt; ursprünglich war dies eine hungrige Entgegennahme des rechtmäßigen Anteils durch die Erdgottheit.

In der Geschichte von Kain und Abel, wie wir sie in der Hebräischen Bibel finden, geht es um schlichten Mord; aber mehr als ein Wissenschaftler hat dagegengehalten, dass es ein umgestalteter Bericht von einem Menschenopfer ist, in dem der Boden durch Abels Blut nicht verflucht, sondern gesegnet wird.[9] Mehrere Male taucht das Neue Testament in die alten Relikte des Menschenopfers ein, die wie archäologische Schichten unter den zivilisierten und komplexen Geschichten der Hebräischen Bibel liegen. Denn die Geschichte des Neuen Testaments von der Erlösung durch den Tod Jesu (und nebenbei durch Judas) ist eine „Wiederkehr des Verdrängten", bei welcher prähistorische Vorstellungen wiederbelebt werden.

Judas ist, an der Oberfläche der Geschichte, kein Erlöser, sondern das genaue Gegenteil, ein Mörder und Opfernder. Aber wie wir in der Untersuchung von Opfermythen gesehen haben, vermischen sich häufig die Identitäten von Opfer und Opferndem. Oft ist der Opfernde der Bruder des Opfers (Kain und Abel, Romulus und Remus, Osiris und Set); manchmal ist er der Zwillingsbruder, was die Identifizierung noch genauer macht. Hier beachte man nur, dass der Tod des Judas viele Merkmale des Opfers hat, besonders in der komplexeren Version der Apostelgeschichte, und dass er aus welchem Grund auch immer als entsetzliche Parodie des Todes Jesu wirkt.

Anmerkungen

1   Siehe S. 184–187. Siehe auch S. 49.
2   Die Lösung für das Problem, dass ein zweiter Judas bei Markus und Matthäus fehlt, die man bei den frühen Kirchenkommentatoren findet, war, ihn mit Thaddäus (auch Lebbäus genannt) zu identifizieren (Mk 3, 18, Matthäus 10, 3). Für die Identifizierung wurde jedoch kein Grund genannt, außer dass sie eine entsprechende Stelle in den Listen einnehmen.

3   Es gibt gewisse Zweifel bei Übersetzern, ob der von Lukas neu eingeführte Judas der „Sohn von Jakobus" oder „Bruder von Jakobus" war (das Griechische bringt einfach „des Jakobus", das zu Recht so oder so gedeutet werden kann). Anderswo im Neuen Testament wird Judas, der Autor oder angebliche Autor des Briefes des Judas, in der Anschrift „Bruder des Jakobus" genannt (hier erscheint das Wort „Bruder" ausdrücklich), und dies wird von allen Wissenschaftlern als „Bruder des Jakobus, des Bruders Jesu" verstanden (d. h. des Jakobus, der der Führer der Jerusalemer Kirche war). Ob der Brief des Judas echt ist oder nicht, er liefert einen Beweis (und es finden sich anderswo mehr, bei Eusebius, Eccl. Hist. III. 19 ff.), dass die frühe Kirche eine als Judas bekannte Person enthielt, Bruder von Jakobus, Bruder von Jesus. Es gibt somit auf den ersten Blick eine Wahrscheinlichkeit, dass die Übersetzung „Bruder des Jakobus" bei Lukas richtig ist und dass die Übersetzung in der revidierten Lutherübersetzung und der Einheitsübersetzung („Sohn des Jakobus") falsch ist. Wir werden andere Gelegenheiten finden, wo die Entscheidung zwischen „Sohn des" und „Bruder des" (als Übersetzung des nackten griechischen Genitivs) von Bedeutung für die Rekonstruktion historischer Fakten sein wird. Die „Korrektur" der Übersetzung (von Bruder zu Sohn) ist tatsächlich motiviert durch die Schwierigkeit, die frühere Übersetzung mit der normalerweise akzeptierten Lehre über den Apostel Judas, nach der er nicht der Bruder Jesu sein darf, in Einklang zu bringen.

4   Siehe Brandon (1951); Maccoby (1986).

5   Ein mutiger Versuch wurde von Thomas de Quincey (Works, 6, S. 21–25) unternommen, dessen Angleichung der zwei Berichte ein Denkmal der Unwahrscheinlichkeit ist.

6   Romulus zum Beispiel wurde geläutert und freigesprochen von seinem Mord an Remus, ein leicht verschleierter Gründungsmythos.

7   Dieser Glaube beruht auf der Prophezeiung des Paulus im Römerbrief 11, 26.

8   In den synoptischen Evangelien ist der Tod Jesu frei von Blut, wenn man davon absieht, dass er nach seiner Auspeitschung vor der Kreuzigung geblutet haben muss. Die Kreuzigung selbst, wenngleich verbunden mit einem langen Todeskampf, war unblutig. Erst Johannes führt das Blutvergießen in seine Erzählung vom Tod Jesu ein, als er einen Soldaten eine Lanze in seine Seite stoßen lässt (Joh 19, 34), worauf Blut und Wasser herausfließen. Dieser unhistorische Vorfall mag die Absicht gehabt haben, den Opfercharakter des Todes Jesu zu verstärken, mit dem Grundsatz im Sinn: „Ohne Blutvergießen gibt es keine Vergebung" (Hebr 9, 22, was Lev 17, 11 zitiert). Lukas' Version der eucharistischen Worte Jesu (im längeren Text) enthalten die Worte: „Dieser Kelch ist der Neue Bund in meinem Blut, das für euch vergossen wird" (Lk 22, 20), obwohl Lukas kein Blutvergießen in seinem Bericht von der Kreuzigung meldet.

9   Siehe Hooke (1947), S. 40 f.; Leach (1969), S. 18.

Kapitel 5

Judas Ischariot bei Johannes

Der späteste und in mancher Hinsicht kunstvollste Bericht über Judas erscheint im Johannesevangelium. Hier bekommt Judas einige Züge, die seinen Charakter mit fast romanhaften Motiven abrunden; er ist nicht mehr ein bloßer Gegner mit nur höchst dürftigen Motiven. Insbesondere erweitert Johannes das Thema von Judas' Habgier, indem er ihn zum korrupten Kassenwart der Gruppe der Jünger machte. Das Bild des Judas, der seinen Geldsack trägt, ging somit in die christliche Ikonologie ein – mit tragischen Folgen für die Juden insgesamt. Gleichzeitig erlangt das mythologische Thema von dem vom Schicksal bestimmten Verbrechen bewussteren Ausdruck, sodass Judas noch stärker als eine Person erscheint, die von kosmischen Mächten gelenkt wird, anstatt wie ein Mensch, der nach den eigenen Neigungen handelt. Wie kann Judas beides zugleich sein: stärker motiviert und stärker vorbestimmt?

Das Johannesevangelium unterscheidet sich auffallend von den drei anderen Evangelien. Nicht nur die Abfolge der Ereignisse weicht stark von jener der drei „synoptischen" Evangelien ab (so genannt wegen ihrer Ähnlichkeit), sondern Johannes schildert Jesus so, dass er bei ihm zu einer ganz anderen Person wird. Jesu Wirken dauert zwei Jahre anstatt einem, er verbringt sechs Monate in Jerusalem anstatt einer Woche, und Örtlichkeit und Zeitpunkt des Geschehens wechseln häufig. Jesus hält bei Johannes lange Reden, die in den synoptischen Evangelien fehlen, aber seine Gleichnisse entfallen vollständig. Höchst bemerkenswert ist, dass Jesus anders als in den synoptischen Evangelien göttlichen Rang beansprucht. Das Johannesevangelium ist das antisemitischste Evangelium, das Jesus im Kampf nicht mit Pharisäern oder Sadduzäern zeigt, sondern mit „den Juden".

Die meisten Wissenschaftler sind sich einig, dass das Johannesevangelium um 100 u. Z. verfasst wurde, da es einen späten theologischen Standpunkt vertritt. Der Entstehungsort könnte Antiochia gewesen sein. Der Autor des Evangeliums ist unbekannt. Die kirchliche Tradition, wonach der Autor Jesu Jünger Johannes, Sohn des Zebedäus, war, kann nicht wahr sein, da es Belege dafür gibt, dass der Autor Markus und Lukas kannte. Einzelheiten aus dem Werdegang von Johannes, Sohn des Zebedäus, bekannt aus anderen Quellen, sind aus diesem Evangelium weggelassen, und sein Autor zeigt kein Interesse an Johannes' Geburtsort, Galiläa. Es ist zweifelhaft, ob der Autor Jude war, trotz seiner genauen geografischen Bezüge, die aus irgendeiner kirchlichen Quelle stammen mögen. Die kirchliche Tradition der Urheberschaft stützt sich zum Teil auf Kapitel 21 des Evangeliums, das behauptet, der Autor sei der „Lieblingsjünger" Jesu gewesen, aber dieses Kapitel ist eine späte Ergänzung.

Obgleich spät entstanden, ist das Johannesevangelium von gewissem historischem Wert, weil sein Autor einige Quellen verwendet, ob schriftliche oder mündliche, die für die Synoptiker nicht verfügbar waren oder von ihnen nicht beachtet wurden. Der Autor hat seine Quellen allerdings mit großer erfinderischer Freiheit benutzt und ein eigenes Muster der Ereignisse und Darstellung erzeugt.

Johannes hat die Jünger Jesu nicht aufgezählt, sodass er nicht auf gleiche Weise wie die anderen Evangelien zu der Einsicht beitrug, wie aus Judas zwei Personen wurden. Aber er hat eine klare Spur von der Periode beibehalten, als es nur einen Judas in der Geschichte gab. Dies ist die Episode, die sich auf „Judas, nicht der Judas Ischariot" (14, 22) bezieht, der Jesus drängt, „sich der Welt zu offenbaren", d. h. einen Platz auf der politischen Bühne einzunehmen. Wie wir früher argumentiert haben (S. 49), deutet die große Ähnlichkeit zwischen dieser Episode und der von den „Brüdern" Jesu (7, 5), die ihm denselben Rat geben, auf die Schlussfolgerung, dass der ursprüngliche Judas ein Bruder Jesu war, zumal wir von Matthäus (13, 55) wissen, dass Jesus tatsächlich einen Bruder namens Judas hatte. Somit finden wir im Johannesevangelium eine unabhängige, eigene Art, den Übergang von einem Judas zu zweien zu lösen. Die gewissenhafte Definition „Judas, nicht der Judas Ischariot" zeigt, dass der Autor sich sorgt, es könnte zu einer Verwechslung der beiden Judasse kommen.[1] Seine Lösung ist nicht (wie in den synoptischen Evangelien), einen völlig harmlosen (ja sogar nichtssagenden) Judas auftreten zu lassen, neben einem anderen, der der böse Verräter ist. Johannes behält einen weniger harmlosen Judas „nicht Ischariot" bei, einen, der Jesus schlecht berät und seinen Todesauftrag am Kreuz nicht versteht, da er glaubt, Jesus strebe weltlichen Erfolg an. Diese Gestalt stellt genau genommen einen Übergang vom ursprünglichen Judas zu seinem übleren Doppelgänger dar. Offensichtlich arbeitet Johannes unabhängig von den anderen drei Evangelien und verwendet das verfügbare Material in seinem eigenen Sinn. Manches könnte sogar früher und authentischer sein als die Quellen, die von den synoptischen Evangelien benutzt wurden, obgleich der Gebrauch des Quellenmaterials in diesem vierten Evangelium den spätesten Standpunkt von allen zeigt.

Johannes' wichtigste Ergänzung der Erzählung ist, Judas Ischariot zum Kassenwart der Gemeinschaft Jesu zu machen. Durch den Kontakt mit Geld beschmutzt, kann Judas sich glaubhafter dem Bösen zuwenden. Noch bevor seine Gedanken um Verrat kreisen, hat er aus der gemeinsamen Kasse gestohlen. Diese Erweiterung von Judas' Bestechlichkeit war die verhängnisvollste Entwicklung für die Geschichte des Antisemitismus. Die gedankliche Verknüpfung der Juden mit Geld in späteren Zeiten und sicherlich der Drang der christlichen Gesellschaft, die Juden als einzige erlaubte Betätigung in den Geldverleih zu treiben, hat diesem sinnbildlichen Porträt des Judas viel zu verdanken.

Das Motiv erscheint erstmals in Zusammenhang mit der Geschichte von Martha und Maria:

> Da nahm Maria ein Pfund echtes, kostbares Nardenöl, salbte Jesus die Füße und trocknete sie mit ihrem Haar. Das Haus wurde vom Duft des Öls erfüllt. Doch einer von seinen Jüngern, Judas Ischariot, der ihn später verriet, sagte: Warum hat man dies Öl nicht für dreihundert Denare verkauft und den Erlös den Armen gegeben? Das sagte er aber nicht, weil er ein Herz für die Armen gehabt hätte, sondern weil er ein Dieb war; er hatte nämlich die Kasse und veruntreute die Einkünfte. (Joh 12, 3–6)

Diese Geschichte ist eine Vermischung von zwei anderen Geschichten, die sich an anderen Stellen in den Evangelien finden. Die erste (Mk 14, 3–9; Mt 26, 6–11; Lk 7, 37) spielt ebenfalls in Betanien. Eine nicht namentlich genannte Frau gießt Salböl auf den Kopf Jesu und wird getadelt – nicht von Judas Ischariot, sondern von „einigen der Anwesenden" (Markus) oder von den „Jüngern" (Matthäus) –, Salböl zu verschwenden, das man hätte verkaufen können, um den Armen Gutes zu tun. Lukas gibt dieser Geschichte eine antipharisäische Wendung; das Murren der Pharisäer richtet sich allerdings nicht gegen die Geldverschwendung, sondern gegen Jesu Versäumnis, sich von der Frau zu distanzieren, die Lukas zu einer Prostituierten macht. (Lukas setzt diese Prostituierte nicht mit Maria Magdalena oder sogar Maria von Betanien gleich.)[2] Die zweite Geschichte (Lk 10, 38–42) betrifft die zwei Schwestern Marta und Maria; aber sie ist in einem „gewissen Dorf" angesiedelt, nicht in Betanien, und bezieht sich auch nicht auf kostbares Salböl. Maria sitzt zu Füßen Jesu und hört seinen Worten zu, während Marta ihn bedient, aber Martas Klage wird von Jesus zurückgewiesen. Auch hier wird Judas Ischariot nicht erwähnt.

Somit ist die Episode von der Salbung ein hervorragendes Beispiel für die freie fantasievolle Entwicklung der Erzählungen in den Evangelien, ungehindert von jeglicher Rücksicht auf historische Fakten. Lukas verwendet sie, um den Pharisäern einmal mehr eins auszuwischen, obwohl die Geschichte ursprünglich nichts mit Pharisäern zu tun hatte; dann verwandelt Johannes sie in eine Episode in der Judassaga, während er sie mit einer anderen, völlig beziehungslosen Geschichte, jener von Marta und Maria, vermengt. Johannes' Bild von Judas als bestechlichem Hüter des Geldbeutels ist natürlich aus Hinweisen konstruiert, die bereits in der Erzählung vorhanden sind. Judas' Habgier wird durch die Tatsache angedeutet, dass er Jesus für dreißig Silberlinge verkauft, obgleich sogar dieses Motiv mehrere Phasen durchlaufen hat, wie wir gesehen haben. Dass Judas ein Dieb ist, hat Johannes selbst beigetragen, eine erste Verdunkelung des zunehmend unangenehmen Charakters, die sich in der folgenden Geschichte der Persönlichkeit Judas' verstärkt. Dass der Verräter Jesu von Anfang an eine boshafte Person gewesen sein muss, scheint eine natürliche Folgerung. Auch der Gegensatz zwischen der Reinheit und Unschuld Jesu und dem befleckten und verdorbenen Charakter seines Verräters verstärkt das Drama.

Doch während Judas zunehmend angeschwärzt wird, mischen sich gewisse erzählerische Fragen ein. Wie wurde eine solche Person überhaupt Apostel? Und falls Judas' Motiv nur gemeine Habgier war, bagatellisiert dies nicht die Gegenüberstellung von Gut und Böse? Wir wenden uns daher der ergänzenden, wenn auch etwas widersprüchlichen Tendenz von Johannes' Erzählung zu, die Judas' Verrat als kosmisches Ereignis darstellt und nicht so sehr als Folge persönlichen Verbrechertums. Auch hier baut Johannes auf Elementen auf, die in der Geschichte bereits vorhanden sind, aber er entwickelt sie in einer tieferen und extremeren Weise.

Johannes besteht mehr als jeder andere Evangelist auf dem Vorauswissen Jesu. In Johannes' Bericht ist Jesus völlig bewusst, dass er verraten wird und von wem. Außerdem ist dies eher ein aktives Vorauswissen als ein passives, insofern als Jesus seinen eigenen Verrat aktiv betreibt und Judas zu seinem Erfüllungsgehilfen bestimmt. Dies macht Judas zu einer vom Schicksal gelenkten Gestalt. Sein Verrat mag von seinen Charakterfehlern herrühren, aber er ist auch seine Bestimmung.

Wir bemerken dies ziemlich früh in Johannes' Geschichte. Der erste Hinweis auf den Verrat kommt in Kapitel 6. Es ist interessant, dass diese Voraussicht des Verrats aus Jesu Erklärung des Abendmahlthemas hervorgeht: „Wer mein Fleisch isst und mein Blut trinkt, hat das ewige Leben, und ich werde ihn auferwecken am Letzten Tag. Denn mein Fleisch ist wirklich eine Speise, und mein Blut ist wirklich ein Trank. Wer mein Fleisch isst und mein Blut trinkt, der bleibt in mir und ich bleibe in ihm." (Joh 6, 54–56) Diese Erklärung war geeignet, die Juden zu beleidigen, nicht nur wegen der kannibalischen Metaphorik und dem strengen Verbot jeglichen Verzehrs von Blut im jüdischen Recht, sondern auch weil diese religiöse Sprache typisch für die Kommunionsmahle des Heidentums war. Allerdings wird stärker betont, dass es viele der eigenen Jüngern Jesu beleidigt: „Viele seiner Jünger, die ihm zuhörten, sagten: Was er sagt, ist unerträglich. Wer kann das anhören? Jesus erkannte, dass seine Jünger darüber murrten, und fragte sie: Daran nehmt ihr Anstoß?" (6, 60–61) Dann folgt: „Aber es gibt unter euch einige, die nicht glauben. Jesus wusste nämlich von Anfang an, welche es waren, die nicht glaubten, und wer ihn verraten würde." (6, 64) Die Entzweiung zwischen Jesus und seinen Jüngern erreichte einen Höhepunkt: „Daraufhin zogen sich viele Jünger zurück und wanderten nicht mehr mit ihm umher." (6, 66) Doch die Zwölf bleiben bei ihm, und Simon Petrus erklärt ihre Ergebenheit, worauf Jesus erwidert: „Habe ich nicht euch, die Zwölf, erwählt? Und doch ist einer von euch ein Teufel?" Darauf folgt der Kommentar: „Er sprach von Judas, dem Sohn des Simon Ischariot; denn dieser sollte ihn verraten: einer der Zwölf." (6, 70–71)

In diesem Abschnitt haben wir ein Crescendo des Verrats. „Viele" der Jünger Jesu verlassen ihn, die Treue sogar der Zwölf wird angezweifelt, und einer von ihnen wird schließlich als der Erzverräter verkündet. Dies alles geschieht im Kontext der eucharistischen Erklärung der mystischen Aufnahme von Leib und Blut Jesu, die sowohl Unsterblichkeit als auch die Vereinigung mit Jesus bewirken wird. Es scheint, dass Verrat mit einem Leugnen der Wirksamkeit dieses Sakraments gleichgesetzt wird.

Das Thema der Eucharistie findet sich in den anderen Evangelien nur im Abendmahl. Bei Johannes aber fehlt es völlig beim Abendmahl und erscheint nur auf dem Schauplatz Galiläa und in Verbindung mit dem Abfall der Jünger Jesu. Das Johannesevangelium beschäftigt sich offenbar nicht mit einem tatsächlichen Ereignis im Leben Jesu (dem die Eucharistie unbekannt war[3]), sondern mit Streitigkeiten in der frühen Kirche über die Eucharistie. Die Prüfung der Treue zur Paulinischen Kirche war die Annahme dieses Sakramentes. Die mystische paulinische Deutung des Todes Jesu lag im Streit mit der Ansicht seiner frühen Anhänger, wonach Jesus ein jüdischer Messias war, der wiederkehren würde, um einen Auftrag der politischen Rettung fortzusetzen. Nur für das Szenario einer Mysterienreligion war die Gestalt eines Verräters erforderlich. Judas Ischariot erscheint somit nicht nur als der Gipfel einer Pyramide des Verrats, der im Leugnen der Wirksamkeit der Eucharistie bestand, aber auch als der Erzverräter, der für die Geschichte benötigt wurde, die der Eucharistie ihren Opfersinn gab.

Hier stoßen wir auf einen interessanten Unterschied zwischen Johannes' Geschichte und jener der drei anderen Evangelien. Das Johannesevangelium enthält keine Episode von einem Treffen Judas' mit den jüdischen Priestern, um den Verrat Jesu gegen Geld zu verabreden. Ungeachtet der Tatsache, dass nur Johannes Judas als Geizhals und Veruntreuer der Geldmittel der Jünger darstellt, gibt es keinen Hinweis auf ein finanzielles Motiv für Judas' verräterisches Handeln. Anscheinend ist Johannes so darauf aus, die schicksalhafte Art von Judas' Handeln zu betonen, dass er nur widerstrebend ein irdisches Motiv dahinter sehen will. Gleichzeitig betont er viel stärker als die anderen Autoren die allgemeine Verdorbenheit von Judas' Charakter. Das führt dazu, dass selbst Judas' böse Charakterzüge gewissermaßen zum Thema des Schicksals und Vorauswissens beitragen: Denn Jesus kennt Judas' Charakter nur zu gut. Obwohl es nie wirklich ausdrücklich ausgesprochen wird, spüren wir, dass Jesus Judas absichtlich zu einem der zwölf Jünger auserwählt hat, im Wissen um seinen schlechten Charakter, damit er schließlich diese üble Aufgabe erfüllen kann. Dies kommt ziemlich deutlich zum Ausdruck, wenn Jesus sagt: „Habe ich nicht euch, die Zwölf, erwählt? Und doch ist einer von euch ein Teufel." (6, 70)

Dies ist tatsächlich der erste Hinweis auf Judas im Johannesevangelium, und er stellt uns unmittelbar ein teuflisches Wesen vor, erfüllt von satanischem Einfluss, kaum menschlich und doch anerkanntes Mitglied einer Gruppe, die Jesus selbst sorgfältig ausgewählt hat. Doch wenn wir Judas in Kapitel 12 das nächste Mal begegnen, bei dem Vorfall mit Maria und Marta, erscheint er eher böse und erbärmlich als dämonisch. Er ist von übernatürlichem Rang auf bloß menschliches Maß geschrumpft. Somit scheint

Jesu frühere Beschreibung von ihm als „Teufel" eine Prophezeiung zu sein, die vorausahnen lässt, was geschehen wird, wenn Judas Satans Erfüllungsgehilfe wird. Wir sehen Judas in Kapitel 12, schäbig und unehrlich, als die Art von Mensch, dessen Seele geradezu dazu herausfordert, vom Teufel ergriffen zu werden. Tatsächlich geschieht dies zum ersten Mal in Kapitel 13, obgleich auch hier die Erzählung zweideutig bleibt. Zunächst erfahren wir in Vers 2, dass der Teufel noch vor dem Abendmahl „Judas, dem Sohn des Simon Ischariot, schon ins Herz gegeben (hatte), ihn zu verraten und auszuliefern". In Vers 27 dann hören wir, dass es im Verlauf des Abendmahls unmittelbar, nachdem Jesus Judas den Bissen Brot gereicht hatte, geschah, dass „der Satan in ihn (fuhr)".

Wie sollen wir diese dreiteilige Einführung der teuflischen Natur des Judas verstehen? Vielleicht dürfen wir darin keinen Widerspruch sehen, sondern Johannes' Darstellung der schrittweisen Entwicklung eines teuflischen Auftrags. Zunächst bereitet sich Judas vor, indem er sich allgemein bösartig verhält; dann kommt ihm der Gedanke an eine große Tat des Verrats in den Sinn, vorgeschlagen von Satan selbst, der ihn als geeignetes Werkzeug ausgewählt hat; schließlich durchdringt ihn der Gedanke an diesen Verrat derart, dass er jegliche Eigenständigkeit verliert und die Verkörperung Satans wird. Denn für Johannes mehr als für die Autoren der anderen Evangelien bilden Tod und Auferstehung Jesu den Teil eines kosmischen Dramas, in dem Jesus in den Kampf mit Satan, dem „Herrscher dieser Welt" (Joh 12, 31; 14, 30; 16, 11), verstrickt ist.

Hier können wir innehalten, um Johannes' besondere Kunstfertigkeit zu würdigen. Er hat der Erzählung durch sein Bild von der schrittweisen Verdammung des Judas eine dramatische Tiefe gegeben. Er hat die Motive von Judas' persönlicher Bosheit und der Vorbestimmtheit seiner Rolle integriert, indem er ihn als erwähltes Werkzeug des Bösen zeigt. Aber er hat auch einen kosmischen Hintergrund offenbart, in dem der wirkliche Kampf nicht zwischen Jesus und Judas stattfindet, sondern zwischen gegnerischen übernatürlichen Mächten. Während Lukas kurz das Thema der Besessenheit von Satan gestreift hatte (Lk 22, 3), war dies verglichen mit Johannes' dramatischer Vorbereitung und Entwicklung eine flüchtige Behandlung. Bei Johannes erst erlangt Judas einen fast übernatürlichen Rang als Verkörperung des Bösen, und dies hat zusammen mit Johannes' ständiger Anklage „der Juden" als grausame und verständnislose Gegenspieler Jesu das Bild der Juden als verhasste und finstere Gestalten im westlichen Denken eingebrannt, die nicht bloß grobem Materialismus verpflichtet, sondern mit einer Art negativer, vom Teufel stammender Spiritualität erfüllt sind.

Als nächstes kommt Johannes' großes Versatzstück, sein Bericht vom Abendmahl. Hier gibt er Judas Ischariot eine größere Rolle als die anderen Evangelisten, im Einklang mit seinem aufgeblähten Begriff von Judas' vorbestimmter und notwendiger Rolle. In der Tat legt Johannes in Kapitel 13 ein Bild vom Abendmahl vor, in dem Judas' Verrat das zentrale Motiv ist. Dies steht im Gegensatz zu den Berichten der Synoptiker vom Abendmahl, die andere wichtige Themen verfolgen, nämlich Jesu Einsetzung der Eucharistie und auch der Bericht von der „Erklärung der Enthaltsamkeit", Jesu Versicherung, bis zum Kommen des Reichs Gottes nicht mehr mit den Jüngern Wein zu trinken. Es ist eine überraschende Tatsache, dass Johannes hier das Thema der Eucharistie völlig fortlässt. Der Grund dafür ist nicht, dass die Eucharistie für Johannes nicht wichtig wäre – im Gegenteil, in Kapitel 6 schildert er, wie Jesus die provokativsten und offenbar kannibalischen Aspekte der Eucharistie vor missbilligenden Juden zur Schau stellt, was sogar einige seiner eigenen Anhänger befremdet. Warum also lässt Johannes sie beim Abendmahl fort? Die Antwort ist zum Teil, weil er das Thema von Judas' Verrat stärker in den Mittelpunkt rücken will. Gleichzeitig zeigt das Auslassen der Eucharistie, dass sich ihr Vorkommen beim Abendmahl zu Johannes' Lebzeiten noch nicht ganz durchgesetzt hatte – eine weitere Bekräftigung der Ansicht, dass die Einsetzung der Eucharistie durch Jesus unhistorisch ist und dass sie tatsächlich von Paulus begründet wurde.

Mit mehreren Federstrichen, die in anderen Evangelien nicht zu finden sind, lenkt Johannes die Aufmerksamkeit auf die Anwesenheit eines Verräters beim Abendmahl:

> Es war vor dem Paschafest. Jesus wusste, dass seine Stunde gekommen war, um aus dieser Welt zum Vater hinüberzugehen. Da er die Seinen, die in der Welt waren, liebte, erwies er ihnen seine Liebe bis zur Vollendung. Es fand ein Mahl statt, und der Teufel hatte Judas, dem Sohn des Simon Ischariot, schon ins Herz gegeben, ihn zu verraten und auszuliefern. Jesus, der wusste, dass ihm der Vater alles in die Hand gegeben hatte und dass er von Gott gekommen war und zu Gott zurückkehrte, stand vom Mahl auf, legte sein Gewand ab und umgürtete sich mit einem Leinentuch. Dann goss er Wasser in eine Schüssel und begann, den Jüngern die Füße zu waschen und mit dem Leinentuch abzutrocknen, mit dem er umgürtet war. Als er zu Simon Petrus kam, sagte dieser zu ihm: Du, Herr, willst mir die Füße waschen? Jesus antwortete ihm: Was ich tue, verstehst du jetzt noch nicht; doch später wirst du es begreifen. Petrus entgegnete ihm: Niemals sollst du

mir die Füße waschen! Jesus erwiderte ihm: Wenn ich dich nicht wasche, hast du keinen Anteil an mir. Da sagte Simon Petrus zu ihm: Herr, dann nicht nur meine Füße, sondern auch die Hände und das Haupt. Jesus sagte zu ihm: Wer vom Bad kommt, ist ganz rein und braucht sich nur noch die Füße zu waschen. Auch ihr seid rein, aber nicht alle. Er wusste nämlich, wer ihn verraten würde; darum sagte er: Ihr seid nicht alle rein. (Joh 13, 1–11)

Jesus zieht daraus die Lehre, dass sie in gemeinsamer Loyalität zu ihm sich alle gegenseitig die Füße waschen sollten. Aber dann fährt er fort:

Ich sage das nicht von euch allen. Ich weiß wohl, welche ich erwählt habe, aber das Schriftwort muss sich erfüllen: *Einer der mein Brot aß, hat mich hintergangen.* Ich sage es euch schon jetzt, ehe es geschieht, damit ihr, wenn es geschehen ist, glaubt: Ich bin es. (Joh 13, 18–19)

Der hier beschriebene Vorfall, in dem Jesus die Füße seiner Jünger wäscht, findet sich in keinem anderen Evangelium. Es scheint auf der Grundlage einer Aussage Jesu erfunden zu sein, die Lukas verzeichnet: „Ich aber bin unter euch wie der, der bedient." (Lk 22, 27) Aber der Zweck ist nicht nur, eine Lehre über das Dienen anzubringen. Jesus scheint ein Reinigungsritual durchzuführen, durch das seine Jünger als Vorbereitung auf die große Zeit der Prüfung von ihren Sünden reingewaschen werden. Die Annahme dieser Reinigung wird für die Einbeziehung in die „Gemeinschaft" verlangt. Nach der Zeremonie erklärt Jesus seine Jünger für „rein", mit einer Ausnahme. Vermutlich ist Judas in die Zeremonie einbezogen worden; aber Jesus deutet an, dass die Zeremonie nicht für alle wirksam gewesen ist. Da Jesus alles weiß, weiß er schon, wer ihn verraten wird und dass die Einflüsterungen des Teufels bereits in Judas' Sinn Wirkung zeigen. Der Vorfall wirft Licht auf die Aussage nahe dem Anfang dieses Abschnitts, dass Jesus „die Seinen, die in der Welt waren, liebte". Der Ausdruck erinnert stark an gnostische Vorstellungen. Diese auserwählten Seelen sind zur Rettung vor dem bösen „Fürsten dieser Welt" ausgelesen worden. Sie bewegen sich in dieser Welt, gehören aber einer anderen an. Judas jedoch ist nicht nur „in der Welt", sondern gehört unabänderlich zu ihr, zusammen mit allen, die die Göttlichkeit Jesu verwerfen.

In der Aussage Jesu, „Ich weiß wohl, welche ich erwählt habe", liegt ein gewisses Maß an dramatischer Ironie. Vordergründig meint er nur, dass er weiß, wen er für Kameradschaft und Liebe erwählt hat; aber man kann stillschweigend folgern, dass er auch Judas gewählt hat, wenn auch für einen bösen Auftrag. Johannes geht weiter als jeder andere Autor, indem er den Vorgang so schildert, dass Jesus genau genommen Judas als seinen Verräter bestimmt. Er tut dies, indem er ihn absichtlich als Jünger auswählt, obwohl er weiß, dass es ein „Teufel" ist. Andere Zeichen der Komplizenschaft Jesu mit Judas tauchen bald auf.

Ein weiteres Wirken des Schicksals wird durch das biblische Zitat hinzugefügt, das Jesus anführt, um zu beweisen, dass der Verrat ein Teil von Gottes Plan ist. Das Zitat ist eine Abkürzung von Psalm 41, 10: „Auch mein Freund, dem ich vertraute, der mein Brot aß, hat gegen mich geprahlt." Es ist interessant, dass Johannes den ersten Teil dieses Verses weglässt, da er nicht zu seiner Schilderung des vollkommenen Vorauswissens Jesu passt. In dem Psalm bezieht sich David auf sein eigenes Leben, nicht auf jemanden in der fernen Zukunft, und der „vertraute Freund" war zweifellos Ahitofel, sein vertrauter Ratgeber, der sich der Rebellion Absaloms anschloss (2 Sam 15, 12). Aber Johannes wollte zeigen, dass Judas' Verrat vom Schicksal bestimmt und vorausgesagt war, also verdreht und stutzt er Davids autobiografische Bemerkung zu einer Prophezeiung. Damit will er die mythische Eigenschaft von Judas' Verrat verstärken. Dieser ist nicht nur eine individuelle verräterische Handlung, sondern ein kosmisches, in einer Prophezeiung vorausgesagtes Ereignis. Auch gibt es die wichtige Dimension der Erfüllung und Kontinuität. Das Christentum hat immer versucht, sich in der jüdischen Tradition zu begründen, obwohl der christliche Mythos in Wirklichkeit Elemente enthält, die im heidnischen Mythos verbreitet sind, dem Judentum dagegen fremd. Ähnlich hat Judas Rolle als Verräter des göttlichen Opfers viele Parallelen im heidnischen Mythos, aber keine wirkliche Entsprechung in der jüdischen Religion, trotz der Versuche, unterstützende Texte dafür in den jüdischen Schriften zu finden.

Johannes allerdings ist der einzige Evangelienautor, der im Alten Testament tatsächlich ein Zitat findet, das angeblich Judas' Rolle prophezeit. Die anderen Evangelien bringen die Worte: „Der Menschensohn muss zwar seinen Weg gehen, wie die Schrift über ihn sagt", gefolgt von der Verfluchung des „Menschen, durch den der Menschensohn verraten wird" (Mt 26, 24; Mk 14, 21; Lk 22, 22), aber es wird keine Beweisstelle genannt, die die Aussage stützt, dass dies die Dinge sind, die die „Schrift über ihn sagt". Johannes' Beleg betrifft die Tatsache, dass der Verrat von einem kommt, der am selben Tisch wie Jesus isst. Dieser Aspekt taucht tatsächlich in den anderen Evangelien auf, aber ohne jeden Versuch, eine biblische „Erfüllung" zu beweisen („Der, der die Hand mit mir in die Schüssel getaucht hat, wird mich verraten", Mt 26, 23 Mk 14, 20). Es ist ein Aspekt von besonderem Entsetzen, da es im Osten eine besondere Treuepflicht gegenüber jenen gab, mit denen man Brot geteilt hatte. Aber es hat auch eine tiefere mythische Bedeutung, denn es muss, wie wir gesehen haben, eine tiefere Verbindung zwischen der Opfergestalt und ihrem Verräter bestehen, der auch die Gemeinschaft vertritt, zu deren Nutzen die böse Tat vollbracht wird. Das Teilen der Mahlzeit bringt ein Element der Nähe hinein, für das anderenfalls nahe Verwandtschaft sorgt.

Es ist ziemlich überraschend, dass das Johannesevangelium nicht den klangvollen und beeindruckenden Spruch enthält, der in allen drei synoptischen Evangelien vorkommt:

Der Menschensohn muss zwar seinen Weg gehen, wie die Schrift über ihn sagt. Doch weh dem Menschen, durch den der Menschensohn verraten wird. Für ihn wäre es besser, wenn er nie geboren wäre.

Diese Worte fassen die ganze Grundhaltung beim Menschenopfer mit seinen Gefühlen der Trauer, Schuld, Tragödie, Zwangsläufigkeit und Dankbarkeit zusammen. Die Bluttat wird als absolut notwendig akzeptiert, aber die Schuld wird auf eine dunkle und fluchbeladene Gestalt übertragen, deren Schicksal voller Entsetzen betrachtet wird. Die Quelle für diese Worte ist Markus, von dem Matthäus und Lukas sie übernommen haben. Es ist wahrscheinlich, dass die Worte oder etwas Ähnliches ursprünglich zu irgendeinem Mysterienkult in der Region gehörten, in der das Markusevangelium verfasste wurde (vermutlich Rom).[4] Die Worte werden Jesus in den Mund gelegt, aber sie lesen sich eher wie die Rede des Chors in einer griechischen Tragödie. Tatsächlich ging die Athener Tragödie von einem Hintergrund des Opferrituals aus, so wie das elisabethanische Drama von den mittelalterlichen Passionsspielen ausging.

Obwohl Johannes diese klassische Formulierung nicht verwendet, entwickelt er seine Geschichte, mehr noch als die früheren Evangelien, im Geist eines Aktes des fluchbeladenen und vorbestimmten Verrats. Jetzt kommt ein Abschnitt, dessen Absicht anscheinend ist, das Vorauswissen Jesu um den Verrat und die Kenntnis der Identität seines Verräters zu zeigen:

Nach diesen Worten war Jesus im Innersten erschüttert und bekräftigte: Amen, amen, ich sage euch: Einer von euch wird mich verraten. Die Jünger blickten sich ratlos an, weil sie nicht wussten, wen er meinte. Einer von den Jüngern lag an der Seite Jesu; es war der, den Jesus liebte. Simon Petrus nickte ihm zu, er solle fragen, von wem

Jesus spreche. Da lehnte sich dieser zurück an die Brust Jesu und fragte
ihn: Herr, wer ist es? Jesus antwortete: Der ist es, dem ich den Bissen
Brot, den ich eintauche, geben werde. Dann tauchte er das Brot ein,
nahm es und gab es Judas, dem Sohn des Simon Ischariot. Als Judas
den Bissen Brot genommen hatte, fuhr der Satan in ihn. Jesus sagte
zu ihm: Was du tun willst, das tu bald! Aber keiner der Anwesenden
verstand, warum er ihm das sagte. Weil Judas die Kasse hatte, meinten einige, Jesus wolle ihm sagen: Kaufe, was wir zum Fest brauchen!,
oder Jesus trage ihm auf, den Armen etwas zu geben. Als Judas den
Bissen Brot genommen hatte, ging er sofort hinaus. Es war aber
Nacht. (Joh 13, 21–30)

Dieser komplexe Abschnitt wirft viele Fragen auf. Wer war der „Jünger,
den er liebte“ und warum wird sein Name nicht genannt? Wenn wir gesagt
bekommen, dass niemand verstand, was Jesus mit seiner Geste und Rede
an Judas meinte, dann muss dies doch den Lieblingsjünger ausgeschlossen
haben, der es gewiss verstand? Und was ist mit Petrus? Nachdem er den
Jünger zu der Frage gedrängt hatte, wollte er doch sicherlich die Antwort
wissen?

Traditionelle Kommentatoren vertraten die Ansicht, dass mit dem
anonymen Jünger kein anderer als Johannes, Sohn des Zebedäus, gemeint
ist, der angebliche Autor dieses Evangeliums. Dies wird von einem Abschnitt ganz am Ende des Evangeliums bestätigt, wo Jesus nach seiner
Auferstehung Petrus und den anderen Jüngern erscheint:

Petrus wandte sich um und sah, wie der Jünger, den Jesus liebte, (diesem) folgte. Es war der Jünger, der sich bei jenem Mahl an die Brust
Jesu gelehnt und ihn gefragt hatte: Herr, wer ist es, der dich verraten
wird? Als Petrus diesen Jünger sah, fragte er Jesus: Herr, was wird
denn mit ihm? Jesus antwortete ihm: Wenn ich will, dass er bis zu
meinem Kommen bleibt, was geht das dich an? … Dieser Jünger ist
es, der all das bezeugt und der es aufgeschrieben hat; und wir wissen,
dass sein Zeugnis wahr ist. (Joh 21, 20–22, 24)

Hier erfahren wir, dass es der „Jünger, den er liebte“ war, der dieses Evangelium schrieb. Dass dieser Jünger tatsächlich Johannes, Sohn des Zebedäus,
war, wird nirgendwo im Evangelium gesagt, aber es war eine Tradition,
die in der Kirche weitergegeben und in den Titel des Evangeliums aufgenommen wurde. Diese Zuschreibung und die zugehörige Tradition verliehen dem Johannesevangelium eine besondere Autorität, da es als Augen-

zeugenbericht des Lebens Jesu, geschrieben von seinem Lieblingsjünger, anerkannt wurde. Wie bereits früher erwähnt, lassen moderne Wissenschaftler diese Zuschreibung jedoch nicht gelten und sprechen bezüglich des Evangeliums von einer unbekannten Urheberschaft. Zudem wird es für das zuletzt verfasste der vier gehalten und sicherlich nicht als das Werk eines Augenzeugen. Außerdem wird das letzte Kapitel, das den „Lieblingsjünger" als Autor nennt, nach allgemeiner Ansicht für eine spätere Ergänzung gehalten, was das Evangelium in eine jener Pseudoepigraphien verwandelt, die in der Religionsgeschichte eine so große Rolle gespielt haben. Ob der Lieblingsjünger tatsächlich Johannes, Sohn des Zebedäus, war, ist selbst keineswegs sicher, und in jedem Fall war der wirkliche Johannes, Sohn des Zebedäus, einer der Anführer der Jerusalemer Kirche und ein praktizierender Jude sein Leben lang. Nichts könnte einer solchen Person fremder sein als die hellenistische überhöhte Spiritualität des „Johannesevangeliums".

Selbst ohne die Annahme einer privilegierten Autorenschaft strahlt die Abendmahlserzählung im vierten Evangelium eine Atmosphäre persönlicher Glaubwürdigkeit aus, die in den synoptischen Evangelien fehlt. Der Autor behauptet, genau zu wissen, was sich zwischen Jesus und Judas beim Abendmahl abspielte. Die anderen Evangelien deuten nur an, dass Judas bestimmt wurde, seinen bösen Auftrag auszuführen, aber Johannes macht dies aus persönlicher Kenntnis klar. Die Mittäterschaft Jesu kommt ganz klar in dem Detail zum Ausdruck, dass in dem Augenblick, als Jesus Judas den Bissen Brot gab, Satan in diesen fuhr. In den anderen Evangelien begann diese „Besessenheit" vor dem Abendmahl und ohne einen Anstoß durch Jesus. Die Mittäterschaft wird außerdem durch die Anweisung, die Jesus ihm gibt, hervorgehoben: „Was du tun willst, das tu bald."

Dieses erstaunliche Zusammenwirken von Jesus und Satan aber gehört zur Logik der Geschichte und findet Entsprechungen in anderen Mythen mit Menschenopfern. Und obwohl der Mörder oder Verräter als böse dargestellt wird, ist sein Opfer willens und kooperativ. Auf diese Weise werden die zwei unvereinbaren Ziele des Menschenopfers erfüllt: sicherzustellen, dass es stattfindet (denn sonst gibt es keine Erlösung), und die Verantwortung abzulehnen. Das Opfer zu töten ist böse und muss deshalb Satans Werk sein; aber die guten Folgen, die sich aus dem Tod des Opfers ergeben, sind so wünschenswert, dass man irgendwie Satans Dienste heranziehen muss. Dieses Paradox wurde im Denken der Kirche in späteren Zeiten entwickelt und die Theorie hervorgebracht, dass Satan „überlistet" wurde, die Erlösung der Menschheit herbeizuführen, die ohne seine üblen Machenschaften nie geschehen wäre.[5]

Die Erklärung, „Aber keiner der Anwesenden verstand, warum er ihm das sagte", scheint auf merkwürdige Weise dem privilegierten Wissen, das dem Lieblingsjünger gegeben war, zu widersprechen. Vielleicht sollen wir das so verstehen: Obwohl Jesus zu seinem Lieblingsjünger sagte, der Verräter sei derjenige, dem er das Brot reichte, verschwand diese Auskunft auf magische Weise aus dem Kopf des Lieblingsjüngers und kam ihm erst später im Licht des Ereignisses des Verrats wieder in den Sinn. Diese Art von magischer Unterbrechung der Erinnerung ist in Volkssagen nicht unbekannt. Dies würde auch Petrus' Versagen erklären, seine eigene Anfrage weiterzuverfolgen.

Ein weiteres magisches Element erscheint am Ende des Evangeliums in dem ergänzten Abschnitt, der an das Abendmahl erinnert, wo ein rätselhafter Hinweis auf die angebliche Verschonung des Autors vor dem Tod gegeben wird. Petrus fragt, was mit dem Lieblingsjünger geschehen wird, der beim Abendmahl nach dem Verrat fragte, und Jesus antwortet: „Wenn ich will, dass er bis zu meinem Kommen bleibt, was geht das dich an?" Diese Antwort scheint zu bedeuten, dass der Lieblingsjünger bis zur Wiederkunft verschont bleiben wird.[6] Diese Legende erfuhr eine seltsame Umwandlung in der späteren Geschichte. Anstatt eines gläubigen Jüngers, der in Stille bis zur Wiederkunft Jesu weiterlebt, entstand die Vorstellung von dem Ewigen Juden, der in leidender Reue und Sühnung seiner Sünden lebte, bis er durch die Wiederkehr Jesu erlöst würde. Diese Ableitung wird durch die Namensgebung gestützt: Zunächst bekam der Ewige Jude den Namen Johannes; erst später wurde er in nördlichen Regionen in Ahasverus geändert, während er in Spanien Juan blieb. Ein Grund für diese Umwandlung der Legende war das Wissen, dass der Lieblingsjünger tatsächlich gestorben war (siehe Anm. 6). Vielleicht schrieb ihm auch das Volksgedächtnis wegen seines vertraulichen Wissens über Judas eine gewisse Mitschuld zu, was ihn für die Rolle eines Büßers geeignet machte. Schließlich war Judas selbst ein „Lieblingsjünger" („mein Freund, dem ich vertraute", in den Worten des Psalms, den Jesus in diesem Evangelium zitiert). Je mehr Judas geliebt wurde, desto größer das Entsetzen über seinen Verrat. Es findet somit, wie in einem Traum, eine Verschmelzung zwischen Judas und dem Lieblingsjünger statt. Der Ewige Jude ist eine Art von bußfertigem Judas wie auch zugleich eine Weiterentwicklung des Lieblingsjüngers.

Eine interessante Nebensächlichkeit in Johannes' Bericht vom Abendmahl ist die Benennung von Judas als „Judas, Sohn des Simon Ischariot" (13, 26). Das ist die Lesart in der Einheitsübersetzung, während eine ältere Übersetzung schreibt: „Judas Ischariot, Sohn des Simon". Beide Lesarten werden durch die Handschrift gestützt, aber wie die Lesart der Einheits-übersetzung andeutet, liegt das Gewicht auf der Seite von „Ischariot" im Genitiv, weshalb es zu „Simon" passt, nicht zu „Judas". Es sollte auch an-gemerkt werden, dass die Wörter „Sohn des" im Griechischen nicht vor-kommen und dass die Übersetzung „Bruder von" ebenso mit den griechi-schen Gepflogenheiten übereinstimmt. In jedem Fall scheint nach diesem Text „Ischariot" ein Name oder Spitzname zu sein, den nicht nur Judas selbst trug, sondern mindestens ein weiteres Mitglied seiner Familie. Die einzige Parallele findet sich in Johannes 6, 71, wo es eine ähnliche Unstim-migkeit unter den Manuskripten gibt. In keinem anderen Evangelium er-fahren wir den Namen von Judas' Vater (oder Bruder); nirgendwo sonst wird der Name „Ischariot" einem anderen als Judas selbst gegeben. Wir werden einen gewissen Sinn in diesem Text sehen, wenn wir der Frage nach der Bedeutung des Namens „Ischariot" nachgehen.

Wir schließen aus Johannes' Bericht vom Abendmahl, dass er das Thema von Judas' Verrat und besonders das Vorauswissen Jesu und sogar seine Beteiligung daran in den Mittelpunkt rückt. Der Bericht endet mit dem knappen und ausdrucksvollen Satz: „Es war aber Nacht." Wie viele Kommentatoren angemerkt haben, ist dieser Satz von beträchtlicher sym-bolischer Kraft. Judas, der in die Nacht hinausgeht, ist völlig mit den Mäch-ten der Dunkelheit identifiziert worden. Von jetzt an wird Jesus unaufhalt-sam dem Tod entgegengehen. Doch er selbst hat sich vollkommen damit abgefunden. In seiner folgenden Rede vor den Jüngern sagt er: „Ich werde nicht mehr viel über euch sagen; denn es kommt der Herrscher der Welt." (14, 30) Die Phase der Tragödie hat begonnen, in der man nur Tod und Dunkelheit kommen sieht und die Hoffnung auf Auferstehung zu fern ist, um erwähnt zu werden. Dies hat einen mythischen Widerhall, denn in einem Ritual von Tod und Wiedergeburt ist es wesentlich, dass jede Phase vollständig und unverfälscht erlebt wird. Die Wehklage der Frauen um Adonis wird nicht durch Hoffnung auf Auferstehung gelindert, deshalb kann auch die Freude, als sie schließlich eintrat, unverfälscht und unerwar-tet sein. Das Johannesevangelium zeigt die Abgrenzung der Gefühle wie in den Passionsspielen aller Mysterienkulte; aber der Dualismus, der dieses Evangelium durchdringt, ist noch schärfer. Jesus zeigt durch seinen Hinweis auf den „Herrscher der Welt", dass sein Tod der Triumph Satans ist. Er muss unter Satans vollständige Knechtschaft kommen, um die tota-le Unterwerfung und Niederlage zu erfahren, die seiner Auferstehung und dem späteren Sieg vorausgehen.

Dann hören wir von Judas Ischariot erst wieder in der Szene von der Verhaftung Jesu:

Nach diesen Worten ging Jesus mit seinen Jüngern hinaus, auf die andere Seite des Baches Kidron. Dort war ein Garten; in den ging er mit seinen Jüngern hinein. Auch Judas, der Verräter, der ihn auslieferte, kannte den Ort, weil Jesus dort oft mit seinen Jüngern zusammengekommen war. Judas holte die Soldaten und die Gerichtsdiener der Hohepriester und der Pharisäer, und sie kamen dorthin mit Fackeln, Laternen und Waffen. Jesus, der alles wusste, was mit ihm geschehen sollte, ging hinaus und fragte sie: Wen sucht ihr? Sie antworteten ihm: Jesus von Nazaret. Er sagte zu ihnen: Ich bin es. Auch Judas, der Verräter, stand bei ihnen. (Joh 18, 1–5)

Das ist das Letzte, was wir im Johannesevangelium von Judas hören. Über sein weiteres Leben schweigt Johannes ebenso wie Markus. Matthäus schildert einen bußfertigen Judas, die Apostelgeschichte dagegen einen unbußfertigen, Johannes weder das eine noch das andere. Markus' Schweigen passt zu seiner allgemeinen Zurückhaltung; bei Johannes spüren wir womöglich einen künstlerischen Zweck. Judas ist in der Macht der Dunkelheit verschlungen worden und hat alle Individualität verloren. Er führt seine Rolle des Verrats aus, zu der er verdammt ist, und verschwindet aus dem Leben.

Es gibt einige interessante neue Merkmale in Johannes' Bericht von Verrat und Verhaftung Jesu und auch einige interessante Auslassungen. Johannes sagt nichts über den Kuss, mit dem Judas nach den Synoptikern Jesus identifizierte. Andererseits bietet Johannes einen glaubwürdigeren Bericht, warum ein Verräter gebraucht wurde, um Jesus zu finden. Der „Garten" ist ein nicht so öffentlicher Ort wie das Tal Gethsemane am Ölberg, wo die Synoptiker die Verhaftung stattfinden lassen, und dürfte vermutlich nur mit besonderer Kenntnis zu finden sein – ein Wissen, das Judas als Vertrauter Jesu den verhaftenden Behörden bieten konnte. Ein weiterer wichtiger Punkt ist, dass Johannes die Römer an der Verhaftung Jesu beteiligt, was die Synoptiker nicht tun. Das griechische Wort für „Soldaten" (Vers 3 und 12) (*speira*) kann sich nur auf einen römischen militärischen Verband beziehen. Judas führt diese Soldaten zusammen mit der jüdischen Polizei (*huperetas*) zum Garten und steht bereit, während die Verhaftung stattfindet. Die Beteiligung der Römer an der Verhaftung Jesu ist eine Spur realer Geschichte, die sich im Johannesevangelium gehalten hat, obwohl sie offenbar von den Synoptikern unterdrückt worden ist. Hier ist eines der von Johannes beigesteuerten Details, die auf frühere Quellen zurückgehen.[7] Es war unvermeidbar, dass Johannes, der unabhängige Quellen verwendete, gelegentlich Details bewahrte, die von den Synoptikern unterdrückt worden waren. Nicht dass Johannes weniger selektiv gewesen wäre, aber er trifft eine eigene Auswahl dessen, was er bewahren und was er erfinden möchte.

Die Evangelien sind insgesamt prorömisch und versuchen, die Rolle der Römer bei der Verhaftung, dem Prozess und der Hinrichtung Jesu zu bagatellisieren (siehe S. 131). Aber hier darf ein Stück historische Realität erscheinen, die Verhaftung eines subversiven Juden durch römische Besatzungstruppen durch die Mitarbeit der kollaborierenden jüdischen Polizei. In dieser Version der Ereignisse wirkt Judas (der bei Johannes kein Abkommen mit den jüdischen Priestern schließt) als Kollaborateur, der den Führer des jüdischen Widerstands gegen die römische Besatzung verrät, obwohl dies eigentlich Johannes' Bild von Jesus widerspricht, der ihn als absolut unpolitisch schildert. Johannes bemüht sich sogar noch mehr als die Synoptiker, jegliche Berührung Jesu mit Politik zu leugnen, aber eine nachlässige Bearbeitung hat offenbar ein wichtiges Detail durchschlüpfen lassen – dass Jesus nämlich von römischen Soldaten verhaftet wurde. Andererseits zieht Johannes die Pharisäer in die Verhaftung Jesu hinein, ein Detail, das in keinem anderen Evangelium erscheint. Der Gedanke, dass die Pharisäer „Polizisten" schicken konnten, ist absurd. Nur der Hohepriester – der ein Sadduzäer war, kein Pharisäer – konnte in seiner Eigenschaft als „Gauleiter" für die Römer Polizei aufbieten. Aber diese bösartige kleine Ergänzung, ein Versuch, die Pharisäer in die Verhaftung Jesu hineinzuziehen, darf mit ziemlicher Sicherheit als unhistorisch abgetan werden. Die Berichte der Synoptiker und von Johannes sind zwar gleichermaßen voreingenommen, überschneiden sich aber ausreichend, um die historischen Fakten in den Zwischenräumen zu erkennen; die Lücken des einen Berichts werden oft von einem anderen gefüllt.

Johannes' Bild von Jesus, der von römischen Soldaten verhaftet wird, stimmt mit folgender, nur von Johannes beschriebener Episode überein, in der Jesus keinem Prozess vor dem Sanhedrin unterzogen wird. Vielmehr wird er von Annas verhört, dem Schwiegervater des Hohepriesters, der ihn „gefesselt" zum Hohepriester Kaiphas schickt, der ihn wiederum direkt an den römischen Statthalter Pilatus übergibt. Dies ist die aufschlussreichste Folge von Ereignissen. Der in allen drei synoptischen Evangelien beschriebene angebliche Sanhedrinprozess ist voller Unwahrscheinlichkeiten, und viele Wissenschaftler haben ihn als unhistorisch gewertet. Wenn Johannes korrekt ist, wurde Jesus niemals wegen einer religiösen Anklage vor dem Sanhedrin der Prozess gemacht. Vielmehr wurde er von römischen und verräterischen jüdischen Soldaten wegen einer politischen Anklage der Subversion gegen die römische Besatzung von Judäa verhaftet.

Damit unterscheidet sich Judas' Rolle in Johannes' Bericht sehr stark von
jener, die in den anderen Evangelien beschrieben wird. Judas steckt hier
mit den Römern und ihren jüdischen Gehilfen unter einer Decke, nicht
mit der jüdischen religiösen Führung.

Aber dies kann nicht dahingehend gewertet werden, als habe Johannes
den Charakter Judas' verstanden. Es ist das Ergebnis von Johannes' persönlicher Mischung aus Wahrheit und Dichtung. Wenn Jesus als politischer Umstürzler verhaftet worden wäre, dann wäre sein Verräter ein politischer Kollaborateur der Römer gewesen, eine Rolle, auf die uns nichts in
der vorangehenden Erzählung vorbereitet. Johannes verwandelt Judas
versehentlich in eine politische Gestalt, einfach weil Johannes an dieser
Stelle eine aus frühen Quellen stammende authentische Angabe beibehält,
wonach Jesus eine politische Gestalt war. Johannes selbst sieht nicht die
stillschweigenden Folgerungen aus der Tatsache, dass Jesus von römischen
und hochpriesterlichen Soldaten verhaftet wurde. Auch erkennt er nicht
die Schlussfolgerungen, die aus dem Verhör Jesu im Haus des Hohepriesters anstatt vor dem Sanhedrin folgen. Der Hohepriester ist, für Johannes
wie für die anderen Autoren der Evangelien, eine religiöse Autorität und
keine politische. Die Stellung des Hohepriesters als eines von den Römern
ernannten „Gauleiters" wird nirgendwo im Neuen Testament erklärt, obwohl es möglich ist, aus bestimmten Passagen im Neuen Testament (die
Prozesse gegen Petrus und Paulus) herauszulesen, dass er keine Entschei-
dungsbefugnis in religiösen Angelegenheiten hatte. Dennoch offenbart
Johannes, wenn auch unbeabsichtigt, einige wertvolle historische Tatsachen: dass Jesus als Rebell gegen Rom verhaftet wurde und dass er niemals wegen einer religiösen Anklage vor Gericht stand.

Anmerkungen

1   Die früher erwähnte Lesart „Judas, der Kanaanäer" anstatt „Judas Ischariot" stützt diese
     Auslegung. „Kanaanäer" ist gleichbedeutend mit Zelot, und die Benennung passt zu ei-
     nem, der auf aktives Handeln drängt. Es scheint, dass Johannes den „anderen" Judas als
     Zeloten darstellte, und ein späterer Redakteur des Evangeliums, der befürchtete, dies
     würde diesen Judas nicht richtig abgrenzen, „der Kanaanäer" in „nicht Ischariot" änder-
     te. Es wird jedoch später argumentiert werden, dass „der Kanaanäer" und „Ischariot"
     entsprechende Begriffe sind und dass es deshalb in einer noch früheren Version Judas
     Ischariot selbst war, der aktives Handeln empfahl.
2   Johannes macht aus der Salbung vom Haupt Jesu rätselhafterweise eine Salbung seiner
     Füße. Dies ist vermutlich das Ergebnis einer weiteren Verschmelzung: diesmal mit der
     Geschichte (Lk 7, 36–50) einer namentlich nicht genannten Sünderin, die Jesu Füße mit
     ihren Tränen netzt und sie mit ihrem Haar trocknet. In Johannes' Geschichte ergibt je-
     doch weder die Salbung noch das Trocknen einen Sinn.

3   Zur Diskussion der Eucharistie als Paulus' Schöpfung siehe Maccoby (1986), S. 110–118, und ausführlicher Maccoby (1990), S. 90–128. Die Jerusalemer Kirche übte die Eucharistie nicht aus, und die früheste Erwähnung findet sich in den Paulusbriefen (1 Kor 11, 23–26), wo Paulus behauptet, er sei in einer Vision des himmlischen Jesus darüber unterrichtet worden. Die Berichte in den Evangelien von der Einsetzung der Eucharistie durch Jesus sind Ergänzungen zur Erzählung vom Abendmahl und stammen aus Paulus' Bericht.

4   Der Ausdruck „Für ihn wäre es besser, wenn er nie geboren wäre" kann Entsprechungen in jüdischen Quellen (z. B. Mischna, Chagiga, 2, 1) gegenübergestellt werden, aber nie in Verbindung mit Taten, die als vom Schicksal bestimmt und notwendig betrachtet wurden. Ein Gebrauch des Ausdrucks, der mit dem Judentum vereinbar ist, findet sich bei Matthäus 18, 7, wahrscheinlich ein echter Spruch Jesu, in dem das Element der Notwendigkeit lediglich darin besteht, dass Menschen im Allgemeinen nicht der Sünde entgehen können, sondern dennoch eine Bestrafung dafür erleiden müssen. Hier jedoch ist der Gedanke, dass Judas' besondere Sünde vorausgesagt und vorbestimmt war und wesentlich für die Erlösung der Menschheit ist; doch Judas muss dafür eine unsägliche Strafe erleiden.

5   In der Freikauftheorie der Buße (vertreten von Hilarius von Poitiers, Augustinus und anderen) wurde Satan mit einer List dazu gebracht, Jesus für nur menschlich zu halten. Er akzeptierte den Tod Jesu als einen Freikauf für die Menschheit, über die er durch den Sündenfall Adams Rechte erworben hatte. Ihm war nicht klar, dass Jesus dem Tod durch Wiederauferstehung entgehen würde.

6   Tatsächlich widerspricht Vers 23 einer solchen Interpretation, zweifellos verschärft durch die Tatsache, dass der Lieblingsjünger wirklich starb.

7   Ein anderes authentisches Detail dieser Art ist Johannes' geografischer Hinweis „das Tal Kidron", der in den anderen Evangelien keine Entsprechung hat.

Kapitel 6

Die Anfänge der Folklore

Eine Untersuchung der Materialien des Neuen Testaments offenbart, dass Judas Ischariot sich von einem gesichtslosen Opponenten zu einer abgerundeten Gestalt des Bösen entwickelt, auserkoren für eine Rolle, zu der seine schlechten Charakterzüge ausgezeichnet passen. In der christlichen Literatur, die auf die Abfassung der Evangelien folgte, entwickelte sich Judas' Charakter weiter und trat in das Reich der gängigen Folklore und Sage ein. Hier finden wir Geschichten über Judas' Kindheit, in denen sich seine spätere Niedertracht ankündigt, erste Beschuldigungen wegen sexueller Abscheulichkeiten und sogar eine Ehefrau, die an seinen Missetaten beteiligt ist oder ihn sogar dazu anstiftet. Dies ist die natürliche Fortsetzung des Prozesses, der in den Evangelien begann und eine Reaktion auf das Bedürfnis ist, mehr über eine faszinierende Gestalt des Bösen zu erfahren.

Aber an dieser Stelle sollten wir innehalten und fragen, ob unsere bisherige Untersuchung die Ansicht bestätigt, dass Judas' Verrat darauf angelegt ist, die Heimtücke der Juden insgesamt zu repräsentieren und zu symbolisieren.

Der wichtigste Kunstgriff, der die beiden verknüpft, ist die Darstellung Judas' als Überläufer zu den Feinden Jesu, die selbst die Führer der Juden sind. Nur das Johannesevangelium schildert Judas als Erfüllungsgehilfen der römischen, nicht der jüdischen, Behörden, und selbst hier bleibt die Sache im Dunkeln. Der Name „Römer" erscheint nicht einmal bei Johannes, um die Personen zu beschreiben, die tatsächlich bei der Verhaftung vor Ort sind; ihre Anwesenheit lässt sich nur von dem Wort *speira* ableiten (ein griechisches Wort, das regelmäßig als Übersetzung des lateinischen *manipulus*, eine Einheit des römischen Heeres, gebraucht wird), das aus einer früheren Quelle erhalten ist (siehe S. 98). Tatsächlich sind die Römer in den Evangelien fast unsichtbar. Wenn sie erwähnt werden, wird ihre drückende Besetzung Judäas übergangen und ihnen vielmehr ein milder und wohlwollender Anstrich gegeben. Diejenigen, die als Feinde Jesu geschildert werden, sind die führenden jüdischen Gruppen – die Pharisäer, der Hohepriester und sein Umfeld, die Ältesten, die Schriftgelehrten und Räte –, die alle als Vertreter des maßgebenden Judentums galten. Jesus erscheint so, als nähme er den Kampf gegen den eigentlichen Kern des Judentums auf. Bei Johannes wird sogar die Unterscheidung zwischen den Führern und der Masse der Juden fallen gelassen, und die Feinde Jesu werden einfach „die Juden". Demnach ist die Bedeutung von Judas' Verrat ganz einfach: Er ist zu den Juden übergelaufen. Sein Name, der stets *Ioudaioi* anklingen lässt, nimmt also die Bedeutung „Jude" an. Judas erhält jetzt die von den Juden ausgehende Aura des Verrats und der Feindseligkeit, die Jesus durchweg umgeben hat. Judas' Verrat wird nun nicht nur als Höhepunkt seines niederträchtigen Lebens gesehen, sondern als die Erfüllung der Möglichkeiten seines Namens. Sein angeborenes Judentum sprengt nun, in anderen Worten, die Fesseln, die ihm seine Jüngerschaft aufgezwungen hatte. Er zeigt seinen wahren Charakter und stellt damit den Charakter seines ganzen Volkes bloß.

An jedem Punkt im Mythos wird eine Parallele zwischen dem Werdegang von Judas und dem Schicksal des jüdischen Volkes hergestellt. Genau wie Judas, ein auserwählter Jünger, Jesus verließ, so haben die Juden, Gottes auserwähltes Volk, ihn verlassen, indem sie seinen Sohn abwiesen. In jedem Fall liegt Verrat vor, denn Verrat bedeutet, sich gegen die Seinen zu wenden. Johannes betont dies, wenn er von den Juden sagt: „Er kam in sein Eigentum, aber die Seinen nahmen ihn nicht auf." (Joh 1, 11) Außerdem bestand das angebliche Verbrechen der Juden wie von Judas darin, dass sie Jesus zur Vernichtung auslieferten, anstatt ihn selbst zu vernichten, ein Akt des Verrats anstelle direkter Gewalt. Genauso wie Judas eine Vorgeschichte böser Gedanken und Taten (seine Veruntreuung von Geld) gegeben wird, um seinen Abfall zu erklären, so bekommen die Juden trotz ihrer göttlichen Auserwähltheit eine Vorgeschichte der Auflehnung gegen Gott (Mt 23, Apg 7). Genauso wie Judas ein vom Schicksal bestimmtes

Werkzeug sowohl von Satan als auch von Gott ist (er ist vom Satan besessen, führt aber unwissentlich einen Akt der Erlösung aus), so sind die Juden als Ganzes „blind" gegenüber der Botschaft Jesu, weil dies das Schicksal ist, das ihnen prophezeit wurde (Mt 13, 14, Mk 4, 12, Joh 12, 37–41, Röm 11, 7–11); Erlösung kommt auch zu den Heiden durch die „Blindheit" Israels („Vielmehr kam durch ihr Versagen das Heil zu den Heiden". Röm 11, 11). Genauso wie Judas, obwohl von Jesus selbst für die Aufgabe ausgewählt, zu einer schrecklichen Strafe verurteilt ist, so müssen die Juden, trotz ihrer vom Schicksal vorbestimmten Rolle, durch alle Generationen Strafe erleiden. Deshalb lässt Matthäus die Juden selbst nach einer schrecklichen Strafe für sich mit folgenden Worten rufen: „Sein Blut komme über uns und unsere Kinder." (Mt 27, 25) Die Zerstörung des Tempels wurde von Christen als die Bestrafung der Juden für ihre Ablehnung Jesu gedeutet, ein Glaube, den man auch im Neuen Testament findet (Lk 19, 44; 1 Thess 2, 16).

Wie ich an anderer Stelle argumentiert habe,[1] ist nichts hiervon durch historische Quellen gestützt. Die Juden lehnten Jesus nicht ab. Die Pharisäer, die religiösen Führer des Volks, befanden sich nicht im Streit mit ihm und spielten keine Rolle bei seiner Verhaftung und seinem Prozess. Der Hohepriester, der tatsächlich der Feind Jesu war, war ein Handlanger und Beauftragter der Römer, keine geachtete Persönlichkeit für die große Mehrheit der Juden, die ihn für einen Ketzer und Volksverräter hielt. Als Jesus an einem römischen Kreuz starb, wurde er wie ein weiterer gescheiterter Messias betrauert, der bei dem Versuch gestorben war, die jüdische Monarchie und Unabhängigkeit wiederherzustellen. Die Notwendigkeit, das paulinische Christentum von der jüdischen Rebellion gegen Rom zu lösen, veranlasste die Evangelisten, den Konflikt zwischen Jesus und Rom auf einen angeblichen Kampf zwischen Jesus und der jüdischen Religion zu übertragen. Dies brachte das Bild von den Juden als Judas-Volk hervor und führte zur Erfindung von Judas selbst als Erzverräter, der die jüdische Heimtücke auf den Punkt bringt. Je mehr die Juden also angeschwärzt wurden, desto leichter konnten paulinische Christen antirömische Absichten abstreiten, indem sie das durchaus natürliche Misstrauen gegen eine Gruppe zerstreute, die einen Juden verehrte, der durch Kreuzigung gestorben war, die römische Strafe für Umsturz.

Diese Identifizierung von Judas mit dem jüdischen Volk als Ganzem dürfte unbewusst gewesen sein, soweit das Neue Testament selbst betroffen ist. Erst in der späteren christlichen Literatur, namentlich in den Schriften von Hieronymus (um 340–420), wird diese Identifizierung klar ausgedrückt. Aber die Parallele ist so auffallend und ihre künstlerische Wirkung so zwingend, dass sie keinem entgehen kann, der das Neue Testament mit dem Blick eines Literaturkritikers liest. Als die Legende von Judas Ischariot geschaffen wurde, muss es eine Art von Zwangsläufigkeit gegeben haben, die jedes Gefühl bewusster Fälschung ausschloss. Mythen werden in einem kreativen Gärmittel erzeugt, das weit von der kritischen Haltung entfernt ist, die notwendig wäre, um sie zu erklären. Als der Tod Jesu allmählich nicht mehr als das unglückliche Scheitern eines weiteren messianischen Anwärters gesehen wurde, sondern als ein göttlicher Wandel voller Bedeutung für die Zukunft des Kosmos, folgten die erzählerischen Entwicklungen mit der Wucht mythischer Notwendigkeit. Der Tod eines Gottes verlangt einen Gegenspieler von gleichem oder nahezu gleichem Rang. Diese Gestalt konnte nur Satan sein. Somit wurden die Juden hingebungsvolle Anhänger Satans (Johannes lässt Jesus zu den Juden sagen: „Ihr habt den Teufel zum Vater", Joh 8, 44). Diese Identifizierung war schon in der hellenistischen Welt von den Gnostikern getroffen worden, die die Juden als das Volk des Demiurgen betrachteten, des bösen Schöpfers der materiellen Welt. Aber der akute erzählerische Druck des entstehenden Passionsspiels von Jesus während seiner Genese als neuer Mysteriengott verlangte eine einzelne *dramatis persona,* die den ganzen Hass auf sich ziehen würde. Also entstand Judas' Rolle, die rasch eine vollständige Charakterisierung erlangte, die die Rolle des niederträchtigen Volkes dramatisierte und verfestigte, ein Volk, das ihn so ähnlich wie ein griechischer Chor unterstützte (wenn man davon absieht, dass Letzterer in der Regel auf der Seite des Opfers steht). Dass Judas für diese Rolle ausersehen wurde, war wahrscheinlich keine bewusste Entscheidung. Und doch, wenn der Verräter Simon oder Jakobus gewesen wäre, hätte es nicht das gleiche Echo gegeben. Es muss wie eine göttliche Inspiration erschienen sein, als der verräterische Jünger aus dem mythenschaffenden Schmelztiegel auftauchte und kein anderer als Judas war, ein Stellvertreter der Juden, von dem sie ihren Namen ableiten.

Obwohl die Entwicklungen in Judas' Charakter in der christlichen Literatur nach den Evangelien oft durch reine erzählerische Neugier motiviert sind („Wie war Judas als Kind?" oder „War Judas verheiratet?"), stehen sie stets im Dienst der Notwendigkeit, eine Übereinstimmung zwischen Judas und dem jüdischen Volk als Ganzem zu behaupten. Die Literatur, mit der wir uns in diesem Kapitel befassen, besteht hauptsächlich aus den sogenannten „neutestamentlichen Apokryphen". Diese Schriften wurden nach dem Muster des Neuen Testaments verfasst, also der Evangelien, der Apostelgeschichte und der Offenbarung, und waren oft angeblich von herausragenden Persönlichkeiten des Neuen Testaments geschrieben

(Petrus, Andreas, Jakobus, Thomas, Paulus, Nikodemus, sogar Pilatus). Die tatsächlichen Daten der Entstehung reichen vom 3. bis zum 5. Jahrhundert. In der Epoche, in der diese Werke geschrieben wurden, wandelte sich die christliche Kirche von einem Minderheitenkult zur amtlichen Religion des Römischen Reiches.[2] Viel polemische Literatur wurde von christlichen Theologen und Historikern gegen die Juden und das Judentum geschrieben, und Persönlichkeiten wie Chrysostomos, Eusebius, Tertullian, Irenaeus, Origenes, Hieronymus und Augustinus legten die Hauptlinien des christlichen Antisemitismus fest.

Doch der früheste Beleg für das anhaltende Interesse an Judas ist wohl nicht in den Apokryphen zu finden, sondern in einem Fragment aus den Schriften des Papias, in dem der Tod des Judas mit blutrünstiger Faszination erzählt wird. Papias, der um 160 starb, war Bischof von Hierapolis in Phrygien (Kleinasien). Sein Werk, eine Sammlung von Überlieferungen mit dem Titel *Auslegung der Worte des Herrn*, ist nicht erhalten, aber Auszüge daraus wurden von späteren Autoren zitiert.

Als hervorragendes Beispiel von Gottlosigkeit wandelte Judas in dieser Welt, der zu einem solchen Fleischesumfang angeschwollen war, dass er nicht einmal, wo ein Wagen leicht durchfährt, hindurchgehen konnte, ja nicht einmal die Masse seines Kopfes. Denn seine Augenlider, heißt es, seien dermaßen angeschwollen gewesen, dass er überhaupt das Licht nicht mehr sah, und seine Augen konnten auch nicht von einem Arzt mit Hilfe eines Augenspiegels erblickt werden; so tief lagen sie von der äußeren Oberfläche.

Sein Schamglied erschien aber durch Missgestaltung überaus widerlich und groß, und es gingen dadurch aus dem ganzen Körper zusammenfließend Eiterteile und Würmer zu (seinem) Schimpf ab, allein schon durch die natürlichen Bedürfnisse.

Als er dann nach vielen Qualen und Strafen an privatem Orte, wie es heißt, gestorben war, sei der Ort von dem Geruch bis jetzt öde und unbewohnt gewesen; ja es könne bis zum heutigen Tage keiner an der Stelle vorübergehen, ohne sich die Nase mit den Händen zuzuhalten. So stark erfolgte der Ausfluss durch sein Fleisch auf die Erde.[3]

Dieser Bericht stützte sich auf die Voraussetzung, dass Judas nicht starb, als er sich erhängte. Da die Geschichte von Judas' Selbstmord bei Matthäus 27, 5 dem Bericht von seinem „Bersten" auf dem Hakeldamach (Blutacker), wie in der Apostelgeschichte 1, 18 beschrieben, widerspricht, entstand eine harmonisierende Version, in der Judas tatsächlich versuchte, sich zu erhängen, aber rechtzeitig abgeschnitten wurde, um sein Leben zu retten. Dies ermöglichte ihm, lange genug am Leben zu bleiben, um den grauenvollen Tod zu sterben, den ihm die Apostelgeschichte zuweist.

Papias folgender Bericht lässt den Wunsch erkennen, Judas als Strafe für seinen Verrat schreckliche Leiden beizumessen. Die Vorstellung, dass sein Leib grotesk anschwoll, erscheint nicht in unserem Text der Apostelgeschichte. Doch sie könnte einmal dagewesen sein. Denn das von Papias gebrauchte Wort für angeschwollen – *presthes* – ist dem in der Apostelgeschichte verwendeten – *prenes* – für „kopfüber" ziemlich ähnlich, einem Wort, das den Wissenschaftlern in diesem Zusammenhang Probleme bereitet hat. Es ist deshalb vorgeschlagen worden, dass der Text in Apg 1, 18 vor dem Hintergrund von Papias von *prenes* zu *presthes* korrigiert werden sollte, in welchem Fall die Apostelgeschichte einen angeschwollenen Judas schildern würde. Diese verbesserte Lesart ergibt mehr Sinn für die Todesart durch „Bersten" und leuchtet auch linguistisch mehr ein.[4]

Das Bild eines extrem angeschwollenen Judas, der giftige Flüssigkeiten und Würmer absondert, lehnt sich eindeutig an bekannte Beschreibungen des Sterbens gewisser Tyrannen an – insbesondere an jene von Herodes I., einem nahen Zeitgenossen, der zufällig mit Judas die undankbare Rolle des archetypischen Juden in den mittelalterlichen Passionsspielen teilt. Wegen des angeblichen bethlehemitischen Kindermordes, durch den er versuchte, Jesus als Säugling zu ermorden (ein mythisches Ereignis, das auf des Pharaos Massaker an den israelitischen Knaben in Ex 1, 16 beruht), war Herodes auch ein Gegner des göttlichen Erlösers, wenn auch nicht so bedeutend wie Judas, da sein Versuch scheiterte. Doch sein entsetzlicher Tod war eine historische Tatsache (siehe Josephus, *Jüdische Altertümer*, XVII), einhergehend mit Anschwellungen, Ausscheiden von Flüssigkeiten und Würmern, Verfaulen der Genitalien und einem widerlichen Geruch. Außerdem starb auch Herodes Agrippa I., der Enkel Herodes' I., ebenfalls an einer plötzlichen Krankheit, bei der er „von Würmern zerfressen" wurde,[5] nachdem er Jakobus, den Sohn des Zebedäus, hatte hinrichten lassen. Es scheint, dass Judas in Papias' Bericht seines Todes die echten oder eingebildeten Symptome einer bunten Reihe von angeblichen Verfolgern Jesu oder der Kirche geerbt hat.[6]

Die Einbeziehung genitaler Symptome ist hier besonders interessant. Dies kann einfach eine Übertragung vom Tod Herodes' I. sein, dessen „Geschlechtsteil eiterte und Würmer hervorbrachte". Aber Papias führt auch eine gewaltige Schwellung von Judas' Glied ein, was ein groteskes Bild pathologischer Lüsternheit erzeugt. Judas wird somit in seiner letzten Krankheit zu einer widerwärtigen obszönen Gestalt. Man kann nicht umhin, hier einen Vorläufer des unzüchtigen Juden zu sehen, der in der mittelalterlichen und der nazistischen Propaganda die reinen Jungfrauen des Christentums oder die arische Rasse mit seinen unersättlichen und abstoßenden Gelüsten bedrohte. Ebenso prophetisch ist der abscheuliche Gestank, der Judas im Leben wie im Tod anhaftet, worin man einen Vorläufer des *foetor judaicus* (jüdischer Gestank) sehen kann. Es wurde von vielen Generationen von mittelalterlichen Christen geglaubt, dass dieser an Juden klebte, die sich nur davon befreien konnten, wenn sie zum Christentum übertraten (siehe S. 147). Die Fantasien, die sich um Judas' Gestalt anhäuften, waren immer anfällig dafür, auf die Juden als Ganzes übertragen zu werden.

Eine weitere Note in Papias' Porträt, die einen Schatten vorauswirft, ist seine Bemerkung, dass Judas, ein Beispiel der Gottlosigkeit, „auf der Welt umherwanderte *(periepatesen)*". Das Bild eines rastlosen Judas erinnert uns natürlich an den Ewigen Juden, der, wie wir schon gesehen haben (S. 26), sehr viel mit Judas gemein hat. Der Ewige Jude war in der mittelalterlichen Legende ein Büßer und Konvertit zum Christentum, der dennoch bis zu seiner endgültigen Erlösung bei der Wiederkunft Christi in Qualen umherzog. Aber es gab andere Versionen der Legende, besonders geläufig in Deutschland, in denen er unbußfertig und böswillig war. Diese Bilder dürften von Papias' Judas abgeleitet oder zumindest eine Verwandtschaft damit haben.

Ein anderes Fragment von Papias allerdings, erhalten durch Irenäus (der um 180 schrieb[7]), gewährt uns einen ganz anderen Blickwinkel auf Judas (*Haer.* V. 32):

Die Ältesten, die Johannes, den Jünger des Herrn sahen, erinnerten sich, dass sie von ihm gehört hatten, wie der Herr von jenen Zeiten gelehrt hatte, und sagten: „Die Tage werden kommen, in denen Reben wachsen werden, mit je zehntausend Ästen und in jedem Ast zehntausend Zweige und in jedem richtigen Zweig zehntausend Triebe und an jedem Trieb zehntausend Trauben und an jeder Traube zehntausend Weinbeeren und jede Traube wird ausgepresst fünfundzwanzig Metretes Wein geben. Und wenn irgendein Heiliger eine Traube greift, wird eine andere ausrufen, ‚Nimm mich, ich bin eine bessere Traube; segne den Herrn durch mich.'" In gleicher Weise sagte er, dass ein Weizenkorn zehntausend Ähren ergeben würde und jede Ähre zehntausend Körner haben und jedes Korn zehn Pfund helles, reines, feines Mehl liefern würde; und dass Äpfel und Saaten und Gras ähnliche Mengen hervorbringen würden; und dass alle

Tiere, die sich dann nur von den Gaben der Erde nähren, friedlich und einträchtig und dem Menschen völlig gefügig würden. Zeugnis abgelegt von diesen Dingen ist in den Schriften des Papias, eines alten Mannes, der ein Zuhörer von Johannes und ein Freund von Polykarp war, im vierten seiner Bücher; denn fünf Bücher verfasste er. Und er fügte die Worte hinzu: „Nun sind diese Dinge glaubwürdig für die Gläubigen." Und Judas, der Verräter, sagt er, der nicht glaubte und fragte, Wie soll solches Wachsen vollbracht werden? Und der Herr sagte: „Sie werden sehen, wer zu ihnen kommen wird."

In diesem Abschnitt wird Judas hauptsächlich als Ungläubiger gezeigt. Dies entspricht der Tradition, dass Judas schon vor seinem endgültigen Verrat schlechte Charakterzüge erkennen ließ. Im Johannesevangelium ist er ein Dieb; aber hier besteht seine Sünde darin, das Wort Jesu anzuzweifeln, der die erstaunliche Fruchtbarkeit der Erde im kommenden messianischen Zeitalter prophezeit.

Besonders interessant ist, dass dieser Abschnitt nicht sehr christlich klingt. Was hat das gängige Christentum mit einem messianischen Zeitalter üppiger Fruchtbarkeit zu tun? Nach Paulus würde die Wiederkunft des Herrn eine Verklärung aller Gläubigen bewirken („im Handumdrehen"), die sie weit über solche irdischen Betrachtungen wie beispiellose Trauben- oder Getreideernten erheben würde (1 Kor 15, 52). Obwohl es immer eine Tendenz zum Chiliasmus im Christentum gegeben hat, ist dies die Richtung einer Minderheit gewesen. Irenäus selbst allerdings war, wie man im gesamten Buch 5 seines Werks sehen kann, eindeutig ein Chiliast, was ihn veranlasst haben mag, die oben zitierte Passage aufzunehmen. Andererseits gehörte die chiliastische Hoffnung zum gängigen Glauben in der Jerusalemer Kirche, die die jüdische Lehre eines messianischen Reichs bewahrte, ein Zeitalter des Weltfriedens und grenzenlosen Wohlstands in Übereinstimmung mit der Hebräischen Bibel. Somit gab Irenäus vermutlich eine Tradition weiter, die von der Jerusalemer Kirche herstammte.

Ein weiterer Beweis liegt in der Tatsache, dass Entsprechungen zu dieser Geschichte über Jesus in jüdischen Schriften zu finden sind. Beschreibungen der erstaunlichen landwirtschaftlichen Produktivität des messianischen Reichs finden sich üblicherweise in der zwischentestamentlichen Literatur (z. B. 2 Baruch 29, 3–30, 1). Noch bemerkenswerter ist die folgende rabbinische Entsprechung von Jesus und dem Zweifler:

Einmal saß Rabban Gamaliel und erklärte: „In der künftigen Welt werden Frauen jeden Tag gebären, wie es gesagt ist, ‚Sie wird gleichzeitig empfangen und gebären'" (Jer 31, 8). Ein Schüler spottete über ihn und führte an, „Es gibt nichts Neues unter der Sonne" (Koh 1, 9). Er sagte zu ihm: „Komm und ich werde dir etwas zeigen in dieser Welt." Dann ging er hinaus und zeigte ihm eine Henne. Wieder setzte sich Rabban Gamaliel und erklärte: „In der künftigen Welt werden die Bäume jeden Tag des Jahres Früchte erzeugen, wie es gesagt ist, „Dass sie Zweige treiben und Früchte tragen mögen' (Ez 17, 8). So wie jeden Tag Zweige sein werden, so wird es jeden Tag Früchte geben." Derselbe Schüler spottete wieder und sagte: „Sagt die Schrift nicht, „Es gibt nichts Neues unter der Sonne'?" Er sagte zu ihm: „Komm und ich werde dir etwas zeigen in dieser Welt." Also ging er hinaus und zeigte ihm einen Kapernstrauch. Wieder setzte sich Rabban Gamaliel und erklärte: „In der künftigen Welt wird das Land Israel feine Brote und Gewänder aus feiner Wolle erzeugen, wie es gesagt ist, „Es wird Brot und Kleidung geben in dem Land'" (Ps 72, 16). Derselbe Schüler spottete wieder und sagte. „Es gibt nichts Neues unter der Sonne." Er sagte zu ihm: „Komm und ich werde dir etwas zeigen in dieser Welt." Er ging hinaus und zeigte ihm Pilze und Trüffel, und entsprechend den Gewändern aus feiner Wolle zeigte er ihm die Rinde eines jungen Palmtriebs. (Schabbat 30b. Siehe auch eine Vorhersage der künftigen Welt in Ketuboth, 111b, allerdings ohne den spottenden Schüler.)

Hier finden wir nicht nur die Beschreibung künftiger Fruchtbarkeit, sondern auch den zweifelnden Jünger[8] und den Tadel des Lehrers, obwohl dieser die Form einer begründeten Widerlegung hat, keine Androhung der Verbannung aus der künftigen Welt.[9] Dies dürfte eine Standardgeschichte im rabbinischen Judentum sein. Es ist nicht ganz klar, ob der Lehrer hier Gamaliel I. oder Gamaliel II. ist. Falls es Ersterer ist, dann war er der Zeitgenosse Jesu, der in Apg 5 wohlwollend erwähnt wird.

In der Jerusalemer Kirche wurde dieselbe Geschichte natürlich über den Lehrer Jesu erzählt. Vielleicht blieb der zweifelnde Schüler zunächst anonym wie in der rabbinischen Erzählung; aber als die Geschichte von jenen paulinischen Christen aufgegriffen wurde, die an der chiliastischen Lehre festhielten, wie zum Beispiel Papias und Irenäus, bekam der Jünger einen Namen – und welcher wäre passender als Judas? Als der sündige Jünger par excellence wäre Judas die natürliche Quelle für Geschichten über Schülerversagen, auch wenn diese ursprünglich anderen zugeschrieben wurden oder anonym blieben. Das berühmteste Beispiel für Skepsis als Form geistigen Versagens ist die Erzählung vom Ungläubigen Thomas

(Joh 20, 25), und möglicherweise waren auch andere „ungläubige" Geschichten geläufig über Thomas, dessen richtiger Name Judas war. Das Thomasevangelium nennt seinen vollständigen Namen als Didymos Judas Thomas. Aber Thomas war, wie seine griechische Entsprechung Didymos, nur ein Beiname in der Bedeutung „Zwilling", und der Übergang von Didymos Judas Thomas zu Judas Ischariot wäre mühelos.

Hier haben wir also ein Beispiel von einer Geschichte über Judas, die echten jüdischen Ursprung hat, obwohl sie ursprünglich nicht mit ihm verbunden war. Dies erklärt die relative Milde. Judas ist hier lediglich ein Zweifler, kein Dieb oder Verräter, auch wenn gezeigt werden soll, dass Judas, sogar in seinen frühen Tagen als Jünger, einen rebellischen Charakterzug hatte, der schließlich ins Verräterische umschlagen würde.

Ein anderes Dokument aus der Zeit der frühen Kirche kann ein wichtiges Licht auf den historischen Judas werfen anstatt auf die Legende. Dies ist das Fragment, das aus dem Petrusevangelium erhalten ist. Das Dokument, versteckt in einem Mönchsgrab in Achmim (das antike Panopolis) in Oberägypten, wurde 1886 entdeckt. Es war auf Pergament geschrieben, das frühestens aus dem 8. Jahrhundert datiert, aber das Petrusevangelium selbst ist von Serapion (Bischof von Antiochia, 190–203) für das Ende des 2. Jahrhunderts bezeugt, und es bestehen kaum Zweifel, dass das Fragment, das wir haben, von dem bezeugten Evangelium stammt. Serapion allerdings, und nach ihm Eusebius, lehnten das Petrusevangelium als unkanonisch ab. Eusebius (*H. E., II., 25,* 6) zählt es zu den gefälschten häretischen Evangelien, von denen er im Allgemeinen sagt: „Der Charakter des Stils an sich unterscheidet sich stark von jenem der Apostel; und die Empfindungen und die Bedeutung jener Dinge, die in ihnen vorgetragen werden und die denkbar weit von gesunder Rechtgläubigkeit abweichen, beweisen eindeutig, dass sie die Erfindungen von Häretikern sind." Doch dieses Urteil braucht einen modernen Wissenschaftler nicht davon abzuhalten, eine in einem dieser Werke enthaltene Aussage als wertvollere historische Information als die kanonischen Evangelien zu betrachten.

Die betreffende Aussage findet sich am Ende des Fragments, nachdem Tod und Auferstehung Jesu beschrieben worden sind.

Es war aber der letzte Tag der ungesäuerten Brote, und viele gingen weg und wandten sich nach Hause, da das Fest zu Ende war. Wir aber, die zwölf Jünger des Herrn, weinten und trauerten, und ein jeder, voller Trauer über das Geschehene, ging nach Hause. Ich aber, Simon Petrus, und mein Bruder Andreas nahmen unsere Netze und gingen ans Meer. Und es war bei uns Levi, der Sohn des Alphäus, den der Herr …

Dies stellt die Szene der Salbung dar, in
der Judas (gemäß Johannes) ungehalten
über die Verschwendung kostbaren Salb-
öls war. Diese Miniatur in einem Psalter
vom Oberrhein zeigt Judas (neben dem
bartlosen Johannes, dem „Jünger, den Jesus liebte" sitzend) mit ungepflegtem Bart
und hässlichen semitischen Zügen und
einer Miene, die im Gegensatz zu den gü-
tigen nordischen Gesichtszügen aller anderen steht. Sie datiert von etwa 1260.
(Psalter, Besançon.)

Die gleiche Szene von Nicholas Froment,
einem Künstler des 15. Jahrhunderts. Judas, von hässlicher, aber nicht ausgesprochen semitischer Erscheinung, zeigt mit
dem Finger ärgerlich auf die kniende
Maria. Alle Figuren hier scheinen nach
Modellen gemalt zu sein. *(Gemälde, 1461,
Flügel eines Altars, Florenz.)*

Diese spanische Darstellung einer Disputation zwischen Christen und Juden aus
dem 13. Jahrhundert unterscheidet die
Juden von den Christen nicht nur in der
Kleidung, sondern auch im Gesicht. Die
übertrieben hakenförmigen Nasen einiger Juden zeigen die Anfänge der Kli-
scheebildung bei den Gesichtszügen,
während die Christen alle gerade Nasen
und den gleichen Blick lammfrommer
Unschuld haben. *(Escorial, Madrid, Biblio-
thek San Lorenzo.)*

Hier haben wir die Szene, als Judas das Blutgeld von den jüdischen Priestern annimmt. Die Skulptur befindet sich am Lettner des Naumburger Doms und datiert
von 1250–60. Judas' enge Verwandtschaft zu den anderen Juden wird dadurch betont, dass er wie sie den unzeitgemäßen Spitzhut (*pileus*) trägt. Die Verbundenheit
von Judas und den Priestern wird durch die auffallende Kompaktheit der ganzen
verschwörerisch zusammengedrängten Gruppe hervorgehoben. Die Gesichter sind
allerdings nicht deutlich semitisch. *(Naumburger Dom, Westlettner.)*

Auf Giottos berühmten Gemälde von Judas, der das Blutgeld von den Priestern empfängt (um 1305), sehen wir eine besondere Auffassung. Judas ist jung und schön, im Gegensatz zu den ernsten langbärtigen Vaterfiguren der Priester. Doch hinter Judas erkennen wir die schattenhafte Gestalt des Teufels. Giotto befasst sich mit dem Punkt der Verwandlung Judas' vom Apostel zum Verräter. Judas bleibt eine Gestalt von Licht und Jugend, der immer noch schwankt, bevor er dem Verderben erliegt. Giotto gibt daher die traditionelle Auffassung preis, dass Judas schon lange vor seinem Verrat verdorben war. Es ist ein eindringliches und künstlerisches Porträt, das einige Wurzeln in der früheren Kunst und einige Folgen in der späteren hat, aber es ist alles andere als typisch für die mittelalterliche Sicht von Judas. *(Wandgemälde, Padua.)*

Nahm Judas tatsächlich am ersten Abendmahl teil, in dem er den Wein trank und das Brot aß, ausgeteilt von Jesus? Kommentatoren haben dem widersprochen. Eine Buchmalerei von 820–830 löst das Problem in der von Augustinus empfohlenen Weise. Während Judas das eucharistische Stück Brot isst, dringt zusammen mit dem Bissen ein schwarzer Vogel, Symbol des Bösen, in seinen Mund ein und illustriert so Paulus' Worte: „Denn wer davon isst und trinkt, ohne zu bedenken, dass es der Leib des Herrn ist, der zieht sich das Gericht zu, indem er isst und trinkt." (1 Kor 11, 29) *(St-Germain-des-Prés, Stuttgarter Psalter, Stuttgart.)*

Auf diesem beeindruckenden Abendmahlsgemälde von Rubens wird Judas zum Gegenstand einer psychologischen Studie. Judas ist isoliert von den anderen Jüngern, nicht durch das einfache Mittel körperlicher Absonderung auf der falschen Seite des Tisches (wie in der mittelalterlichen Darstellung), sondern durch die Komposition selbst, die Jesus nach oben blickend zeigt, während alle Jünger bis auf Judas ihn anbetend anblicken. Judas ist also isoliert durch seine Unfähigkeit, an dieser Anbetung teil-zuhaben. Sein Blick ist zutiefst grüblerisch und unglücklich. Er ist der Zyniker, der den eigenen Zynis-mus hasst und fürchtet und wünscht, er könnte die Illusion seiner Gefährten mit ihnen teilen. Dies ist eine tragische, shakespearesche Auffassung, und man geht nicht zu weit, wenn man Judas, und nicht Jesus, als Mittelpunkt und Thema des Gemäldes sieht. Dennoch verdankt die Komposition vieles mittelalterlichen Motiven. Sogar der kleine Hund, der zu Judas' Füßen liegt (aber auf den früheren Ölskizzen nicht auftaucht), nimmt eine Stelle ein, die früher einer liegenden Drachenfigur vorbehalten war, ein Symbol für Satan. Rubens hat uns eine humanistische Version einer Geschichte gegeben, die zuvor als Mythos behandelt wurde. *(Pinacoteca di Brera, Mailand.)*

Auf einem Gemälde von Philippe de Champaigne sitzt Judas beim Abendmahl isoliert von den andern. Im Gegensatz zu Rubens' Idee wendet Judas nicht voller Verzweiflung und Selbsthass den Blick
ab, sondern starrt Jesus direkt mit selbstbewusster, skeptischer oder herausfordernder Miene an. Jesus
hat den Blick zum Himmel gekehrt, und vielleicht stellt Judas seine entrückte Haltung infrage. Auch
dies ist eher eine humanistische als eine mythische Behandlung; doch gibt es hier eine Kontinuität mit
der mittelalterlichen Vorstellung von Judas, insofern als er einen Umhang in kräftigem Gelb trägt.
Vielleicht unbewusst wahrt der Künstler Judas' Rolle als Vertreter des jüdischen Volkes. *(Louvre, Paris.)*

Eine Miniatur im Stuttgarter Psalter (820–830) zeigt den Judaskuss neben
dem Tod des Judas (fast im Stil eines Comicstrips). Zwei Soldaten nehmen
Jesus fest, gerade als Judas ihn küsst. Judas stirbt durch Erhängen an einem
Baum, wie in der Version von Mt 27, 5. Ein schwarzer Vogel, der den Teufel
symbolisiert, flattert in der Nähe, um seine Seele zu ergreifen. *(St-Germain-
des-Prés, Stuttgarter Psalter, Stuttgart.)*

Ein Gemälde aus der Werkstatt von Lucas Cranach (1565) betreibt Propaganda für die Reformation, indem es alle Apostel außer Judas als zeitgenössische Führer der Reformation darstellt. Judas sitzt für sich und hält verstohlen seinen Geldsack hinter dem Rücken. Seine Züge stehen in starkem Gegensatz zu der ernsten Würde der „Apostel" und des idealisierten Jesus; Judas hat gemeine Gesichtszüge von semitischer Eigenart. Er trägt das traditionelle gelbe Gewand. *(Altar der Reformatoren, Schlosskirche, Dessau.)*

Giottos berühmtes Gemälde des Judaskusses ist eine dramatische Komposition, in der die Einheit von Judas mit den verhaftenden Soldaten betont wird. Alle Linien in der Komposition führen zu dem traurigen, vorwurfsvollen Gesicht von Jesus. Judas umarmt ihn, wobei er ihn mit dem gelben Umhang des Verrats einhüllt, während die Knüppel der sie umringenden Juden in einer Art Bogen über dem sich umarmenden Paar erhoben sind. Am äußersten Rand der Menge, abgeschnitten von wirklicher Beteiligung, steht Petrus, der mit seinem Schwert nach Malchus' Ohr schlägt. *(Wandgemälde, um 1305, Padua.)*

Auf einem kraftvollen, fast wilden Holzschnitt von Dürer wird Jesus in ungewohnter Weise bei seiner Festnahme gezeigt, nämlich in Todesangst, anstatt sie mit stiller Trauer hinzunehmen. Während die festnehmenden Soldaten Stricke um ihn legen, fährt Judas fort, ihn zu küssen, wobei er eifrig seine Verzweiflung beobachtet. Diese Darstellung scheint moderne psychoanalytische Deutungen von Judas' Verrat als eines Ausdrucks von erotischem Sadismus vorwegzunehmen. *(Holzschnitt, 1510, Staatliche Museen, Berlin.)*

Ein Elfenbeinrelief von 420–430 ist besonders interessant, weil es die symbolische Übereinstimmung zwischen dem Tod Jesu und dem Tod von Judas zeigt. Judas und Jesus werden nebeneinander gezeigt, wobei Judas vom Baum hängt und Jesus am Kreuz. Hier werden die zwei Erlöser dargestellt, der Schwarze Christus und der Weiße Christus, wobei der eine das Opfer von Verleumdung, Tod und Verdammung akzeptiert, der andere nur jenes des Todes. *(Norditalien, Totenschrein, British Museum, London.)*

Hier bricht das Fragment ab. Der außerordentliche Satz in diesem Abschnitt ist „Wir aber, die zwölf Jünger des Herrn", denn zu diesem Zeitpunkt dürften es eigentlich, wie sich die kanonischen Evangelien und die Apostelgeschichte sehr zu betonen bemühen, nur elf Jünger sein. Aus diesem Satz aber scheint hervorzugehen, dass das Petrusevangelium nichts von Judas' Abfall weiß. Wir haben also eine interessante Bestätigung des weiter oben diskutierten Belegs aus Paulus' Schriften (S. 41), dass es eine Zeit nach dem Tod Jesu gab, als die Geschichte von Judas' Abfall nicht existierte.

Selbst in seinem fragmentarischen Zustand zeigt das Petrusevangelium deutlich ein prorömisches, antijüdisches Vorurteil, kann also nicht als Dokument der Jerusalemer Kirche betrachtet werden. Gewisse Details legen einen gnostischen Einfluss nahe, besonders Jesu Schweigen am Kreuz, „als ob er keine Schmerzen hätte". Es kann jedoch sein, dass dieses Evangelium ursprünglich ein jüdisch-christliches Dokument war, das später von Gnostikern bearbeitet wurde. Es gibt einen Hinweis von Theodoret (um 455), dass es ein Nazarener Petrusevangelium gab. Der gnostische Herausgeber könnte versäumt haben, die Zahl der in seiner Quelle für diesen Zeitpunkt angegebenen Jünger zu korrigieren. Wir wissen nicht, was das Evangelium vom Abendmahl oder der Verhaftung Jesu berichtet, da das Fragment mit Pilatus' Händewaschen beginnt. Aber für ein Evangelium mit einem so weit entwickelten Antisemitismus ist es unwahrscheinlich, Judas' angeblichen Verrat ganz weggelassen zu haben. Die „zwölf Jünger" fallen deshalb auf wie ein bunter Hund; sie können nicht zum Entwurf des Herausgebers gehören und müssen als aufschlussreicher Fehler gelten, der aus einer früheren Schicht des Evangeliums stammt. Uns liegt also hier eine Bestätigung vor, dass die kanonischen Evangelien, die so darauf bedacht sind, die Zahl der Jünger zu diesem Zeitpunkt mit elf anzugeben, einen früheren Text hatten, der zwölf sagte: Anderenfalls hätten sie sicher einfach „die Jünger" gesagt, ohne ihre Zahl genau zu benennen.[10]

Kommentatoren, die nicht akzeptieren wollten, dass es eine Zeit nach dem Tod Jesu gab, als Judas' Abfall unbekannt war, haben den oben diskutierten Satz aus dem Petrusevangelium besonders beunruhigend gefunden. Einer dieser Kommentatoren, Werner Vogler, hat vorgeschlagen, dass Judas auch nach seinem Verrat ein Mitglied der Gruppe der Jünger geblieben sein könnte – eine äußerst unwahrscheinliche These.[11] Andere vorgelegte Erklärungen sind kaum überzeugender.[12] Die Existenz dieses auffallenden Satzes muss, vor allem in Verbindung mit 1 Kor 15, 5 gelesen, als historisch bedeutsam betrachtet werden.

In den späteren apokryphen Evangelien und der Apostelgeschichte wird die Judaslegende allmählich in der Art einer Volkssage ausgeschmückt. Das arabische Evangelium von der Kindheit des Erlösers[13] beschreibt, wie der junge Jesus von Dämonen besessene Menschen heilte und andere Wunder vollbrachte. Dieses Evangelium bietet auch einige fantastische Details aus Judas' Kindheit, die auf seine Rolle als Erwachsener hindeuten:

> Eine andere Frau lebte am selben Ort, deren Sohn von Satan gequält wurde. Er, Judas genannt, pflegte alle zu beißen, die ihm nahe kamen, sobald Satan in ihn fuhr; und wenn er niemanden in der Nähe fand, pflegte er die eigenen Hände und andere Gliedmaßen zu beißen. Als die Mutter dieses elenden Geschöpfes damals vom Ruf der Lieben Frau Maria und ihres Sohnes Jesus hörte, stand sie auf und führte ihren Sohn Judas zu der Lieben Frau Maria. Unterdessen hatten Jakobus und Joses[14] das Kind, den Herrn Jesus, mitgenommen, um mit anderen Kindern zu spielen; und sie waren aus dem Haus gegangen und hatten sich gesetzt und der Herr Jesus mit ihnen. Und der teuflische Judas kam herbei und setzte sich zur Rechten Jesu: als dann Satan in gewohnter Weise in ihn fuhr, wollte er den Herrn Jesus beißen, vermochte es aber nicht; dennoch stieß er Jesus in die rechte Seite, worauf dieser zu weinen begann. Und sofort fuhr Satan aus diesem Jungen und lief davon wie ein tollwütiger Hund. Und dieser Junge, der Jesus stieß und aus dem Satan in Gestalt eines Hundes fuhr, war Judas Ischariot, der ihn an die Juden verriet; und dieselbe Seite, in die Judas ihn gestoßen hatte, durchbohrten die Juden mit einer Lanze. (Joh 19, 34)

Hier finden wir eine Erweiterung des kanonischen Versuchs, Gründe für Judas' Verrat in seinem früheren Charakter zu finden. Als Judas von Satan besessen war, unmittelbar vor dem Abendmahl oder in seinem Verlauf, war es also nicht seine erste Erfahrung mit satanischer Besessenheit. Schon als Kind war er ein Besessener gewesen und durch ein Wunder vom Jesuskind geheilt worden. Außerdem hatte Judas' Verhalten gegenüber dem Jesuskind auf seinen Verrat als Erwachsener vorausgedeutet. Er versuchte ihn zu beißen, konnte ihn aber nur in die rechte Seite stoßen. Bemerkenswert ist, dass Judas' Verhalten als sinnbildlich für das der Juden betrachtet wurde. Der Schlag gegen Jesu Seite wurde später von den Juden wiederholt, als sie Jesus mit der Lanze durchbohrten. Die Tatsache, dass es nicht die Juden waren, sondern ein römischer Soldat, der Johannes zufolge Jesus mit einer Lanze durchbohrte, hinderte den Autor nicht daran, ihnen diese

Tat zuzuschreiben. Denn durch die ganze Geschichte des paulinischen Christentums hat man den Juden an allem die Schuld gegeben. Die Römer sind nur Schachfiguren, die von den Juden manipuliert werden. Jede von den Römern durchgeführte Handlung – die Verhaftung Jesu, seine Geißelung, seine Kreuzigung – wird den Juden zugeschrieben, deren physische Nichtbeteiligung ihre Machenschaften nur abscheulicher und unheimlicher macht. Die Erzählung von Pilatus, der sich die Schuld von den Händen wäscht, ist sinnbildlich für die paulinische Entschlossenheit, die Römer reinzuwaschen. Damit setzten sich die Christen von dem jüdischen Protest gegen den römischen Imperialismus ab, erklärten den Wunsch der Christen nach Verständigung mit Rom und vermittelten eine wichtige Botschaft der Evangelien: „Christen sind keine Juden."

Diese kleine Momentaufnahme von Jesus und Judas als Kinder beleuchtet trotz der Absicht, nur zu der gängigen Folklore über „Judas den Verräter" beizutragen, unmissverständlich Judas' Funktion im christlichen Antisemitismus. Wie Hans-Joseph Klauck betont: „Satan, Judas und die Juden bilden in diesem bemerkenswerten Stück Erzählung ein Trio, das verhängnisvoll gegen Jesus zusammenarbeitet."[15]

Ein in jüngerer Zeit entdeckter, bezüglich der entstehenden Judaslegende höchst interessanter Text ist das koptische Bartholomäus-Evangelium.[17] Der Text ist auf das 5. Jahrhundert datiert worden und besteht aus mehreren Fragmenten, die dem Bartholomäus-Evangelium, wie es aus vollständigeren Versionen auf Griechisch, Latein und Altkirchenslawisch aus dem 3. Jahrhundert bekannt ist, zugeordnet werden können. Bartholomäus taucht im Neuen Testament nur als Name auf einer Liste der Jünger Jesu auf, gewöhnlich zusammen mit Philipp. Wie im Fall anderer Jünger wurden Versuche unternommen, seinen Charakter zu beschreiben[17], indem man ihn in einem apokryphen Evangelium vorstellt, in dem Jesus ihm eine besondere Offenbarung gewährt.

Mehrere Punkte sind in der fragmentarischen koptischen Version des Evangeliums zu beachten. Bei der Wundersamen Brotvermehrung wird Judas von der Verteilung des Brotes ausgeschlossen, weil er unwürdig ist, sich Jesus zu nähern. Außerdem war es in dieser Version Judas' Frau, die ihn überredete, Jesus zu verraten und dafür Blutgeld anzunehmen. Daraufhin lehnt das sieben Monate alte Kind von Joseph von Arimathäa sie als Amme ab. Dies scheint die früheste Erwähnung von Judas' Frau zu sein, obwohl sich später Geschichten über sie stark ausbreiten, in denen ihr eine schwere Schuldlast aufgebürdet wird. So verbindet sich in der Entwicklung der Sage Misogynie mit Antisemitismus. In Bartholomäus' Bericht veranlasst Judas' Frau nicht nur den Verrat, sondern ermutigt ihn auch, für die Armen bestimmtes Geld aus der gemeinsamen Kasse der Apostel zu stehlen. Dieses Evangelium stellt außerdem Judas' Selbstmord als von Satan veranlasst dar, der ihn davon überzeugte, dass Jesus Mitleid mit ihm haben und ihn während der Höllenfahrt mit den anderen Seelen freigeben würde. Am Ende allerdings ließ Jesus dort drei Seelen zurück: Judas, Kain und Herodes. Andreas besuchte später die Hölle und sprach mit Judas, konnte ihn aber nicht retten, weil Judas zu Satan gebetet hatte, bevor er sich erhängte.

Das Nikodemusevangelium enthält ebenfalls einen späteren Einschub über Judas' Frau. Die Geschichte ist in Form einer Volkssage bis in die Neuzeit erhalten.

> Und er ging nach Hause, um ein Seil aus Binsen zu machen und sich zu erhängen, und er fand seine Frau vor, die am Herd saß und für das Mahl einen Hahn in einer Pfanne briet. Er sagte zu ihr: „Geh, Frau, hole mir Binsen für ein Seil; ich möchte mich erhängen, wie ich es verdiene." Seine Frau erwiderte: „Warum sagst du solche Sachen?" Er sagte: „Du sollst wissen, dass ich meinen Herrn Jesus boshaft den Ältesten ausgeliefert habe, mit deren Hilfe Pilatus ihn hinrichtet. Jesus jedoch wird am dritten Tag auferstehen und dann wehe uns." Seine Frau sagte zu ihm: „Sprich und denk nicht so. Dieser Hahn, den ich über dem Feuer brate, kann genauso gut krähen, wie Jesus auferstehen kann, wie du sagst." Sobald sie diese Worte gesprochen hatte, schlug der Hahn mit den Flügeln und krähte dreimal. Dies überzeugte Judas erst recht, und er drehte das Seil aus Binsen und erhängte sich und hauchte so seine Seele aus.

In dieser einleuchtenden Volkssage erscheint Judas' Frau eher als Zweiflerin denn als Anstifterin zu seiner Bosheit. Aber die Einführung dieser Figur erhöhte die erzählerischen Möglichkeiten, was spätere Geschichtenerzähler unwiderstehlich fanden. Die Rolle, die Eva bei Adams Sünde spielte, möglicherweise auch die Mitschuld Sereschs an der mörderischen Verschwörung Hamans im Buch Ester, deutete an, dass auch im Fall des äußersten Verbrechens, des Verrats an Jesus, letztlich eine Frau die Schuld tragen könnte.

Ein interessanter und ungewöhnlicher Gedankengang über Judas wurde von einer Gruppe in der gnostischen Bewegung entwickelt, die bemerkte, dass es ohne ihn keine Erlösung gegeben hätte. Deshalb entstand ein positives Bild von Judas, der ein gutes Ziel gehabt habe, das nur durch den Verrat an Jesus erreicht werden konnte. Leider sind die Schriften dieser

Gruppe nicht erhalten. Allerdings haben wir einen Bericht über sie von Irenäus:

> Andere wiederum erklären, dass Kain sein Leben von der höheren Macht herleitete und erkennen an, dass Esau, Korah, die Sodomiten und alle solche Personen untereinander verwandt sind. Aus diesem Grund, fügen sie hinzu, sind sie vom Schöpfer angegriffen worden, doch hat keiner von ihnen Schaden genommen. Denn Sophia pflegte alles, was ihr gehörte, von ihnen zu sich davonzutragen. Sie erklären, dass Judas der Verräter gründlich um diese Dinge wusste und dass er allein, da er die Wahrheit wie kein anderer kannte, das Geheimnis des Verrats bewerkstelligte; durch ihn wurden so alle Dinge, irdische wie himmlische, in Unordnung gestürzt. Sie unterbreiten eine erdichtete Geschichte in diesem Sinne, die sie das Judasevangelium nennen. (Irenäus *Haer.* 1, 31, 1.)

Die Kainiten, wie sie genannt wurden, brachten die gnostische Umkehrung der Geschichte der Hebräischen Bibel zu einem logischen Schluss. Alle Gnostiker schlossen sich dieser Umkehrung in einem gewissen Maße an. So glaubten alle, der Gott der Hebräischen Bibel sei nicht allmächtig und gut, wie dargestellt, sondern eine böse Gottheit von begrenzter Macht, die in der Tat die Welt erschaffen habe, aber nach ihrer eigenen bösen und beschränkten Vorstellung. Der wahre Hochgott stehe weit über dieser Welt und das Ziel der Gnostiker sei, zu ihm zu fliehen, was bedeute, der Macht des Schöpfergottes oder Demiurgen zu entgehen. Bei diesem Versuch helfe ihnen eine hohe weibliche Macht namens Sophia, die mit dem Hochgott verbunden sei. Die Gnostiker behaupteten auch, dass es der böse Schöpfer war, der die Bibel den jüdischen Propheten diktierte, die seine Werkzeuge waren. Das gesamte jüdische Volk war somit der Hauptakteur und Anhänger des Demiurgen, den sie fälschlich für den höchsten Gott hielten. Die Gnostiker glaubten sehr wohl, dass die Bibel viel historische Wahrheit enthielt; aber weil sie vom Demiurgen beseelt war, musste ihr Wertesystem falsch sein. Folglich waren ihre Helden eigentlich Schurken und ihre Schurken Helden. Diese Deutung wurde jedoch nicht konsequent weiterentwickelt. Denn während zum Beispiel alle Gnostiker beipflichteten, dass Adam eine gute Tat vollbrachte, keine Sünde, als er dem Befehl des Demiurgen trotzte und die Frucht des verbotenen Baumes aß, und dass außerdem die Einwohner von Sodom gute Gnostiker waren, deren Vernichtung dem bösen Demiurgen geplant war, gingen doch die meisten nicht so weit, dass sie Abels Ermordung guthießen. Diesen letzten Schritt taten die Kainiten, die auch einen Helden aus Judas Ischariot machten.

Weiteres Licht auf die Lehre der Kainiten wirft Epiphanios, der über ihren Glauben berichtet, dass der Verrat an Jesus verdienstvoll gewesen sei, weil er die Menschheit aus der Macht des Demiurgen befreite (Epiphnaios, *Haer.* XXVI, 2). Irenäus dagegen scheint zu glauben, dass die kainitische Lehre nicht so sehr von einem Wunsch ausging, den Prozess der Erlösung zu fördern, als von einer allgemeinen Umkehrung der moralischen Werte. Die Kainiten, sagt er, ebenso eine andere gnostische Sekte, die Karpokratianer, glaubten, dass eine Befreiung der Seele durch das Begehen von Sünden, je grässlicher, desto besser, erreicht werden könne. „Ein Engel, behaupten sie, begleitet sie bei jeder einzelnen ihrer sündigen und abscheulichen Taten und drängt sie, Dreistigkeit zu wagen und Schmutz aufzurühren. Wie auch immer die Handlung geartet sein mag, erklären sie, sie täten sie im Namen des Engels und sagen: ‚O Engel, ich nutze dein Werk; o Macht, ich vollende dein Wirken!' Und sie behaupten, dass dies ‚vollkommenes Wissen' sei, ohne davor zurückzuschrecken, sich in Taten zu stürzen, die nicht einmal beim Namen genannt werden dürfen."

Durch die gesamte Religionsgeschichte haben bestimmte Gruppen versucht, geistige Freiheit und „vollkommenes Wissen" durch Befreiung von der Moral zu erreichen. Wo es wie im Fall der Gnostiker das Ziel der Religion ist, gottgleichen Status zu erlangen, werden die Fesseln der Moral als Teil des demütigen menschlichen Status gesehen, den die Eingeweihten abzustreifen erstreben. So wird der Vollzug von Handlungen, die normalerweise mit Entsetzen betrachtet werden, etwa Inzest oder Mord, zum Maß geistigen Fortschritts. In der modernen Welt haben nihilistische Terroristen eine ähnliche Philosophie, die mehr oder weniger in den Schriften des Marquis de Sade enthalten ist. Indem sie die normale Moral als grundsätzlich verdorben oder als Produkt gesellschaftlicher Unterdrückung verstehen, haben sie Terrorakte und Zerrüttung als erlösende Gesten betrachtet, die alles erneuern und die Welt läutern. Nihilismus dieser Art wird den Kainiten von Irenäus zugeschrieben, wenn er sagt, sie priesen Judas, weil „durch ihn alle Dinge, irdische wie himmlische, … in Unordnung gestürzt wurden".

Wenn Judas mit der Begründung verteidigt wird, dass er die äußerste Sünde begangen und sich somit als guter Gnostiker erwiesen habe, wird dies sein Ansehen in den Augen von Nicht-Gnostikern kaum wiederherstellen. Eine solche Verteidigung bestätigt nur seinen Status als Erzsünder. Die Behauptung dagegen, dass Judas, dem klar wurde, dass Erlösung nur durch den Tod Jesu kommen würde, irgendwie den moralischen Mut fand, dieses notwendige Opfer zuwege zu bringen, könnte man als Verteidigung eher verstehen. Zumindest würde sie auf eine ehrliche Anerkennung hinauslaufen, die die Mehrheit der Christen nicht zu gewähren bereit ist, dass es eine große Heuchelei sei, zu behaupten, vom Tod Jesu zu profitieren, während man die Person, die diesen herbeiführte, mit Hass und Abscheu betrachte. Christen *wünschen*, dass Jesus am Kreuz stirbt; sonst können sie nicht erlöst werden. Um diesen fürchterlichen Gedanken zu vermeiden, haben sie Judas (und die Juden) beauftragt, Jesus ihretwillen zu ermorden. Indem sie wie Pilatus ihre Hände in Unschuld waschen und den Tod Jesu jährlich zu Ostern betrauern und beklagen, hoffen sie, der Mittäterschaft an seinem Tod zu entgehen. Je mehr sie Judas und die Juden mit Verleumdung und Hass überschütten, desto mehr können sie sich von der Verantwortung distanzieren.

Die Kainiten dagegen lehnten es ab, sich an dieser Heuchelei zu beteiligen. Indem sie ihre Bewunderung für Judas ausdrücken, erkennen sie ihre Mittäterschaft an der Tat an und feiern sie. Dies mag in gewisser Hinsicht als Fortschritt betrachtet werden, obwohl es historisch eine Art Rückschritt ist. Denn Zivilisationen, die wegen Menschenopfern keine Schuld empfanden, sind selten gewesen. Ein Beispiel in der antiken Welt waren die Phönizier, deren verehrte Priester ihre Menschenopfer vollzogen. Die Azteken sind ein weiteres Beispiel für schuldfreies Menschenopfer. Wenn die Menschheit „fortschreitet", indem sie sich eines solchen Opfers schämt, bevollmächtigt sie eine Gestalt wie Judas, die Tat zu vollbringen. Um von dieser Entwicklungsstufe der Gesellschaft zu schamlosem Ritualmord zurückzukehren, wie es die Kainiten vorschlugen, mag ehrlicher sein. Aber es ist ein Schritt in die falsche Richtung. Der wirkliche Fortschritt wäre, Menschenopfer abzuschaffen, wie es das Judentum tat, und es nicht einmal in der Form des Mythos beizubehalten, wie es das Christentum tat.

Einige moderne Denker haben sich auf einen neugnostischen Standpunkt gegenüber dem Verbrechen von Judas und den Juden gestellt. Die französischen Katholiken Léon Bloys (1892), ein Antisemit, und Charles Péguy, ein Philosemit und Anti-Dreyfusard, hoben beide den gottgegebenen Auftrag des Verrats der Juden und Judas' hervor. Selbst Juden konnten dem Gedanken von Judas' göttlichem Auftrag des Verrats gelegentlich etwas abgewinnen, weil diese Deutung scheinbar Judas vor der Verleumdung und die Juden selbst vor Antisemitismus rettete. Ein seltsames Beispiel für eine jüdische Übernahme des gnostischen Standpunkts ist die Geschichte von Bernard Lazare mit dem Titel „La gloire de Judas". Hier wird Judas bewundert als der Jünger, der bewusst ewige Schande auf sich nahm, damit sich die Prophezeiungen erfüllen und die tyrannische Herrschaft des jüdischen Gottes beendet werden konnten. Der auf die Erde zurückkehrende Jesus erscheint ihm und nennt ihn „mein geliebter Jünger", sagt ihm aber, dass er weiterhin die Last seines Opfers tragen müsse. Diese Geschichte schrieb Bernard Lazare in seiner Jugend, ehe die Dreyfus-Affäre (siehe S. 154) ihn aus seinen gnostischen Träumereien riss und entschieden für das Lager des Judentums verpflichtete.

Es sollte allerdings erwähnt werden, dass die Kainiten wie auch andere Gnostiker nicht glaubten, dass Jesus wirklich am Kreuz litt. Die sogenannte doketische Lehre, der die Gnostiker anhingen (vom griechischen *dokeo* „erscheinen"), besagte, dass Jesus nur zu leiden *schien*. Entweder wurde seine Stelle von einem Scheinbild eingenommen, oder er spürte die Qualen der Kreuzigung nicht. In beiden Fällen passte es nicht für eine Person seines göttlichen Ranges, eine derart demütigende Folter zu durchleben. Folglich kann Judas' Verrat nicht als abscheuliches Verbrechen betrachtet werden wie im orthodoxen christlichen Denken, weil er Jesus nicht verriet, um einen qualvollen Tod zu erleiden, sondern nur für eine frühe und schmerzlose Versetzung in den Himmel. Dies bedeutet faktisch, dass die Gnostiker, die Kainiten eingeschlossen, nicht an Menschenopfer glaubten. Während die Todesqualen Jesu für den gewöhnlichen Christen als wesentlich für Erlösung und Sühne galten, waren sie für die Gnostiker eigentlich unwesentlich. Denn die Gnostiker glaubten an *gnosis* oder Aufklärung und nicht an Buße. Jesus war für sie einfach der höchste gnostische Lehrer, dessen Auftrag es war, uns den Schlüssel zur Transzendenz zu zeigen. Die Gnostiker befassten sich nicht mit dem Problem der Sünde. Eine solche Sorge war für sie das Zeichen einer minderwertigen Seele. Der Tod Jesu bedeutete einfach seine Rückkehr zum Pleroma und seinen Triumph über die vergeblichen Machenschaften des Demiurgen. Somit fiel es Gnostikern relativ leicht, Judas' Verrat als verdienstvolle Tat zu sehen.

Die Gnosis existierte als Lehre vor dem Christentum und nahm erst im 1. und 2. Jahrhundert u. Z. eine christliche Färbung an. Aber ihr fehlte insbesondere das Element des Opfers, das das Christentum (in seiner paulinischen Form) mit Mysterienreligionen gemeinsam hatte.[18] Was also war die Einstellung der christlichen Gnosis gegenüber den Juden? Man könnte meinen, dass den Juden vielleicht die Heldenverehrung zuteilwurde, die Judas von den Kainiten erhielt. Aber die Juden blieben für alle Gnostiker einschließlich Kainiten das Volk des Demiurgen – oder, in christlicher Terminologie, Satans. Obwohl man Judas vielleicht gute Motive zubilligte, wurden die Juden als Gefolgsleute des bösen Demiurgen als bloße Helfer in seinem Krieg gegen den Hochgott gesehen, ohne wahrzunehmen, dass der Tod Jesu ihm den endgültigen Sieg bringen würde. Die gnostische

Literatur ist voll von grotesken Versuchen des Demiurgen, die Erleuchteten zu besiegen, indem er ihre Vernichtung herbeiführte, ohne zu verstehen, dass dies sie nur noch mächtiger machte.

Eine Menschengruppe hatte ein noch stärkeres Motiv, Judas vor der Verleumdung zu bewahren – die Juden. Unter ihnen entstand seit dem 6. oder 7. Jahrhundert die als *Toledot Jeschu* (Geschichte Jesu) bekannte Sagensammlung. Diese Geschichte bestand aus einer Version der Ereignisse, in der die Juden von den christlichen Anklagen des Gottesmordes entlastet wurden, während Jesus selbst als sündiger Zauberer und Götzendiener vorgeführt wurde, der den Tod verdiente. Diese Volkssage, die im gemeinen Volk verbreitet war, von gebildeten jüdischen Autoritäten aber nie offiziell anerkannt wurde, ist in verschiedenen Fassungen bekannt. In einigen ist Judas ein rühmenswerter Verfechter des Judentums, der die Zauberei Jesu bekämpft und ihn schließlich der Bestrafung zuführt.

Judas' Name in dieser Sage ist Rabbi Jehuda isch Bartota, was „Mann aus Bartota" bedeutet. Dass dieser Name als eine Version von Judas Ischariot gedacht ist, zeigen Vorfälle, die an Ereignisse in der Erzählung des Neuen Testaments anklingen. Wie also wurde „Judas Ischariot" zu „Jehuda isch Bartota"? Die Erklärung ist recht einfach. Die Autoren der Sage haben vermutet, dass die erste Silbe in „Ischariot" für das hebräische *isch* steht, eine Ansicht, die viele moderne Wissenschaftler bestätigt haben (wenngleich fälschlich, wie auf S. 156 erörtert wird). Auf der Suche in der rabbinischen Literatur nach einem Namen, der mit *isch* zusammengesetzt ist und vage wie „Ischariot" klingt, stießen sie auf den Namen „Eleazar ben Jehuda isch Bartota" (Mischna, Abot, 3, 7, Orla, 1, 4, Tebul Jom, 3, 4). Bartota ist ein Ort in Obergaliläa, der Geburtsort von Rabbi Eleasar und seines Vaters Rabbi Jehuda. Letzterer wurde so als Entsprechung für Judas Ischariot in der jüdischen Folklore ausgewählt. Da Rabbi Eleasar um 50 u. Z. geboren ist, könnte sein Vater zu Jesu Lebzeiten gelebt haben. „Jehuda isch Bartota" war ziemlich nahe an „Judas Ischariot", obwohl kein talmudischer Text die beiden gleichsetzt – tatsächlich erwähnt überhaupt kein talmudischer Text Judas Ischariot oder seine angebliche Rolle.

Der Talmud allerdings erwähnt Jesus, wenn auch nur sehr kurz. Er tut ihn als Zauberer und „Verführer zur Abgötterei" ab, dem vom Sanhedrin der Prozess gemacht und der durch Steinigung getötet wurde (b. Sanhedrin 43a). Diese Geschichte ist offensichtlich spät und hatte die Absicht, christlicher missionarischer Tätigkeit entgegenzuwirken. Es gibt keine authentische Erinnerung an Jesus in den rabbinischen Schriften, da Jesus einfach als weitere gescheiterte Messiasgestalt gesehen wurde und sofort in Vergessenheit geriet, außer bei denen, die an seine Auferstehung glaubten. Judas der Galiläer, den wir von Josephus und dem Neuen Testament als beeindruckenden messianischen Anwärter kennen, wird im Talmud überhaupt nicht und sogar Bar Kochba, der erfolgreichste unter den Messiasgestalten, so gut wie nicht erwähnt. Auch Jesus wäre wahrscheinlich unerwähnt geblieben, hätte man ihn nicht gebraucht, um der christlichen Propaganda etwas entgegenzusetzen. Die talmudische Geschichte sagt im Wesentlichen dies: „Falls Jesus wirklich behauptete, Gott zu sein, und Wunder vollbrachte, wie ihr Christen sagt, dann muss er ein Götzendiener und Zauberer gewesen sein und der Sanhedrin hätte das Recht gehabt, ihn hinzurichten." Das Neue Testament sagt nicht, dass Jesus durch Steinigung oder durch den Sanhedrin hingerichtet wurde, obwohl es angesichts seines antijüdischen Vorurteils und seiner Sorge, die Römer nicht zu beleidigen, diese Behauptung zweifellos vorgezogen hätte, anstatt einzuräumen, dass er durch die kaiserlichen Behörden gekreuzigt wurde. Das Neue Testament ist somit ein sehr guter Beleg für eine nichtjüdische Hinrichtung,[19] und der Bericht des Talmud, der nicht früher als 250 u. Z. entstand, ist schlicht unhistorisch.

Aber die jüdische Volkssage von Jesus stützt sich natürlich auf den Talmud, den sie im Weiteren in der Art aller Folklore ausschmückt. Sie erklärt die Wunder Jesu nicht dadurch, dass sie sie leugnet, sondern mit der Aussage, Jesus habe verbotenerweise den geheimen Namen Gottes angenommen, was ihm ermöglichte, zu fliegen und Wunder zu vollbringen. Jehuda isch Bartota wurde vom Sanhedrin gewählt, Jesus in einem Wettkampf der Magie entgegenzutreten, zu denen ein Flugwettbewerb gehörte, der von einem ähnlichen Wettbewerb zwischen Petrus und Simon Magus in den Petrusakten 32 zu stammen scheint (falls nicht beides aus einer früheren orientalischen Quelle stammt). Später stoßen wir auf Jehuda als Geheimagenten für den Sanhedrin. Getarnt schließt er sich der Apostelgruppe Jesu an, erfährt ihre Geheimnisse und identifiziert Jesus durch einen Kuss für seine Verhaftung, genau wie in den Evangelien, nur dass Jehuda in dieser Version natürlich ein kühner verdeckter Ermittler ist anstatt eines gemeinen Verräters. (Dieser Teil beruht offenbar auf den Evangelien selbst und gibt genau genommen eine vernünftigere Begründung für den Kuss, als sich in den Evangelien findet.) Jesus wird dann vor Gericht gestellt und, wie im Talmud, laut Urteil des Sanhedrin hingerichtet.

Die Geschichte endet mit einer Großtat Jehudas, durch die er christliche Versuche vereitelt, den Glauben an die Auferstehung Jesu zu begründen. Er hängt dann den Leichnam Jesu an einen riesigen Kohlstrunk in seinem eigenen Garten und führt triumphierend den Leichnam vor, als das leere Grab als Beweis für die Auferstehung kundgetan wird. Das Motiv des Kohlstrunks ist eine merkwürdige Kombination von jüdischem Gesetz und verbreiteter Folklore. Nach jüdischem Recht musste der Leichnam eines hingerichteten Verbrechers über eine kurze Zeitspanne vor der Bestattung an einen Holzpfahl oder Baum gehängt werden. Jesus hatte jedoch zu Lebzeiten durch Zauberkraft alle Bäume mit einem Eid belegt, nicht gegen ihn zu handeln, also würde kein Baum oder Holzpfahl seinen Leichnam tragen. Der riesige Kohl in Jehudas Garten aber war, da er kein Baum war, nicht durch den Eid gebunden. Das Sagenmotiv des „Eids von allen Bäumen" erinnert übrigens an ein ähnliches Element im nordischen Mythos von Baldur, das Vorläufer in den Mysterienreligionen hatte.

Die jüdische Sicht von Jesus als mächtigem Zauberer und von Jehuda als seinem heldenhaften Widersacher gibt ein positives Erscheinungsbild von Judas Ischariot ab, um dem äußerst negativen, in christlichen Kreisen geläufigen entgegenzuwirken. Die jüdische Sage von Jesus verwendet Material aus dem Talmud, dem Neuen Testament und heidnischer Folklore, um eine alternative Erzählung auszugestalten. Aber es ist einfach ein rührender Versuch eines bedrängten Volks, seine Moral angesichts der Verteufelung aufrechtzuerhalten. Es vermochte natürlich nichts gegen die weitere Entwicklung der antisemitischen Legende von Judas Ischariot im Christentum auszurichten.[20] Die jüdische Version kursierte mündlich und als Handschrift unter Juden und diente der Stärkung der allgemeinen Moral. Als christliche Wissenschaftler ihr im 17. Jahrhundert zum ersten Mal begegneten, stellten sie sie als erschreckenden Beweis für jüdische Heimtücke hin.

Aber diese jüdische Version des Judasmythos beruht auf dem christlichen Bericht von Jesus, der als Gegner des Judentums und der jüdischen religiösen Führung gezeigt wird. Schon im Mittelalter begannen jüdische Gelehrte, diese Darstellung anzuzweifeln und Jesus stattdessen als loyalen Juden zu betrachten, dessen messianischer Anspruch von der christlichen Kirche als Behauptung persönlicher Göttlichkeit missdeutet worden war. Daher sah man allmählich ein, dass der talmudische Widerstand gegen Jesus unnötig war, weil der historische Jesus nicht so war, wie in die Kirche darstellte. Tatsächlich sind seit dem 18. Jahrhundert rund 300 Bücher von Juden geschrieben worden, die das Judentum Jesu betonten.[21] Das Argument, dass Jesus nie eine neue Religion zu begründen gedachte, sondern nur jüdische Prophezeiungen von einem menschlichen Messias zu erfüllen, ist als „die jüdische Sicht auf Jesus" bezeichnet worden, wenn es auch von vielen Nichtjuden vertreten worden ist.

Aber die Behandlung von Judas Ischariot in den *Toledot Jeschu* ist zwar verständlich, aber noch weiter von der historischen Wahrheit entfernt als die Evangelien. Denn in dieser jüdischen Sage sind die Römer völlig verschwunden. Die Evangelien tun ihr Bestes, um die römische Rolle zu bagatellisieren, können sie aber nicht ganz auslöschen. In der christlichen Predigt und missionarischen Tätigkeit wurden die Römer ausgeblendet und die Anklage wurde dahingehend vereinfacht, dass es die Juden waren, die Jesus kreuzigten. Ein Schritt in diese Richtung kann schon in den Evangelien beachtet werden; denn Johannes' absichtlich mehrdeutiger Gebrauch von Pronomina kann leicht den Eindruck hinterlassen, dass die Kreuzigung von Juden ausgeführt wurde. Als Juden schließlich ihre eigene Version der Ereignisse konstruierten, reagierten sie auf die missionarische Darstellung, nicht auf die Evangelien selbst, die sie erst vom Mittelalter an genauer studierten. Ihre Antwort lautete damals in der Tat: „Ja, wir haben Jesus hingerichtet – nicht gekreuzigt, weil diese Strafe im Judentum unbekannt ist –, aber erst nach einer ordentlichen Gerichtsverhandlung und weil er schwerer Verbrechen für schuldig befunden wurde, wie ihr Christen bezeugt, wenn ihr sagt, dass er sich in Missachtung des ersten Gebots zu einem Gott erhob."[22] Aus dieser Perspektive nimmt Judas Ischariot Gestalt an als beherzter Verteidiger des jüdischen Monotheismus gegen den neuen Götzendienst Jesu. Als mittelalterliche jüdische Gelehrte die Evangelien zu studieren begannen und entdeckten, dass man, außer bei Johannes, Jesus nicht so sehen konnte, als habe er sich der Selbstvergöttlichung hingegeben, wurde die gesamte Grundlage ihrer bisherigen Position erschüttert. Zu diesem Zeitpunkt war jedoch die Epoche der Legendenbildung für die Juden vorbei, und ihre neue Reaktion drückte sich in Argumenten und Gelehrsamkeit aus. Als sie sich für ein neues Bild von Jesus als loyalem Anhänger des Judentums einsetzten, der nach seinem Tod als hellenistischer Gott missdeutet worden war, wurde Judas' Status in diesem neuen Szenario übersehen. Eines der Ziele des vorliegenden Buches ist, diese Lücke zu füllen. Der mythische Status, der Judas als Verräter des göttlichen Opfers zugewiesen wurde, gibt seiner Rolle eine fantastische Eigenschaft, die sie aus der nüchternen Historie herausnimmt. Sobald diese mythische Aura analysiert und beseitigt worden ist, wird es möglich werden, zu fragen, wer Judas wirklich war.

Anmerkungen

1   Maccoby (1980).
2   Eine hervorragende Untersuchung der jüdisch-christlichen Beziehungen in dieser Epoche ist Simon (1986). Im 1. Jahrhundert waren christliche Schriften (später zusammengefasst im Neuen Testament) darauf bedacht zu beweisen, dass das Christentum keine Variante des Judentums war und nichts mit der jüdischen Rebellion gegen Rom zu tun hatte. Im 2. und 3. Jahrhundert bemühte sich ein Großteil der christlichen Schriften, eine

Tendenz zurück zum Judentum zu verhindern. Vom 4. Jahrhundert an kommt ein triumphierender Ton dazu, als das Christentum zur dominanten Religion wird.

3   Übers. nach Neutestamentliche Apokryphen in deutscher Übersetzung, hg. von Wilhelm Schneemelcher. Die ersten zwei Sätze finden sich bei Oecumenius. Der Rest findet sich bei Theophylaktos, der zunächst die Sätze von Oecomenius zitiert und die Bemerkungen des Papias aus anderen Quellen ergänzt. Zur Diskussion des Textes siehe Kürzinger (1983), S. 104 f., Körtner (1983, S. 59–61, Klauck (1987)), S. 110 f.

4   Linguistisch ist prenes genomenos („kopfüber werdend") ein unverständlicher Ausdruck, während presthes genomenos („angeschwollen werdend") verständliches, wenn auch nicht elegantes Griechisch ist. Es gibt auch in georgischen und armenischen Fassungen des 5. Jahrhunderts Belege für diese Verbesserungen.

5   Apg 12, 23. Josephus, Altertümer, XIX. 346, beschreibt allerdings heftige Magenschmerzen, aber keine Würmer.

6   Eine andere Person, die zu Papias' Vorstellung vom Tod des Judas beigetragen haben mag, ist Antiochos Epiphanes. Auch sein Tod ist mit Würmern und einem widerlichen Gestank verbunden (siehe 2 Makk 9, 9). Fragwürdigere Verbindungen sind auch zu der Bestrafung einer ehebrecherischen Frau durch Gottesurteil gesehen worden (Num 5, 22); Nadan in der Achikar-Erzählung; Pheretime, wie von Herodot berichtet; Kassander, wie von Pausanias berichtet; Catull, wie von Josephus berichtet; Galerius, wie von Lactantius und Eusebius berichtet.

7   Irenäus (um 130–195) war Bischof von Lyon. Er schrieb ein Werk in fünf Büchern mit dem Titel Gegen die Häresien, vor allem gegen die Gnostiker gerichtet, aber auch mit der ersten systematischen Darstellung des katholischen Glaubens. Seine Feindseligkeit gegenüber den Juden kommt in Buch IV zum Ausdruck; aber er überliefert gewisse Vorstellungen von einem jüdischen Charakter, die das reguläre Christentum ablehnte. Diese Vorstellungen waren zweifellos von der Jerusalemer Kirche abgeleitet.

8   Es gibt keine wirkliche Grundlage für die Theorie von Joseph Klausner, dass mit dem zweifelnden Jünger Paulus gemeint ist.

9   Gamaliels Argument ist, dass es, falls etwas mit den Wundern der künftigen Welt Vergleichbares in dieser Welt zu finden ist, keinen Widerspruch zu dem Diktum im Buch Kohelet besteht, wonach es nie etwas völlig Neues geben wird.

10   Der ursprüngliche Ausdruck „die zwölf Jünger" zeigt kein besonderes Interesse an der Zählung, da dies ein übliches Beiwort war wie „die zwölf Stämme", manchmal wegen der poetischen Wirkung verwendet anstelle des prosaischen „Jünger" oder „Stämme". Benennt man aber genau „elf", lässt man ein Bemühen erkennen, die richtige Zahl anzugeben, und dies wird am besten nicht durch den erzählerischen Kontext erklärt, sondern durch die Erfordernisse der Bearbeitung.

11   Vogler (1983), S. 128.

12   Siehe Klauck (1987), S. 131.

13   Das Datum der Abfassung dieses Werks ist nicht bekannt; es kann jederzeit zwischen 500 und 1000 geschrieben worden sein. Es ist eigentlich eine Zusammenstellung, die teils auf dem Protoevangelium des Jakobus und dem Thomasevangelium beruht. Große Abschnitte bestehen aus fantasievollen Geschichten, die an Tausendundeine Nacht oder den Goldenen Esel des Apuleius erinnern. Der Bearbeiter war offenbar ein Orientale. Es wurde 1697 aus dem Arabischen ins Lateinische übersetzt.

14   Der Name Joses ist der Liste von den Brüdern Jesu bei Mt 13, 55 entnommen. Es ist eine gräzisierte Form des hebräischen Namens Jose (eine Abkürzung von Joseph), den man sehr häufig in der rabbinischen Literatur findet.

15   Klauck (1987), S. 133.

16 James (1953), S. 166–186.

17 Eine noch frühere Idee war, den gesichtslosen Bartholomäus mit Nathanael (siehe Joh 1, 45–51) gleichzusetzen, über den einige interessante Fakten genannt werden.

18 Zu einer ausführlicheren Diskussion siehe Maccoby (1991).

19 Diese Art von Argument wird als Tendenztheorie bezeichnet, gestützt auf die allgemeine Tendenz oder das Vorurteil des Autors. Wenn eine Aussage auftaucht, die für den Autor, an seinem allgemeinen Vorurteil gemessen, unangenehm ist, dann ist sie wahrscheinlich historisch wahr oder zumindest früh, da sie vermutlich aus einem früheren Stadium der Erzählung erhalten ist und nicht von dem Autor selbst in einem späten Stadium hinzugefügt worden sein kann. Dies ist ein Ableger des allgemeinen Prinzips in der Textkritik, lectio difficilis melior („die schwierige Lesart ist besser") – d. h. wenn wir zwei Lesarten haben (in verschiedenen Manuskripten, eine leichte und eine schwierige, ist es wahrscheinlicher, dass die schwierige Lesart in eine leichtere verändert wurde als umgekehrt.

20 Es könnte womöglich das christliche Bild von Judas beeinflusst haben, indem es dieses sogar noch negativer machte. In der mittelalterlichen Erzählung von Josef von Arimathäa wird Judas dargestellt, als habe er sich absichtlich der Schar Jesu angeschlossen und zwei Jahre lang die Rolle eines Spions gespielt, um ihn zu verraten. Dies Abänderung der Geschichte der Evangelien könnte sich von Toledot Jeschu ableiten. Andere Merkmale der Erzählung von Josef von Arimathäa weisen auch darauf hin, dass ihr Autor vielleicht eine gewisse Kenntnis der jüdischen Version der Geschichte hatte.

21 Siehe Catchpole (1971).

22 Tatsächlich gibt es im jüdischen Recht keine Strafe für jemanden, der sich lediglich zum Gott erklärt, was als Hinweis auf Wahnsinn betrachtet würde. Die exakten Vorwürfe gegen Jesus in der jüdischen Sage waren zum einen, dass er andere Menschen überredete, ihn als Gott zu verehren („zu Götzendienst zu verführen", hebräisch mesit, siehe Dtn 13, 6–10), zum anderen Zauberei, d. h. dass er wirkliche oder angebliche Wunder vollbrachte zugunsten götzendienerischer Ansprüche (Dtn 13, 1–2).

Kapitel 7

Judas und die Ausbreitung des Antisemitismus

Die fortlaufende Ausgestaltung der Judaslegende in der frühen Kirche geschah um ihrer selbst willen, ohne bewusste Absicht, Judas' schreckliche Sünde und Schicksal mit jenen der Juden insgesamt zu verknüpfen. Aber Leben und Entwicklung einer Geschichte haben ihre eigene Dynamik. Einige Wissenschaftler haben die Entstehung der Judassage allein unter diesen Bedingungen gesehen: Nach ihrer Ansicht habe sie keine Bedeutung, die außerhalb von ihr selbst liegt. Sie habe sich wie eine Blume entfaltet, gemäß ihrem eigenen erzählerischen Potenzial. Aber dies ist eine oberflächliche, rein ästhetische Auffassung. Jede Geschichte kann irgendeine Botschaft vermitteln. Die großen Mythen, die Zivilisationen geformt haben, sind Geschichten mit dem Vermögen, Gedanken, Taten und Zusammenleben der Menschen zu formen und auszurichten. Die Judassage selbst ist kein großer Mythos, aber sie ist Teil eines Mythos, nämlich der Herabkunft, dem gewaltsamen Tod und der Auferstehung Jesu Christi. Ein Mythos von solcher Allgemeingültigkeit und Macht hat das Vermögen, einen ganzen Zyklus von untergeordneten Legenden und Sagen zu erzeugen, und eine davon ist die Judassage. Die untergeordneten Einheiten wiederholen endlos das große Thema des maßgebenden Mythos. Die Judassage mit ihrem Thema des schicksalhaften Verrats wiederholt also den zentralen *Mythos* der offensichtlichen Niederlage und Vernichtung des göttlichen Erlösers durch den Antichrist, dessen Lakaien und Werkzeuge die Juden waren.

Während der Jahre, in denen sich die Judassage bildete, wurde den Denkern und Theoretikern des Christentums allerdings klar, dass Judas ein Symbol für die Juden war. Dies ist ein Lieblingsthema von Hieronymus (340–420), dem bedeutendsten Gelehrten der Kirche, der die ganze Bibel ins Lateinische übersetzte.[1] Es ist auch ein häufiges Thema in den Schmähschriften von Johannes Chrysostomos (345–407) gegen die Juden[2] (siehe Anhang). Mit diesem wortgewandten Heiligen, dessen Beiname „Goldmund" bedeutet, kann es nur Hitler aufnehmen, was die Bosheit seiner Angriffe auf die Juden betrifft, denen er einen ganzen Katalog von Verbrechen vorwirft, einschließlich Kannibalismus.[3]

Trotz der bösartigen Schriften dieser gelehrten und beeindruckenden Führer entwickelten sich in der breiten christlichen Bevölkerung nur langsam antisemitische Gefühle. Während des sogenannten finsteren Mittelalters (von um 600 bis um 1100 u. Z.) verurteilten häufige Synoden die übertriebene Freundlichkeit der christlichen Massen gegenüber den Juden. In regelmäßiger Folge erließen Synoden Vorschriften, die Christen verboten, mit Juden zu essen oder an ihren Festen teilzunehmen. Es war sogar notwendig, einen Erlass herauszugeben, der christlichen Bauern untersagte, ihre Felder von Rabbis segnen zu lassen. Während dieser Periode des kulturellen Niedergangs in Europa, die auf die barbarischen Eroberungen der verschiedenen Regionen des Römischen Reiches folgte, wurden die Massen nur unvollkommen christianisiert.[4] Als die Epoche des Hochmittelalters begann (um 1100), wurde eine neue Blüte der Kultur von einer besser organisierten und anspruchsvolleren Kampagne gegen die Juden begleitet, deren Zahl sich in Europa nach dem Niedergang ihres bedeutenden Zentrums in Babylonien beträchtlich erhöht hatte. Ein anderer wichtiger Faktor in Europa war die Entwicklung einer engeren Beziehung zwischen Kirche und Staat, was ihre Zusammenarbeit gegen die Juden erleichterte. Die Kirche unternahm große Anstrengungen, um die Massen durch volkstümliche religiöse Kunst und Literatur unterschiedlicher Art zu erreichen. Diese Bemühungen förderten höchst erfolgreich Glauben und Frömmigkeit in einem Ausmaß, das man selten in der Geschichte gesehen hatte; sie begünstigten auch höchst erfolgreich Antisemitismus, der als wesentliche Form christlicher Frömmigkeit verstanden wurde.

Die Judaslegende weitete sich im Mittelalter mit unbelegten und fantasievollen Details aus. Es wäre falsch zu glauben, dass solche späten Ausschmückungen der Erzählung als „unauthentisch" abgetan werden könnten. Lévi-Strauss hat gefordert, dass alle Varianten eines Mythos akzeptiert werden müssen, da die Summe dieser Varianten den Mythos ausmache. Was als späte und unauthentische Variante erscheinen mag, fügt manchmal ein wichtiges, wenngleich vorübergehend verschollenes Element hinzu. Die mittelalterliche Judassage ist eine freie, unbekümmerte Fantasie, die sich auf die Evangelien stützt; aber sie trägt auch zu deren Verständnis bei. Bewerten lässt sich die Bandbreite dieser Sage von der folgenden Kurzfassung her, die aus verschiedenen Quellen ausgewählt ist, darunter der großartigen Fundgrube der Folklore, der *Legenda aurea*.[5] Die Erzählung ist eine eigentümliche Mischung, in der Judas mit anderen mythischen Gestalten verquickt wird, darunter Kain, Mose und Ödipus:

Judas war der Sohn jüdischer Eltern, die in Jerusalem wohnten. Der Name seines Vaters war Ruben, die Mutter hieß Cyborea. Eines nachts träumte Cyborea, dass sie schwanger werde und dass dem Kind vom Schicksal bestimmt sei, das ganze jüdische Volk zu vernichten. In höchster Seelenqual berichtete sie Ruben ihren Traum. Er hieß sie, auf solche Dinge nichts zu geben, da sie von einem bösen Geist kämen. Nach gegebener Zeit aber wurde ihr Sohn geboren. Die Erinnerung an den Traum kehrte zurück, und aus Angst, er könnte wahr werden, wurde der neugeborene Judas in einer kleinen Schachtel auf dem Meer ausgesetzt. Wind und Wellen brachten ihn zu der Insel Schariot, von der sein Name abgeleitet wurde.

Die Königin der Insel, die kinderlos war und einen kleinen Prinzen suchte, der ihr auf den Thron folgen könnte, entdeckte das Kind, das sehr schön war. Sie machte im Land bekannt, dass sie schwanger sei, und ließ Judas von einer Amme versorgen, bis sie ihn als ihr eigenes Kind bestätigen konnte. So wurde Judas wie ein Königskind als Erbe des Königreichs aufgezogen.

Aber nach einer Weile empfing die Königin vom König einen eigenen Sohn. Die zwei Kinder wuchsen zusammen auf, aber es dauerte nicht lange, da kam das Böse in Judas' Natur zum Vorschein. Häufig schlug oder quälte er seinen sogenannten Bruder. Er tat dies trotz der ständigen Ermahnungen der Königin, den wahren Prinzen nicht zu malträtieren, bis sie ihm schließlich in einem Wutanfall seine ungleiche Herkunft offenbarte. Als Judas dies hörte, geriet er in Zorn und tötete seinen Bruder bei der erstbesten Gelegenheit. Dann bestieg er aus Angst vor den Folgen ein Schiff und segelte nach Jerusalem.

Dort sicherten ihm seine höfischen Manieren und bösen Neigungen einen Platz im Gefolge von Pilatus. Eines Tages warf Pilatus einen Blick in den Garten seines Nachbarn und verspürte ein unwiderstehliches Verlangen nach einer Frucht, die er dort sah. Judas versprach, sie für ihn zu erlangen. Der Garten jedoch und die Frucht waren, ohne dass er davon wusste, im Besitz seines eigenen Vaters Ruben. Bevor er die Frucht pflücken konnte, tauchte Ruben auf. Es ergab sich ein Streit, der in einen Kampf mündete, und schließlich wurde Ruben erschlagen. Da es keinen Beweis für einen Mord gab, hieß es, Ruben sei plötzlich gestorben, und Judas heiratete mit Pilatus' Zustimmung die verwitwete Cyborea und nahm ihr Haus und ihr Eigentum in Besitz.

Die frisch vermählte Frau war von Anfang an unglücklich und seufzte oft. Als ihr Mann sie eines Tages nach dem Grund für ihren Kummer fragte, erzählte sie Judas genug von ihrer Geschichte, dass er in der Lage war, sein doppeltes Verbrechen, Vatermord und Inzest, zu erkennen. Beide waren voller Reue, und auf Cyboreas Rat beschloss Judas, zu Jesus zu gehen, um Gnade und Vergebung zu suchen. Er war bald ein Lieblingsjünger und wurde ausgewählt, die Sparbüchse zu betreuen. Aber seine böse Natur machte sich wieder geltend, und er verriet seinen Herrn für dreißig Stück Silber an die Juden. Dann bereute er wieder, gab das Geld zurück und erhängte sich.[6]

Diese mittelalterliche Judasromanze ist außergewöhnlich in ihrem unbewussten Symbolgehalt, durch den Judas in seinem Leben die Rolle der Juden im christlichen Mythos und in der christlichen Psychologie in allen Punkten widerspiegelt. Wie die Juden ist Judas für eine große Rolle auserwählt, aber er ist eigentlich nicht der wahre Erbe, und sein böser Charakter wird nicht zulassen, dass er den wahren Erben annimmt, wenn dieser ankommt. Judas' Leben auf der Insel ist ein Spiegelbild seines späteren Lebens und auch eine Allegorie der Geschichte der Juden, die in der christlichen Theorie eine Zeit lang die Rolle von Gottes auserwähltem Volk spielten, sich aber im Zorn abwandten, um den wahren Gottessohn zu vernichten, als dieser kam. Das Bild von Judas als königlichem Prinz verdankt nichts dem Neuen Testament und ist der mittelalterlichen Fantasie entsprungen. Natürlich verwendet es biblischen Stoff, vor allem die Erzählung von Moses Kindheit und seiner Entdeckung durch die Tochter des Pharaos. Aber dies ist geschaffen worden, um einem Zweck zu dienen, der der Erzählung in der Hebräischen Bibel fremd ist, denn sie unterstellt Mose nicht, ein ägyptisches Fürstentum anzustreben. Die Erzählung steht dem griechischen Mythos von Ödipus näher, wie die Fortsetzung zeigt, in der Judas seinen Vater tötet und seine Mutter heiratet. Aber es besteht auch der große Unterschied, dass Ödipus von einfachen Eltern in

Unkenntnis seiner edlen Geburt großgezogen wird, während Judas von adligen Eltern in Unkenntnis seiner niedrigen Geburt aufgezogen wird. Als Judas also die ödipale Doppelsünde begeht, ist dies eher eine private als eine die Gemeinschaft angehende Tragödie. Es gibt keine allgemeine Pest, nur eine individuelle Buße.

Dies bietet eine interessante Gelegenheit, eine jüdische, eine christliche und eine griechische Behandlung desselben mythologischen Themas, nämlich die Übertragung eines Kindes von seinen wahren Eltern auf Pflege- eltern, zu vergleichen. Wie Freud in *Der Mann Moses und die monotheistische Religion* betonte, drückte die griechische Erzählung die Ernüchterung des Kindes über seine eigenen Eltern aus und die Fantasie, zu Eltern zu ge- hören, die nicht anfällig sind für Enttäuschungen. Die Sehnsüchte des Kin- des werden durch die Entdeckung seiner edlen Herkunft erfüllt, aber die Erfüllung der einen Kindheitsfantasie führt zu der tragischen Erfüllung der Hauptfantasie, die im Erwachsenenalter unterdrückt werden muss. Die jüdische Version drückt dagegen die Annahme der wirklichen Eltern durch das ältere Kind aus, trotz der fehlenden glänzenden Kindheit, für die „Adel" eine Metapher ist. Mose kehrt zu seinen richtigen Eltern zurück, die nicht König und Königin sind, sondern gewöhnliche Israeliten, und findet eine erwachsene Aufgabe, indem er in ihre Fußstapfen tritt. Was bedeutet dann die christliche Variante? Sie bedeutet, dass derjenige, der den Kindheitstraum verliert, eine verlorene Seele ist. Es gibt keine erwach- sene Aufgabe, sondern nur den Glanz der Kindheit, den Judas vorüber- gehend wiedererlangt, indem er sich Jesus anschließt – das ewige Kind und Sohn des edelsten Vaters überhaupt, jenseits jeder Möglichkeit von Enttäuschungen. Aber Judas hat sich zu weit von Unschuld entfernt, um die Vision zu bewahren.

Gleichzeitig ist erwähnenswert, dass Judas in dieser Romanze immerhin als Heldengestalt behandelt wird. Die Geschichte von dem Säugling, der in einem Kästchen treibend von einer Prinzessin gefunden wird, ist ein hinlänglich bekanntes Heldenmotiv, das sich nicht nur im Beispiel von Mose findet, sondern auch in den Erzählungen anderer sagenhafter Helden wie Sargon von Akkad. Demnach ist Judas hier ein negativer Held, vom Schicksal ausgewählt für eine große und tragische Aufgabe, eine Art Kamikazepilot, der Seelenheil durch den Tod seiner eigenen Seele bringt. Die Prophezeiung an seine Mutter in ihrem Traum sagte voraus, dass er den Juden Vernichtung bringen werde; aber die unausgesprochene Prophezeiung besagt, dass er den Christen Erlösung bringen werde. Hier wird die Verknüpfung zwischen Judas' Schicksal und jenem der Juden deutlich. Während im arabischen Evangelium von der Kindheit des Erlösers Judas' Kindheit völlig bedeutungslos ist (da er das dämonische Kind einer gewöhnlichen Frau war), brauchte die Sage von Judas' Kindheit, wie sie sich entwickelte, etwas Eindrucksvolleres, um zu erklären, warum Judas vom Schicksal für eine so gewaltige Rolle ausgewählt wurde. Wenn er schon nicht von edler Geburt war, wurde es wenigstens eine Zeitlang geglaubt und er selbst im Glauben daran großgezogen, genau wie seine Brüder, die Juden. Und genau wie sie auch, veranlasste ihn seine Wut, als er die Wahrheit erfuhr – dass sein Adel nur vorübergehend war –, den wahren Prinzen zu ermorden.

Der schlechte Charakter, zu dem Judas von Geburt an verflucht ist, findet auch eine kunstvollere Form als in der anderen Kindheitserzählung. Judas ist nicht bloß ein bissiger Besessener; seine Persönlichkeit hat auch eine angenehme Seite. Die Königin fand ihn „schön" als Säugling, und selbst nach der Ermordung des Prinzen sorgten seine „höfischen Manieren" für Aufstieg am Hof von Pilatus. Er ist auch imstande zu bereuen – eine von Matthäus abgeleitete Eigenschaft. Kurzum, er ist eine Figur geworden, die sich für eine romanhafte oder dramatische Behandlung eignet. Man kann sich vorstellen, dass Shakespeare ein Stück über diesen komplizierten Charakter schreibt, mit seiner grundsätzlich bösen Natur und seinen zum Scheitern verurteilten Anwandlungen von Güte und Edelmut. Doch dieser Aspekt entspringt nicht allein ästhetischen Erwägungen, sondern hat mythische Bedeutung. Besonders interessant ist, dass die mittelalterliche Sage das Bruderverhältnis zwischen Judas und dem „wahren Prinzen", der Christus symbolisiert, herausstreicht. Auch Judas ist eine Art Prinz, weil der Mythos von ihm einen Anteil an der königlichen Aura seines Opfers verlangt. Während die Evangelien das Bruderverhältnis zwischen Jesus und Judas unterdrücken (siehe S. 185), bringt es der unbewusste mythische Drang in die mittelalterliche Sage zurück. Wie Kain und Abel, Seth und Osiris oder Romulus und Remus müssen die zwei Protagonisten des christlichen Ritualmordes Brüder sein.

In der mittelalterlichen Judassage ist Cyborea eine tragische Jokaste-Figur, die ihren Gemahl Ruben verliert, nur um sich als Gemahlin des eigenen Sohnes, des Mörders ihres Ehemanns, wiederzufinden. Judas, der in jüngeren Jahren ein bewusster Mörder des Prinzen gewesen war, taumelt hier unwissentlich in Vatermord und Inzest. Die Folge ist, dass Judas als natürlicher Sünder gezeigt wird. Er kann der Sünde nicht entkommen, die von der Kindheit an sein Schicksal ist, und deshalb ist er als Individuum geeignet, die größte Sünde von allen zu begehen. In seiner ödipalen Rolle ist Judas ein Symbol für die Menschheit im Allgemeinen wie auch für die Juden. Er steht insbesondere für die Verlockungen der Sexualität, das Haupthindernis für Spiritualität im gnostischen Denken und die Quelle allen Übels im mittelalterlichen christlichen Denken. Er steht für den hoffnungslosen Zustand des unausweichlichen Bösen – manchmal willentlich, manchmal unwissentlich herbeigeführt –, das untrennbar vom Menschsein ist und das der Tod Christi sühnt. Doch unter allen Menschen bleibt er ungesühnt, weil er erwählt wurde, das Werkzeug der Sühne für andere zu sein. Auch in dieser Hinsicht steht er für die Juden. Somit ist er das Symbol der unverbesserlichen Menschheit, unerlöst durch das Opfer des Kreuzes, und wie die Juden in der mittelalterlichen und später der nazistischen Propaganda stellt man sich ihn als zügellos in seinen sexuellen Begierden und unbehindert durch moralische Hemmungen vor. Kurzum, er steht für die heimlichen Begierden der Christen selbst, und dies verstärkt nur den Hass, den sie für ihn empfinden.

In einigen mittelalterlichen Quellen hat Judas' Frau eine weniger bedauernswerte Rolle als Cyborea, die genauso wie alle anderen ein Opfer von Judas ist. In den anderen Versionen ist sie nicht seine Mutter, sondern eine Ehefrau, die seine Komplizin ist und ihn sogar oft zu seinen bösen Taten anstiftet. Oft ist sie ein zänkisches Weib, das Judas zu Betrügereien beschwatzt, indem sie sich über ihre Armut beklagt. Anderswo werden seine Sünden vervielfacht. In einer Quelle, der „Ballade von Judas" aus dem 13. Jahrhundert, begeht er Inzest nicht mit der Mutter, sondern mit seiner Schwester. Durch Glücksspiel verliert er dreißig Silberstücke, die Jesus gehören und mit denen er die notwendigen Zutaten für das Abendmahl kaufen sollte. Um das verlorene Geld zu ersetzen, willigt Judas verzweifelt ein, Jesus für diese Summe an die Juden zu verraten. Somit wurden das Brot und der Wein für die erste Eucharistie mit Judas' Blutgeld gekauft. Dies ist eine interessante Variante auf das allgegenwärtige christliche Thema der Erlösung durch Sünde; wenn die Erlösung des Kreuzes durch die Sünde von Judas' Verrat bewirkt wurde, ist es nur natürlich, dass die andauernde tägliche Erlösung durch das Sakrament der Kirche ihren Ursprung in demselben Verrat hat.

Aber es waren zweifellos die Passionsspiele, die am meisten zur Entwicklung des Judas-Bildes wie auch zu seiner Wirksamkeit als Werkzeug antisemitischer Indoktrination beitrugen. Die Passionsspiele begannen im 13. Jahrhundert und fanden im 14. Jahrhundert so viel Zuspruch, dass man sie an Beliebtheit mit den heutigen Fußballspielen verglichen hat. Die Schurken dieser Spiele waren immer die Juden, und die Aufführungen waren brachial, derb und oft obszön. Jegliche Arbeit in einer Stadt oder einem Dorf wurde niedergelegt, und im Anschluss an die Spektakel kam es zu einem Pogrom, bei dem die ortsansässigen Juden in religiösem Eifer wahllos getötet oder verstümmelt wurden, wenn auch die Obrigkeit totale Massaker in der Regel verhinderte. Die Torturen Christi wurden mit extremem Realismus und Strömen künstlichen Blutes inszeniert, und die Juden wurden immer so dargestellt, dass sie diese Martern genossen, den sich in Qualen windenden Christus bespuckten und neue Demütigungen ersannen. Früher ließ man diese Folterungen von römischen Soldaten spielen, in Übereinstimmung mit den Evangelien, während die Juden nur jubelten und Ratschläge gaben; später ließ man die Darsteller statt als römische Soldaten als Juden auftreten, da die Evangelien zu maßvoll für die antisemitischen Erwartungen des Publikums waren. In dem Jehan Michel zugeschriebenen französischen Schauspiel zum Beispiel reißen die Juden um die Wette ganze Büschel Haare aus dem Bart Jesu, wobei sie gleichzeitig Fleisch mit abreißen; dann losen sie um Teile seines Körpers, die jeder misshandeln will. Hier ist ein Auszug:

> *Erster Jude:* Seht das Blut strömen und wie sein ganzes Gesicht damit bedeckt ist!
> *Zweiter Jude:* Hier, du falscher, blutbefleckter Mann! Ich habe kein Mitleid mit deinem Schmerz. Du bist nur ein niederträchtiger Müßiggänger, der Geringste der Geringen.
> *Dritter Jude:* Lasst uns Bartausreißen spielen. Seiner ist sowieso zu lang.
> *Vierter Jude:* Ich habe ihn so heftig gezerrt, dass sich auch das Fleisch gelöst hat.
> *Fünfter Jude:* Ich will auch an die Reihe, an ihm zu zerren.
> *Sechster Jude:* Schau diesen Klumpen an, den ich wegziehe wie Speck!

So gab sich das christliche Volk einer Orgie in dramatischem Sadismus hin, gespielt von imaginären Juden, für deren imaginäre Grausamkeit die echten Juden mit echter Grausamkeit bestraft wurden.[7]

Fester Bestandteil dieser abstoßenden Spektakel ist die Szene, in der Judas mit den jüdischen Ältesten um sein Blutgeld feilscht. Hier wird Judas' Verwandtschaft mit seinen jüdischen Landsleuten durch ihre gemeinsame Habgier und ihren Wunsch nach dem Tod Jesu betont. Der Mythos von der jüdischen Habgier, ein grundlegender Bestandteil des Antisemitismus, wurde dadurch in den Köpfen des christlichen Volkes genährt. Judas erhielt groteske „jüdische" Charakteristika, die ihn mit den deutschen oder französischen Juden der Zeit gleichsetzten, deren befremdliches Aussehen eine Folge ihres Ausschlusses von sämtlichen ehrbaren Berufen und den für diese geltenden Kleiderverordnungen war. Das Bild von den Juden als

Geldverleiher hat sich auf christlichen Druck durchgesetzt, aber dies hinderte Christen nicht daran, die Juden als Wucherer zu verachten und zu verleumden. Die in den Passionsspielen dargestellten Juden waren alle Geldverleiher, obwohl sie zu Jesu Lebzeiten meist Bauern waren. Wenn also Kinder einen Juden sahen, identifizierten sie ihn sofort mit dem Bühnenjuden, den zu hassen man ihnen beigebracht hatte und auf den die Assoziationen von „Judas" (Verräter, Mörder, Geizhals) mühelos übertragen wurden. Die Indoktrinierung der Kinder durch die lebendigen und emotional aufwühlenden Passionsspiele bewirkte einen tiefsitzenden und intensiven Antisemitismus (vor allem in Deutschland,[8] wo die Passionsspiele besonders brutal waren).[9]

Ein zusätzliches Merkmal von Judas in den Passionsspielen war sein rotes Haar. Dies gehörte nicht zum allgemeinen jüdischen Stereotyp, sondern war ein Erkennungszeichen von Judas selbst, das er mit Herodes teilte (der ebenfalls eine Hauptrolle in den Passionsspielen hatte). Es ist möglich, dass Rot als die Farbe des Blutes denen vorbehalten war, die die führenden Mörderrollen übernahmen – Judas, weil er das Blutgeld annahm und wegen seiner Verknüpfung mit dem Blutacker, und Herodes wegen des bethlehemitischen Kindermordes.

Außer den Passionsspielen, die sich mit dem Verrat, dem Prozess und der Kreuzigung Jesu befassten, gab es viele andere Formen des mittelalterlichen Dramas, in denen Jesus auftrat.[10] Die Osterspiele zum Beispiel, die im 11. Jahrhundert begannen, zeigten Streitgespräche zwischen zwei Schauspielern, von denen einer für die Kirche stand, der andere für die Synagoge, deren Ziel der Beweis war, dass das Judentum durch die Ankunft des Christentums überholt war. Zuerst erhielt die Synagoge (wie anfangs in der kirchlichen Kunst) eine recht würdige Rolle. Aber mit der Zeit verschlechterte sich der Ton, und die Figur, die in diesen Streitgesprächen für das Judentum stand, wurde zur antisemitischen Karikatur.

Dann gab es die Moralitätenspiele, von denen „Jedermann" das berühmteste ist. Diese konnten ein höchst ernsthaftes Niveau in der Dramatisierung der sieben Todsünden und ihrer Strafen erreichen. Doch viele dieser Stücke wurden von Antisemitismus getrübt, weil die Figur Satans die gleichen Identifikationsmerkmale bekam wie Judas in den Passionsspielen – rotes Haar und roten Bart, lange Nase, langes Kinn und jüdische Kleidung. So wurde die alte dreifache Identität von Jude-Judas-Satan bekräftigt.

Vom 14. Jahrhundert an löste sich das europäische Drama allmählich von seinen religiösen Ursprüngen und es entstand eine weltliche Form des Dramas, das sich mit dem Leben seiner Zeit befasste. Doch es erbte vom religiösen Drama die Forderung, dass die Rolle des Schurken Juden zugewiesen wurde. Juden wurden als Verschwörer gegen Christen und Brunnenvergifter dargestellt. Ein häufiges Thema war Ritualmord. Anschaulich wurde auf der Bühne dargestellt, wie Juden christliche Kinder entführten, sie kreuzigten und ihr Blut für Passahrituale entnahmen; diese Spiele stützten sich auf angebliche historische Vorfälle wie zum Beispiel den Tod des William von Norwich.

In solchen Stücken gab es keine bestimmte Rolle für eine Figur namens Judas, aber sein Name wird nicht selten als allgemeiner Beiname für „jüdischer Verräter" erwähnt. Tatsächlich durchzieht das Motiv jüdischer Niedertracht diese Bühnenwerke, und man geht nicht zu weit, wenn man sagt, dass zwanghafte Angriffe auf die Juden und das Judentum das Hauptmotiv des mittelalterlichen christlichen Dramas sind. Die Passionsspiele bleiben jedoch die Übermittler antisemitischer Wut in ihrer schärfsten Form und das wichtigste gängige Werkzeug antisemitischer Indoktrination. In neuerer Zeit hat es viel Streit um ein Passionsspiel gegeben, das sich gehalten hat und alle zehn Jahre im bayerischen Oberammergau aufgeführt wird. Als Reaktion auf Kritik sind einige der offenkundigsten antisemitischen Aspekte verändert worden; doch für jüdische Zuschauer bleibt es ein höchst verstörendes Schauspiel. Die Organisatoren argumentieren, dass es sicherlich statthaft sein muss, der zentralen christlichen Erzählung dramatischen Ausdruck zu verleihen. Doch die Untersuchung der historischen Rolle der Passionsspiele, besonders in dieser Region, mit ihrer Belebung des Hasses und der Paranoia, die schließlich den Holocaust hervorbrachten, kann nur zu einer angemessenen Lösung führen: kosmetische Versuche aufzugeben und das Oberammergauer Passionsspiel ganz abzuschaffen.[11]

Die Passionsspiele begreift man freilich am besten nicht als bloße Orgien des Antisemitismus, sondern als Stärkungen des christlichen Glaubens an die Wirksamkeit des Todes Christi für die Erlösung. Die andauernde Wiederholung der Qualen Christi am Kreuz war eine dramatische Erneuerung des Prozesses, durch den jeder Christ die Rettung seiner Seele erlangte. Die Erneuerung des Judenhasses war Teil dieses religiösen Prozesses. Es steckt viel Wahrheit in Erasmus' ironischen Worten: „Wenn es christlich ist, die Juden zu hassen, dann sind wir alle hervorragende Christen" (*Si christianum est odisse judaeos, hic abunde omnes christiani sumus*). Nur wenn Christus wirklich litt, gab es Erlösung für die Christen. Jeder plötzliche Schmerz, jede qualvolle Verrenkung, auf der Bühne beobachtet und im Seelentheater des Gläubigen inszeniert, trug zur Befreiung vom Höllenfeuer bei, das den mittelalterlichen Christen Angst einjagte. Der gute

Christ musste Trauer um die Qualen Christi empfinden und durfte seine dankbare und glückliche Wahrnehmung, dass nur diese Qualen zwischen ihm und der Verdammnis standen, nie bewusst werden lassen. Die beste Verteidigung gegen solches Bewusstsein war, die Juden zu hassen und ihnen die Schuld zu geben. Je mehr er sie hasste, desto schuldloser war er, wenn er die Kreuzigung Christi wünschte.

In dieser doppelten Übung von Trauer und Hass spielte der Christ ein antikes Ritual nach. Dieselbe Ambivalenz ist charakteristisch für primitive Gesellschaften, wo die Gemeinschaft ein Menschenopfer verlangt, aber entsetzt die Mittel verwirft, durch die es beschafft wird. Die Menschheit hat immer das Bedürfnis verspürt, nicht nur das Opfer durchzuführen, sondern es regelmäßig symbolisch zu erneuern. Wir wissen von rituellen Aufführungen in der Antike, etwa die eine Woche dauernde Wiederaufführung der Schicksalsschläge des Attis in Rom (die in einer Jahreszeit stattfanden, die später als Ostern bekannt war).[12] Wahrscheinlich lassen sich die Ursprünge des Dramas selbst auf solche Aufführungen zurückverfolgen. Sicherlich wahrt das Athener Drama noch starke Merkmale religiösen Ursprungs – auch mit Elementen des Opfers – und wurde als Teil eines heiligen Festes aufgeführt. Die Tragödie dürfte aus ebender Art ambivalenten Trauerns hervorgegangen sein, das wir in den Mysterienreligionen finden.

Die Botschaft der Passionsspiele wurde durch den eindringlichen visuellen Reiz der mittelalterlichen christlichen Kunst bekräftigt. Die Darstellung des Judas Ischariot war ein wichtiger Bestandteil in der üblichen antisemitischen Darstellung der Juden. Darüber hat Josef Reider geschrieben: „Wir stellen fest, dass die Kunst eine sehr wichtige Rolle in der Verbreitung verzerrter Vorstellungen und falscher Ansichten von den Juden spielt, die sie oft in unnatürlichen Farben und abfälligen Posen abbildet, manchmal sogar als schreckliche Ungeheuer ohne ausgleichende Tugenden. Die Künstler trugen somit dazu bei, Vorurteil und Hass der Bevölkerung anzufachen, die sie größtenteils aus diesen falschen Darstellungen und Karikaturen kannte und nicht aus engem persönlichem Kontakt. In einer Zeit blindwütiger Kirchlichkeit und zornigem Pfaffentum, als die Vernunft erdrosselt war und Aberglaube alles beherrschte, war es nur natürlich, dass die Kunst an der Formulierung und Verbreitung des wohlbekannten Mythos von Seiner Satanischen Majestät, dem mittelalterlichen Juden, beteiligt war."[13]

Schon früh wurden die Kirche und die Synagoge häufig als weibliche Figuren porträtiert, die eine mit Krone auf dem Kopf und Kelch und Kreuz in den Händen, die andere mit verbundenen Augen und trauernd, mit herabgefallener Krone, in einer Hand die Gesetzestafeln und in der anderen ein gebrochenes Banner. Beispiele sind die farbigen Glasfenster in St. Denis an der Seine und in der Kathedrale von Bourges. So wurden die Niederlage des Judentums und der Triumph des Christentums symbolisch vermittelt, aber noch ohne den Grad von Bosheit und Verachtung, der bezeichnend war für spätere Formen der Darstellung des Judentums und der Juden. Am wichtigsten unter diesen späten Erscheinungsformen war die Darstellung des Judentums als Sau, die „typisch" aussehende Juden säugte. Diese Idee kam wie fast alle der anzüglichsten und brutalsten antisemitischen Gedanken aus Deutschland, wo man sie zum ersten Mal im 13. Jahrhundert als Skulptur am Magdeburger Dom findet. Von den deutschen Kirchen wanderte die in Stein gemeißelte Sau zu den französischen und holländischen, und sie findet sich auch in unzähligen antisemitischen Zeichnungen und Karikaturen, vor allem nach Erfindung des Buchdrucks. Die berühmteste Sau war jene an der Wittenberger Schlosskirche, die Luther im Zusammenhang seiner antisemitischen Schriften begeistert beschrieb; besonders ergötzte ihn der obszöne Aspekt dieser Kirchenskulptur.

Noch wirkmächtiger für die antisemitische Indoktrinierung durch Kunst war die stereotype Darstellung des einzelnen Juden. Die Bestandteile dieses Stereotyps (nicht unbedingt alle gleichzeitig verwendet) sind von Zafran[14] folgendermaßen aufgelistet: 1. der spitze Hut; 2. das gelbe Abzeichen; 3. mit der Darstellung eines Schweins oder eines Skorpions verziertes Abzeichen; 4. hebräische Schrift; 5. ein böses Gesicht; 6. ein in Profil abgebildetes Gesicht. Bei dem das Gesicht betreffenden Stereotyp sind sich die Ikonografen nicht einig. Nach Shachar[15] findet sich ein spezifisch jüdisches Gesichtsstereotyp erst im 17. Jahrhundert, während Zafran es ab dem 13. Jahrhundert vorfindet. Nach meinem eigenen Eindruck existiert das Stereotyp (das hauptsächlich aus Hakennase und vorstehenden Augen besteht) bereits in dem früheren Material, durchgängig verwendet wird es aber erst seit dem 17. Jahrhundert. Auf den Holzschnitten zum Beispiel, die angebliche Ritualmorde schildern, finden sich in einer Gruppe von Juden einer oder allenfalls zwei mit stereotypen jüdischen Zügen, während die Übrigen nichtssagende Gesichter haben, die letztlich nur Gesichtsskizzen sind. Die Bemühung um umfassende Charakterisierung erschien wohl überflüssig, solange wenigstens einer in der Gruppe das Gesichtsstereotyp aufwies, während der Rest durch irgendein leichter zu zeichnendes Merkmal wie den spitzen Hut als Juden gekennzeichnet wurde. Andererseits könnte die Darstellung deformierter oder entwürdigter Gesichtsstrukturen als objektiver Aspekt betrachtet werden, ob wir solche

Deformationen als Bestandteile eines spezifisch „jüdischen" Stereotyps definieren oder nicht.

Eine Betrachtung der künstlerischen Zeugnisse zeigt erneut, dass Judas Ischariot als Symbol für das jüdische Volk als Ganzes behandelt wurde. Wenn wir Bilder von Judas sehen, der die unmissverständlichen Merkmale des mittelalterlichen jüdischen Stereotyps trägt (während die anderen Apostel und Jesus selbst als Christen dargestellt sind), kann kein Zweifel bleiben, dass Judas und die Juden zusammengehören.

Eine angebliche Eigenschaft der Juden in der mittelalterlichen christlichen Folklore scheint allerdings in der Kunst nicht darstellbar: der *foetor judaicus* oder „jüdische Gestank". Doch überraschenderweise erscheint er dennoch in der Kunst, wie Zafran gezeigt hat. Wir sahen oben (S. 109), dass eine der frühesten nachbiblischen Entwicklungen der Judassage war, ihm einen unerträglichen Gestank zuzuschreiben. Vom 13. Jahrhundert an finden wir Hinweise auf den angeblichen jüdischen Gestank, der nur durch die Taufe zu entfernen war. In einem Stich des 15. Jahrhunderts vom Abendmahl von dem niederländischen Meister I. A. M. von Zwolle wird Judas (bezeichnet durch seinen Geldbeutel) mit dem jüdischen Gestank dargestellt, wie man anschaulich und unmissverständlich daran erkennt, dass der neben ihm sitzende Jünger sich die Nase zuhält. Dieser Stich regte andere ähnliche Darstellungen eines stinkenden Judas in der kirchlichen Kunst an. Da inzwischen der Glaube an den *foetor judaicus* fast allgemein war, war die Darstellung eines Judas, der als Folge seines beabsichtigten Verrats daran leidet, eine höchst effektive Weise, die Gleichsetzung von Judas und den Juden einzuträufeln. Ohne den Gebrauch von Worten, sondern allein durch (die weitaus wirksamere) visuelle Indoktrinierung wurde die Botschaft vermittelt: „Die stinkenden Juden sind die Judas-Nation."

In den frühesten künstlerischen Darstellungen von Judas (wie in den frühesten Darstellungen jüdischer Gestalten überhaupt) ist das Ziel der Erniedrigung und Entwürdigung noch nicht aufgetaucht. Judas ist eine böse, aber nicht unmenschliche Figur. Es sind dies die Judasdarstellungen in Brescia, die Theodosianischen Sarkophage, in S. Apollinare, Ravenna, und im Codex Purpureus Rossanensis. Judas wird auf unterschiedliche Weise von den anderen Aposteln unterschieden: Wenn sie Bärte tragen, wird er bartlos gezeigt, und wenn sie Heiligenscheine tragen, hat er keinen oder einen dunklen; er hat eine Geldbörse. Aber seine Gesichtszüge sind nicht entwürdigt oder roh oder übertrieben semitisch. Oft wird er mit einer niedrigen Stirn dargestellt, aber das kennzeichnet ihn nicht ausdrücklich als Juden. Auch wenn er mit einem zerzausten Bart gezeigt wird, weist das in diesem Stadium nicht auf jüdische Eigentümlichkeit hin, sondern eher auf bloße persönliche Schäbigkeit. Tatsächlich erscheint in der Kunst des Mittelmeerraums weder der karikierte Judas noch der karikierte Jude: Er findet sich nicht in den biblischen Szenen, die in den Mosaiken der Kirchen Santa Maria Maggiore in Rom, Capella Palatina in Palermo, im Dom von Monreale auf Sizilien oder im Markusdom in Venedig dargestellt sind. Er findet sich auch nicht in den biblischen Szenen von Lorenzo Ghiberti auf den Bronzetüren des Baptisteriums in Florenz, von Benozzo Gozzoli auf dem Camposanto in Pisa, von Raffael an den Decken der Loggien im Vatikan oder von Michelangelo an der Decke der Sixtinischen Kapelle. Dennoch kann man sogar in diesen relativ zivilisierten Darstellungen irgendein Mittel finden, das die Verknüpfung zwischen Judas und den Juden ausdrückt, etwa den gelben Umhang.

Die Entmenschlichung sowohl von Judas als auch den Juden tritt erstmals in der Kunst Mitteleuropas und Deutschlands im 13. Jahrhundert auf, besonders in bildlichen Darstellungen der Blutbeschuldigung. Es war diese Art der Anklage, die die Stellung der Juden auf die Stufe des Untermenschen herabdrückte und die für die nazistische Haltung gegenüber den Juden als Ungeziefer den Weg bereitete. Die volkstümliche Kunst von Deutschland und Mitteleuropa trägt eine schwerwiegende Verantwortung für diese Entwicklung. Auch die kirchliche Kunst trug ihren Anteil entwürdigt aussehender Juden sowohl in bildlichen Darstellungen in Kirchen als auch in volkstümlichen Bilderbibeln bei, namentlich in der *Biblia Pauperum* und der *Bible moralisée*.

Neben den Merkmalen des jüdischen Stereotyps bekam Judas spezielle eigene Charakteristika. Die Wichtigsten davon waren das rote Haar und der gelbe Umhang. Beide waren auch typisch für den Judas der Passionsspiele. Das rote Haar (das man manchmal auch in den Darstellungen anderer Juden findet, besonders von Herodes) ist vermutlich nicht spezifisch jüdisch, sondern stammt von einem antiken (vorchristlichen) Vorurteil und dürfte sich wahrscheinlich mit der Furcht vor Blut erklären lassen; es wird all jenen zugewiesen, denen in der Mythologie Blutvergießen oder Blutverrat zur Last gelegt wird. Da es auch Satans Haarfarbe in den Passionsspielen und in der Kunst war, wurde die Gleichsetzung Judas/Juden/Teufel durch diese Färbung verstärkt. Das gelbe Gewand dagegen ist verwandt mit dem gelben Abzeichen, das Juden tragen mussten und das ein normales Merkmal ihrer Darstellung in der Kunst war. So zeichnet Judas' gelbes Gewand ihn als einen Überjuden aus, dessen wichtigstes Kleidungsstück nichts anderes als ein vergrößertes gelbes Abzeichen ist. Die gelbe Farbe stand in der mittelalterlichen Symbolik für Verrat und

reichend Stoff zur Konstruktion eines Juden, und sein Porträt von Shylock trägt trotz der gerühmten „Menschlichkeit" die Spuren dieses Ursprungs. Shylock verkörpert das Judentum mit seinem angeblichen Nachdruck auf dem grausamen Buchstaben des Gesetzes, während Porzia für das christliche Gesetz der Liebe und Barmherzigkeit steht. Somit ist das Theaterstück einerseits eine säkularisierte Version der Passionsspiele, leitet sich aber teilweise von den Osterspielen mit ihren dramatischen Debatten zwischen Christentum und Judentum her.[17]

Was die Nachkommenschaft des mittelalterlichen Judas in der späteren europäischen Literatur angeht, so schlage ich vor, dass die Figur des intriganten Erzgauners, die so häufig im westlichen Drama und Roman auftritt, aus dieser Quelle stammt. In der Artussage ist er Mordred, in der Rolandsage ist er Gamelin. Bei Shakespeare ist er Jago. Dieser betrügerische Schurke ohne Motiv, der auf Böses um seiner selbst willen sinnt, ist in der westlichen Literatur angesiedelt und findet sich nirgendwo sonst. Das mittelalterliche Drama ist ein mittelbarer Einfluss, aber das Neue Testament ist der direkte Ursprung dieser pathologischen Schurken. Bestimmt gibt es kein Vorbild für sie der Hebräischen Bibel, die keine Schurken ohne Motiv enthält. Kain zum Beispiel hat ein verständliches Motiv der Eifersucht und erweist sich als fähig zu Gewissensbissen. Laban, der Gegenspieler von Jakob, ist gemein und schlau, aber kaum böse; auch Jakob ist schlau, und der Wettstreit der Intellekte bietet ein amüsantes Schauspiel. Ahitofel, der manchmal als Vorbild für den Judas des Neuen Testaments betrachtet wurde, ist kein Schurke (siehe S. 68). Er ist ein Politiker mit guten Gründen, eine bestimmte Linie zu verfolgen, und er begeht Selbstmord, nachdem seine Mitverschwörer sich weigern, seinen Rat anzunehmen. Seine Rolle entspricht mehr der von Cassius in Shakespeares *Julius Cäsar* als der von Jago.

Doch die Judassurrogate der westlichen Literatur können streng genommen nicht als Teil der Geschichte der Judasfigur an sich betrachtet werden. Selbst wenn eine Gestalt wie Jago Untertöne hat, die ihn mit Judas verbinden und somit (in größerem Abstand) mit den Juden, ist diese Verknüpfung nicht direkt genug, um wesentlich zur Zunahme des Antisemitismus beizutragen. Was sie allerdings zeigt, ist eine Anfälligkeit des christlichen Denkens, Genugtuung aus dem Hass auf schurkische Figuren zu schöpfen. Zwar gehört es nicht zum antisemitischen Muster, spiegelt aber die Geisteshaltung, die durch den grundlegenden Mythos der christlichen Kultur geschaffen wurde.

Eine bestimmte wichtige Ausnahme sollte freilich erwähnt werden. Das größte Gedicht des Mittelalters, Dantes *Göttliche Komödie* (um 1310 geschrieben), zeigt eine bewusste Bemühung, eine Verbindung von Judas' Niedertracht mit Ehrlosigkeit des jüdischen Volkes als Ganzem zu vermeiden. Im *Inferno* beschreibt Dante die Aufenthaltsorte aller bedeutenden Übeltäter der Vergangenheit in der Hölle. Die Möglichkeiten antisemitischer Behandlung sind groß, aber Dante tut sein Bestes, um sie zu umgehen. Judas wird genau in den Mittelpunkt der Hölle gestellt, direkt neben Satan persönlich, wobei einer von dessen drei Mündern ständig an ihm nagt. Die anderen beiden Münder zermalmen Brutus und Cassius, die Dante für die Sünder hält, die durch den Mord an Julius Cäsar die Möglichkeit eines weltumfassenden christlichen Staates zunichtemachten. So wird Judas als einer der drei größten Sünder in der Geschichte betrachtet. Aber nichts an seiner Sünde wird als typisch „jüdisch" bezeichnet. Die Schilderung der Juden in der Hölle ist nach mittelalterlichen Maßstäben maßvoll. Der Hohepriester Kaiphas, sein Schwiegervater Hannas und die Ältesten des Sanhedrin (früher „Pharisäer" genannt), die angeblich Jesus verurteilten, liegen gekreuzigt am Boden, mit Füßen getreten von allen, die vorbeigehen (23. Gesang). Es wird angedeutet, wie Kommentatoren angemerkt haben, dass das Exil der Juden eine ähnliche Kreuzigung ist („der hier ausgestreckt am Kreuz lag / So schmachvoll in der ewigen Verbannung", Zl. 124–125), aber das wird eigentlich nicht genau erklärt. Dante selbst war mit vielen Juden befreundet, namentlich mit dem Dichter Immanuel haRomi. (Solche Freundschaften schlossen allerdings Antisemitismus in den eigenen Schriften nicht aus, wie man bei Origines und Hieronymus sieht.[18]) Außerdem war das italienische Naturell in der Regel weniger antisemitisch als das der Deutschen, Franzosen, Spanier und Engländer, vielleicht weil die große Nähe des Papsttums Skepsis erzeugt und Misstrauen antisemitische Fantasien auflösen kann, oder vielleicht wegen des kosmopolitischen Geistes, den der italienische Handel mit der Levante und muslimischen Ländern förderte. Was auch immer der Grund sein mag, ist es erfreulich, berichten zu können, dass Dantes Behandlung von Judas und den Juden zivilisiert ist, vergleicht man ihn mit der antisemitischen Bosheit der Passionsspiele und anderer Produkte der christlichen Fantasie, von denen viele zur gleichen Zeit geschrieben wurden.

In der nachmittelalterlichen Epoche geht das Bild von Judas, wie wir gesehen haben, in andere Formen europäischer Literatur über. Denn diese Literatur wird weltlich, und die Passionsgeschichte wird nicht mehr hauptsächlich als Thema für Theaterstücke, Gedichte oder Erzählungen verwendet. Aber der Jude bleibt auch in der weltlichen Literatur eine wichtige Figur, und seine Darstellung verdankt viel der mittelalterlichen Gestalt des Judas. Eine Besonderheit des mittelalterlichen Judas war zum Beispiel das rote Haar, und dieses Merkmal lässt sich in dem Schurken/Juden der europäischen Literatur bis in unsere Zeit verfolgen. Das vielleicht berühmteste Beispiel ist Dickens' Fagin. Eine Beschreibung des typischen Bühnenjuden in Versform aus dem 17. Jahrhundert, wie er in einer Vielzahl von Stücken dargestellt ist, von denen *Der Jude von Malta* und *Der Kaufmann von Venedig* nur die berühmtesten Beispiele sind, lautet folgendermaßen:

Sein Bart war rot, sein Gesicht
Nicht ungleich einer Hexe;
Sein Kleid ein jüdisches Gewand,
Das jedem Wetter trotzt;
Sein Kinn nach oben, die Nase tief herab,
Und beide Spitzen trafen sich.[19]

Dickens wusste wohl eigentlich nicht, dass er ein jahrhundertealtes antijüdisches Symbolbild verewigte, als er Fagin rotes Haar gab; aber tatsächlich lag hinter dieser unbewussten Wahl eine durchgängige Tradition. In der Tat reicht die Tradition eines rothaarigen Verräters in prähistorische Zeiten zurück. Seth, der Bruder, Verräter und Mörder von Osiris, hatte rotes Haar – zweifellos soll das Mittel Blutvergießen symbolisieren. Rotes Haar war auch ein Merkmal des Teufels im mittelalterlichen Drama, sodass „Judas" und „Teufel" fast gleichbedeutend werden. Der Mann mit rotem Haar, der intrigiert und verrät, ist ein so bekannter Archetyp in der menschlichen Kultur, dass man sich auf ihn verlassen kann, will man niederträchtige Vorstellungen in den Köpfen der meisten Leser wecken. Wenn der rothaarige Mann auch ein Jude ist, dann hat sich der Kreis der Assoziationen geschlossen.

Solche literarischen Nachfolger des mittelalterlichen Judas wie Fagin können immer ignoriert werden von jemandem, der bereit ist, die Ähnlichkeit auszublenden und zu behaupten, Judas Ischariot habe als spezifische Figur in der schönen Literatur das Mittelalter nicht überlebt. Unmissverständlich allerdings überlebte er in der antisemitischen Propaganda, in den unzähligen Büchern und Pamphleten, die die „jüdische Gefahr" ausriefen. Diese Erzeugnisse tauchten erstmals im 18. Jahrhundert als wütende Reaktion auf die jüdische Emanzipation auf, erreichten ihren Höhepunkt in der Nazipropaganda und dauern mit kaum verringerter Energie bis heute an. In allen derartigen Schriften ist die Gleichsetzung von „Jude" und „Judas" gang und gäbe. Die Zunahme des modernen Nationalismus ist ein starker Ansporn für diese Gleichsetzung gewesen, da fast jede nationale Gruppe mit christlichem Hintergrund, deren Erwartungen enttäuscht wurde, bereit ist, die Schuld auf jene „Verräter", die Juden, zu schieben und

als Beleg den Erzverräter Judas anzuführen. Das beste Beispiel für diesen
Reflex war die deutsche Überzeugung vom jüdischen Verrat nach dem
Ersten Weltkrieg. Ungeachtet der Tatsache, dass deutsche Juden loyal im
Krieg gekämpft hatten und sogar an ihrem Anteil an der Bevölkerung gemessen unverhältnismäßig viele Tapferkeitsauszeichnungen gewonnen
hatten, führte das Bedürfnis nach einem Sündenbock unweigerlich zu den
archetypischen „Verrätern". Diese Lösung wurde von der Mehrheit derer,
die für Hitler stimmten, begeistert aufgegriffen. Der Judas-Archetyp ist
somit ein bedeutender Faktor in der modernen europäischen Politik gewesen und sollte nicht bloß als ein Aspekt der literarischen oder religiösen
Geschichte abgetan werden.

   Die Dreyfus-Affäre von 1894 bis 1906 bietet ein klassisches Beispiel des
Gebrauchs der Gleichung Judas-Jude-Verräter in der Neuzeit. Alfred
Dreyfus, ein jüdischer Offizier in der französischen Armee, angeklagt, In-
formationen und Dokumente an die Deutschen weitergegeben zu haben,
wurde schuldig gesprochen und zur Verbannung auf die Teufelsinsel verurteilt. Ein gewisser Oberstleutnant Picquart entdeckte jedoch Beweise,
die Dreyfus entlasteten und nachwiesen, dass der wahre Schuldige ein
Offizier namens Esterhazy war. Aber die Behörden waren nicht bereit, die
Beweise zu akzeptieren, und Picquart wurde angewiesen, die Sache fallen
zu lassen. Als er sich weigerte, wurde er in einen entlegenen Teil Tune-
siens versetzt. Kurz darauf legte ein Major Henry, ein hoher Beamter des
Nachrichtendienstes, einen Brief vor, der Dreyfus weiter hineinzog. Allerdings wurde bald entdeckt, dass dieser Brief eine Fälschung war. Vor
seinem Aufbruch nach Tunesien war es Picquart gelungen, einige einfluss-
reiche Persönlichkeiten für den Fall zu interessieren, die begannen, sich für
eine weitere Untersuchung der Schuldfrage Esterhazys einzusetzen.
Esterhazy wurde vor ein Militärgericht gestellt, aber freigesprochen, und
nach einer giftigen Pressekampagne gegen die Dreyfus-Anhänger wurde
Oberstleutnant Picquart des Geheimnisverrats angeklagt und kam ins
Gefängnis. Viele nichtjüdische Liberale, darunter Georges Clemenceau
(später der Ministerpräsident, der Frankreich zum Sieg im Ersten Weltkrieg führte), Jean Jaurès, der sozialistische Politiker, und Émile Zola, der
berühmte Romancier, beteiligten sich an einer Kampagne, um Dreyfus zu
entlasten. Auch jüdische Intellektuelle, darunter Léon Blum (später Ministerpräsident) und der Autor Bernard Lazare, trugen zu der Kampagne bei.
Gegen sie wurde von der Presse ein Angriff von außerordentlicher Bitterkeit angestoßen, und das Land war in dieser Frage gespalten. Am 13. Januar
1898 erschien Zolas Artikel „J'accuse" in der Zeitung *L'Aurore*. Es war eine
vernichtende Anklage der Korruption und Ungerechtigkeit in der Regie-

rung und der Armee. Zola wurde wegen Verleumdung vor Gericht gestellt und konnte dadurch den Details der Affäre größtmögliche öffentliche Aufmerksamkeit verschaffen. Im selben Jahr kam es in ganz Frankreich zu antijüdischen Ausschreitungen, die von den Anti-Dreyfusards angezettelt waren. Schließlich wurde Dreyfus vollständig entlastet und rehabilitiert. Major Henry, der Fälscher des belastenden Briefes, wurde festgenommen und beging Selbstmord im Gefängnis.[20] Die reaktionären Anti-Dreyfusards führten ihre Kampagne fast völlig auf der antisemitischen Schiene. Dreyfus musste zwangsläufig schuldig sein, weil er Jude war, und Juden waren, in der Tradition von Judas, geborene Verräter.

Einer der führenden Anti-Dreyfusards war Léon Daudet, ein berühmter Romancier und Mitarbeiter der *Action Française*, der von Charles Maurras gegründeten antisemitischen Zeitung. Daudet nannte seine Erinnerungen an die Dreyfus-Ära *Au Temps de Judas*. Ein anderer führender Anti-Dreyfusard war Maurice Barrès, ein Essayist und Romancier, der Politiker wurde und den Royalismus und Antisemitismus von Charles Maurras unterstützte.[21] Barrès überschrieb seinen Bericht von der Zeremonie, mit der Dreyfus degradiert wurde, mit „La Parade de Judas". Während eines der Dreyfus-Prozesse schrieb Barrès: „Dass Dreyfus des Landesverrats fähig ist, schließe ich von seiner Rasse ... Durch diese langen Verhandlungen habe ich das Gesicht von Dreyfus beobachtet, das Verrat ausschwitzte." Der aggressivste Antisemit der Epoche war Édouard Drumont, Autor des einflussreichen Buchs *La France juive devant l'opinion,* das behauptete, die gewaltige jüdische Verschwörung aufzudecken:[22]

> Die Affäre von Hauptman Dreyfus ... ist einfach eine weitere Episode der jüdischen Geschichte. Judas verkaufte den Gott der Barmherzigkeit und Liebe. Deutz gab die heroische Frau preis, die sich seiner Ehre anvertraut hatte.[23] ... Hauptmann Dreyfus hat an Deutschland unsere Mobilisierungspläne und die Namen unserer Geheimagenten verkauft. Dies alles ist bloß ein artgemäßes Verhalten, der Fluch der Rasse. Und wir selbst sind es und nicht die Juden, die eigentlich schuldig sind; denn sie könnten durchaus zu Recht zu uns sagen: Warum habt ihr mit der Tradition eurer Vorfahren gebrochen? Warum vertraut ihr eure Geheimnisse jenen an, die euch immer verraten haben?

Die Dreyfus-Affäre förderte viele derartige Ansichten zu Tage, denn die Gleichsetzung Judas/Jude war seit langem ein antisemitischer Gemeinplatz in Frankreich. Léon Bloy zum Beispiel schrieb: „Judas ist ihr Typus, ihr Prototypus, ihr Archetypus oder, falls man das vorzieht, das endgültige

Musterbeispiel der schändlichen und ewigen Konjugationen von Habgier."[24] Auch, wenn der Name „Judas" nicht ausdrücklich erwähnt wird, ist die jüdische Assoziation mit Verrat eine unmissverständliche Anspielung auf den Judasmythos. Zum Beispiel erklärte die italienische jesuitische Zeitschrift *La Civiltà Cattolica:* „Der Jude wurde von Gott geschaffen, um als Spion zu dienen, wo immer Hochverrat vorbereitet wird."[25] Interessant ist hier, das Weiterleben der Vorstellung festzustellen, dass Judas einen göttlichen Auftrag zum Verrat hatte. Aber natürlich schmälert dieser Begriff des Schicksals nie den Hass auf Judas wie auch die Juden.

Häufig jedoch wird der Zusammenhang zwischen Juden und Judas in der antisemitischen Literatur deutlich. René Marquis de La Tour de Pin zum Beispiel, ein religiöser Antisemit, der für die Vertreibung aller Juden aus Frankreich im Interesse eines christlichen Staates eintrat, schrieb 1898: „… (wir) dürfen nie die Tatsache aus den Augen verlieren, dass Frankreich das Reich Christi ist und dass, wenn das Gottesmördervolk diesem nahe kommt, es nur sein kann, um den Judaskuss zu geben."[26]

Der jüdische Staatsmann Léon Blum nahm in seiner Jugend an der Dreyfus-Kampagne teil und schrieb später ein Buch mit dem Titel *Souvenirs sur l'Affaire,* in dem er schrieb:

> Um „die Affäre" richtig zu würdigen, muss man sich darauf besinnen, dass Dreyfus Jude war, dass gilt: einmal Jude, immer Jude, dass die jüdische Rasse gewissen moralischen Vorstellungen unzugänglich ist, dass sie durch gewisse erbliche Makel gebrandmarkt ist. Und war nicht eines dieser ethnischen Merkmale, unbegrenzt vererbbar, genau diese angeborene Neigung zu Verrat? Hatten nicht ganze Jahrhunderte die jüdische Rasse als Abkömmlinge von Judas gescheut? … die Antisemiten zögerten also nicht … Dreyfus schuldig zu finden, einfach weil er Jude war. Die Rasse der Verbrecher lieferte ihnen eine alles überragende Erklärung für das Verbrechen.[27]

Die Dreyfus-Affäre unterstreicht anschaulich die Gleichsetzung von „Juden" und „Judas" im christlichen Denken. Zwar oft unausgesprochen, steigt sie an die Oberfläche und kommt in unruhigen Zeiten zum Vorschein. Der nichtjüdische Verräter Esterhazy kam fast ungeschoren davon, weil es so richtig und zwangsläufig erschien, dass der Verräter Jude sein sollte. Auch diejenigen, die mit Sicherheit wussten, dass Dreyfus unschuldig war, verkündeten in vielen Fällen weiterhin seine Schuld, weil die Fakten anscheinend keine Bedeutung hatten; die Juden waren schuldig, auch wenn Dreyfus als Einzelner es nicht war. Die Juden werden, wie Dreyfus, immer des Verrats beschuldigt, wann immer ein Verräter gebraucht wird. Die Juden sind die natürlichen Opfer eines solchen Vorwurfs, trotz ihrer beflissenen und oft kläglichen Anstrengungen, ihre Loyalität zu beweisen, weil sie die archetypischen Verräter im christlichen Mythos sind.

Das Fortbestehen dieser alten Verknüpfung im modernen Antisemitismus setzt einfach die Tradition früherer Jahrhunderte fort. Papst Gelasius I. (492–496) bemerkte: „In der Bibel wird das Ganze oft nach dem Teil benannt; wie Judas als Teufel und das Werkzeug des Teufels genannt wurde, gibt er seinen Namen der ganzen Rasse." In den Katechismen, die verwendet wurden, um Kinder in den Grundprinzipien des Christentums zu unterrichten, wurden die Juden mit Judas Ischariot als die Verräter und Mörder Jesu verknüpft. Der Katechismus des Abbé Fleury (1640–1723) war weit verbreitet. Ein Teil lautet:

Hatte Jesus Feinde? – Ja, die irdischen Juden. – Wie weit ging der Hass der Feinde Jesu? – Bis zur Verursachung seines Todes. – Wer war es, der versprach, ihn auszuliefern? – Judas Ischariot. – Warum wurde diese Stadt (Jerusalem) so behandelt? – Weil sie den Tod Jesu verschuldet hat. – Was wurde aus den Juden? – Sie wurden versklavt und in die ganze Welt verstreut.

Ein anderer Katechismus, der von Adrien Gambart, enthält Folgendes:

Ist es eine große Sünde, das Abendmahl unwürdig zu nehmen? – Es ist die größte aller Sünden, weil man sich des Leibs und Blutes Jesu Christi schuldig macht wie Judas und die Juden; und man wird vom Herrn gerichtet und verdammt.

Mit solchen Mitteln wurde kleinen Kindern der Glauben eingeimpft, dass Judas' Verrat typisch für Juden war. Diese Zuordnung wurde so tief eingeflößt, dass sie Teil der christlichen Psyche wurde.

Auch die Literatur erwähnt die Verbindung zwischen Judas und den Juden häufig, in der Regel ganz beiläufig, was zeigt, dass sie für selbstverständlich gehalten wurde. In Christopher Marlowes Stück *Der Jude von Malta* zum Beispiel macht eine der Figuren, Ithamore, Scherze über den Juden Barabas und sagt: „Diesen Hut, den er trägt, hat Judas unter dem Holder gelassen, als er sich erhängte."[28] Manchmal aber deutete das elisabethanische Drama die Verbindung weniger direkt an. Wie Celeste Wright betont hat, ist die Tatsache, dass der jüdische Wucherer im elisabethanischen Drama gewöhnlich durch Erhängen endet, nicht zufällig. „Angesichts des engen Zusammenhangs zwischen Habgier und Wucher lässt sich der Gedanke [des Erhängens] einleuchtend auf die Erzählung von Judas zurückführen."[29]

Ein interessantes Beispiel bewusster Betrachtung der Beziehung zwischen Judas und den Juden ist das Gedicht „Selbst-Verdammung" des metaphysischen Dichters George Herbert (1593–1633):

Der du die Juden schmähst dafür,
Dass sie im Hass den Mörder vorgezogen
Dem Herrn der Herrlichkeit,
Kehr' lieber vor der eig'nen Tür,
Ruf heim dein Aug', das sich schon oft verflogen:
Dein sein könnt' *ihr* Entscheid.

Wer liebt und liebend doch verfehlt
Echt christlich Glück, vom Glück der Welt betört,
Sich wieder so entschied.
Ein alter Mörder ist die Welt;
Viel tausend Seelen sie seit je zerstört
Mit ihrem Zauberlied.

Wer triste Hochzeit hat gestift't
Des Gold's mit seiner Seele und gewählt
Gewinn, der schlecht statt gut,
Tat, was er ablehnt in der Schrift,
Denn er hat seinen Herrn verkauft für Geld
Und ist ein Judas-Jud …[30]

Hier verurteilt Herbert diejenigen, die die Freuden dieser Welt über ihre religiöse Bindung stellen. Solche Menschen schließen sich sowohl den Juden an (die Christus verrieten, indem sie Barabbas vorzogen) als auch Judas (der Christus gegen Geld verkaufte). Das Gedicht beabsichtigt vorrangig nicht, die Juden zu verurteilen, sondern enthält eine moralische Lektion zum Thema Diesseitigkeit. Doch die Verwendung der Juden zusammen mit Judas als negatives Beispiel zeigt, wie tief verwurzelt dieses Nebeneinander ist und wie auch ein so gutartiger Mensch wie Herbert keine Skrupel hat, eine Sicht von den Juden zu bekräftigen, die ein allgemeingültiger Grundsatz geworden war.

Eine andere sanfte, skurrile Seele aus dem folgenden Jahrhundert war Laurence Sterne (1713–1768), dessen allseits beliebtes Buch *Leben und Ansichten von Tristram Shandy, Gentleman* den folgenden Abschnitt enthält:

„Ihren Sohn! – Ihren lieben Sohn, – von dessen herzigem und offenem Gemüt Sie so viel zu erwarten haben, – Ihren BILLY, Sir! – würden Sie ihn um alles in der Welt JUDAS genannt haben? … Würden Sie, wenn ein Jude als Pate Ihnen den Namen für Ihr Kind vorgeschlagen und obendrein seine Börse angeboten hätten, würden Sie einem solchen Frevel zugestimmt haben? … Sie hätten das Angebot mit den Füßen getreten; – Sie hätten die Versuchung dem Versucher voller Abscheu an den Kopf geworfen. – die schäbige und verräterische Vorstellung, die so untrennbar mit dem Namen verbunden ist, hätte ihn wie ein Schatten durch sein ganzes Leben begleitet und am Ende, trotz Ihres guten Beispiels, zu einem Geizkragen und Schurken gemacht."

Hier wird es für selbstverständlich gehalten, dass ein jüdischer Pate stolz auf seine Verbindung zu dem Verräter Judas Ischariot wäre und deshalb diesen Namen für seinen Patensohn vorschlüge. Dieser Vorschlag wird „schäbig und verräterisch" genannt, da er mit Bestechungsgeld einhergeht. Der jüdische Vater wird somit umfassend mit Judas persönlich gleichgesetzt.

Im 19. Jahrhundert vollzog die Gleichsetzung von Judas mit den Juden eine starke Wendung ins Politische, wie wir an dem Aufruhr im Fall Dreyfus gesehen haben. Aber es wäre falsch zu glauben, dass nur rechte Politiker diese Gleichsetzung vornahmen. Es gab auch einen Antisemitismus der Linken, und Jean Jaurès hatte große Mühe, die Sozialisten davon zu überzeugen, Dreyfus zu unterstützen. Der linke Antisemitismus (für den Marx ein offenkundiges Beispiel war) hielt die Juden für grundsätzlich bourgeois und kapitalistisch (obwohl in Wirklichkeit die Mehrheit der Juden verarmt war). Manche linken Äußerungen des Antisemitismus verwendeten dieselbe Gleichung von Juden und Judas, die man bei der Rechten findet. Der französische Sozialist E. Cannot zum Beispiel schrieb:

„Juden! Auf die Höhen eures Sinai … erhebe ich mich demütig. Ich stehe aufrecht und rufe euch im Namen all meiner demütigen Gleichgesinnten, all jener, die eure Plünderung in Leid gestürzt hat, die durch euch in Elend gestorben sind und deren zitternde Schatten euch anklagen. Juden! Wegen Kain und Ischariot, verlasst uns, *verlasst uns!* Ah, durchquert wieder das Rote Meer und geht dort hinunter in die Wüste, in das Gelobte Land, das auf euch wartet, das einzige Land, das für euch passt; ihr gemeines, unverschämtes und unehrliches Volk, geht dorthin!"[31] Der Frühsozialist Charles Fourier schrieb sogar: „Der Jude ist sozusagen ein Verräter laut Definition."[32] Der moderne linke Antisemitismus mit seiner Gleichsetzung von Zionismus und westlichem Imperialismus ist nur eine Variation auf dieses Thema.

Der alte religiöse Antisemitismus mag in mancher Hinsicht weltlichen Versionen gewichen sein, aber er überdauerte in seiner authentischen mittelalterlichen Form in der römisch-katholischen Kirche, wo die Juden immer noch im Ebenbild Judas' gesehen werden. Zum Beispiel brachte ein gewisser Pater Constant 1897 ein Buch mit dem Titel *Les Juifs devant l'Église et l'histoire* heraus, in dem er schrieb: „Seit dem großen Verrat auf dem Kalvarienberg hat der Geist des Ischariot die jüdische Rasse befallen. Im Herzen eines jeden Juden fließt das Blut eines Verräters. Sie erwiesen ihre Dankbarkeit den Fürsten Spaniens, indem sie die Araber Afrikas herbeiriefen." Hier wird den Juden die Schuld an der muslimischen Invasion Spaniens gegeben, die sie angeblich „im Geist des Ischariot" insgeheim planten. Weiter behauptete Pater Constant: „Die Kirche knüpft ihren Standpunkt immer an die fest bewiesene Tatsache an, dass der Jude als solcher und eben, weil er Jude ist, empfänglich für Verrat ist." In Bezug auf die katholische Liturgie schrieb er: „Es geschah nicht ohne Grund, dass im feierlichsten Augenblick ihrer Liturgie, am Fuß des blutenden Kreuzes ihres Herrn, in der Stunde, wenn die Kirche dem Himmel dieses Blut für die ganze Menschheit darbietet, wenn niemand von ihren Gebeten ausgeschlossen ist, in jener Stunde, die von allen Stunden jene des Erbarmens ist, es geschah aus diesem Grund, dass die Kirche es für angebracht hielt, für die Vergebung der Juden nur unter Hinzufügung des Beiwortes zu beten, das die Gerechtigkeit gebot, nämlich ‚perfide'. Lasst uns also für die perfiden Juden beten."

Pater Constants Buch wurde in Paris unter voller Zustimmung der katholischen Kirche der Zeit veröffentlicht. Das Gebet, auf das er sich bezieht, ist *Oremus et pro perfidis Judaeis* in der Kollekte für Karfreitag, der ältesten Form des öffentlichen Gebets in der Kirche. Das Wort *perfidis* wurde in jüngster Zeit von der katholischen Kirche aus Reaktion auf Kritik fallengelassen. Es bildet aber nur einen kleinen Teil des kirchlichen Modells von den Juden als Verräter, befleckt mit der Sünde des Judas.

Ein bekannter amerikanischer Antisemit, W. D. Herstrom, der regelmäßig paranoide Angriffe auf eine jüdische Weltverschwörung verbreitet, zielte mit diesen Worten auf den religiösen Hintergrund des Antisemitismus: „Wenn Sie sagen, Sie seien nicht antisemitisch, läuft das darauf hinaus, dass Sie sagen, Sie seien kein Christ oder Ihr Bekenntnis zum Christentum sei nicht aufrichtig. Solch eine Person ist ein Judas Ischariot, der ein doppeltes Spiel spielt, um Ansehen und Popularität zu behalten."[33]

Ein interessanter und lehrreicher Beitrag zur soziologischen Forschung wurde von Charles Y. Glock und Rodney Stark geleistet, die in einem weit verbreiteten Fragebogen fragten: „Wenn Sie an Judas denken, denken Sie an ihn als an einen Juden, einen Christen oder keines von beiden?" Die Antworten ergaben, dass 44 Prozent der Protestanten und 47 Prozent der Katholiken meinten, Judas war Jude, während nur 13 bzw. 19 Prozent dieser Gruppen die Apostel für Juden hielten.[34]

Es ist kaum überraschend, dass nach der russischen Revolution, die vielen in England als typisches Beispiel jüdischen Verrats erschien, der Russlandkorrespondent der Londoner *Times*, ein gewisser Robert Wilton, berichtete, die Bolschewiken hätten eine Statue von Judas Ischariot in Moskau enthüllt.[35]

Anmerkungen

1 „Hieronymus, für den Judas das Abbild des Judentums ist …" (Simon, 1986, S. 230).

2 Johannes Chrysostomos, De proditione Judae homiliae 1–2. Migne (1857), Bd. 49, S. 373–392.

3 Johannes Chrysostomos, Predigten gegen die Juden. Siehe besonders die Predigten 1 und 6.

4 Im Byzantinischen Reich, das nie einen kulturellen Zusammenbruch erlitt, war die Situation völlig anders. Hier wechselten sich Perioden der Tolerierung mit Massakern und Zwangsbekehrungen ab. Wie in Europa war das Judentum eine erlaubte Religion, aber Ausbrüche von Feindseligkeiten waren an der Tagesordnung. Das Wissen von der Geschichte des byzantinischen Judentums ist jedoch zu dürftig, um wesentlich zu unserem Thema beizutragen, obwohl dank einem neuen wissenschaftlichen Interesse an dem Thema nach und nach interessantes Material zutage gefördert wird.

5 Die Legenda aurea (Goldene Legende) wurde von Jacobus de Voragine (um 1230–1298), Erzbischof von Genua, geschrieben. Sie enthält legendäre Lebensbeschreibungen von Heiligen und anderen Gestalten und war eines der verbreitetsten Werke des Mittelalters.

6 Nach der Zusammenfassung von P. F. Baum (Baum, 1916, S. 482 f.).

7 Siehe Verard.

8 Zum Beispiel ist im „Alsfelder Passionsspiel" (Hessen) die Kreuzigungsszene um mehr als 700 Zeilen verlängert, mit einer Vielzahl von realistisch dargestellten und genial variierten Leiden, die Jesus von Henkern, die von den Juden angestachelt werden, zugefügt werden.

9 Es sollte angemerkt werden, dass das Porträt der Juden (einschließlich Judas und Herodes) in den Passionsspielen einen gewissen grausamen Humor hat. Man sollte allerdings nicht glauben, dass dieser Humor den zum Ausdruck kommenden Hass und die Verachtung abschwächt. Auch Satan wurde mit der gleichen Art von Humor behandelt.

10 Zu einer vollständigen Analyse siehe Heinz Pflaum, „Les scènes de juifs dans la littérature dramatique du moyen-age", REJ, 89 (1930), S. 111–134.

11 Beispiele für die Passionsspiele in Deutschland sind die zwei Frankfurter Passionsspiele (Mitte des 14. Jahrhunderts und 1493), das Alsfelder Passionsspiel (1501) und das Donaueschinger Passionsspiel (zweite Hälfte des 15. Jahrhunderts). Ein Beispiel eines weltlichen Spiels, das das Thema des Ritualmordes verwendet, ist Das Endinger Judenspiel (Handschrift 1616, Kopie eines älteren Manuskripts). Siehe Cohen (1989).

12 Siehe Gasparro (1985), S. 56–64.

13 Reider, S. 93.

14 Zafran (1973).

15 Shachar (1975).

16 Linthicum (1936), S. 47. Zafran (1973), S. 11.

17 Zur weiteren Diskussion von Shylock als Pharisäer siehe Maccoby (1970), wo die Ansicht, dass Shakespeares Shylock als sympathisches Bild eines Juden gedacht war, kritisiert wird und das Stück als Wettstreit zwischen der angeblichen Lehre der Gerechtigkeit und der christlichen Lehre der Barmherzigkeit analysiert wird. Außer Zweifel steht, dass vor dem 19. Jahrhundert keine Inszenierung des Kaufmanns Shylock mit Sympathie zeichnete. Dies war das beliebteste Shakespearestück, und die Zuschauer, die bei Shylock zischten und johlten, unterschieden sich kaum von ihren Vorfahren, die an den Passionsspielen teilgenommen hatten. Ein weiteres mittelalterliches Element im Juden von Malta wie im Kaufmann von Venedig ist das Motiv von der „schönen Tochter des Juden". Dies stammt von den „Exempla" oder moralischen Erzählungen, die einen alten und hässlichen jüdischen Geizhals und Zauberer auftreten lassen, dem von einem Christen sowohl sein Vermögen als auch seine Tochter geraubt werden. Die Geschichte endet mit der Konversion des alten Juden zum Christentum. Siehe Maccoby, November 1970.

18 Zu Origines' Freundschaften mit jüdischen Gelehrten siehe Nicholas de Lange, Origen and the Jews, Cambridge 1976. Auch Hieronymus wandte sich häufig an jüdische Gelehrte, als er an seiner Bibelübersetzung arbeitete.

19 Siehe E. E. Stoll, „Shylock", Shakespeare Studies (New York 1927).

20 Zu einer ausgezeichneten Darstellung und Diskussion siehe Wilson (1982).

21 Maurras selbst wurde später ein Kollaborateur der Nazis bei der Deportation französischer Juden in die Todeslager.

22 La libre Parole, 3. Nov. 1894, S. 31.

23 Simon Deutz verriet angeblich 1832 die Herzogin von Berry. Siehe Z. Szajkowski, „Simon Deutz: Traitor or French Patriot?" Journal of Jewish Studies, 16 (1965), S. 53–65.

24 Bloy (1892), S. 38.

25 La Civiltà Cattolica, Februar 1898.

26 De La Tour de Pin, Vers un ordre social chrétien. Zit. Lovsky, L'Antisémitism chrétien, S. 288.

27 Blum (1935), S. 64 f.

28 IV. Akt, IV. Szene.

29 Celeste Wright, Studies in Philology, XXXI, S. 190.

30 Georg Herbert: The Temple. Sacred Poems and Private Ejaculations; mit dt. Versübers. von Inge Leimberg, Berlin 2002.

31 Artikel „Israël", in der Zeitschrift La Rénovation.

32 In Charles Fourier, Publications des manuscripts.

33 In der Zeitschrift The Answer, Nr. 5. Dez. 1972, S. 25.

34 Carles Y. Glock und Rodney Stark, Christian Beliefs and Antisemitism, New York 1969, S. 49.

35 Robert Wilton, The Last Days of the Romanovs, London 1920, S. 148.

Kapitel 8

Wer war Judas Ischariot?

Wir haben die Judassage von ihren nackten Anfängen als lückenhaftes Szenario des Verrats bis hin zu den ausgefeilten Erzählungen nachverfolgt, die jede Lebensphase Judas' von der Geburt bis zum Tod umfassen. Wir haben gesehen, dass der Name „Judas" in den europäischen Sprachen zu einem festen Begriff für „Verräter" geworden ist und, noch wichtiger, dass „Judas" nie seine bedeutungsmäßige Zuordnung zu „Jude" verloren hat. Wann immer eine Person als ein „Judas" stigmatisiert wurde, sogar in einem Zusammenhang, in dem keine Juden beteiligt sind, war die stillschweigende Folgerung klar: „Diese Person ist so schlecht wie ein Jude; er hat sein Vertrauen in gleicher Weise missbraucht, wie die Juden Christus verraten haben." So ist das Wort „Judas" als ein Begriff, der „Verräter" bedeutet, immer antisemitisch belastet, auch wenn er nicht auf Juden angewendet wird. Zwangsläufig allerdings wird das volle antisemitische Potenzial nur wahrgenommen, wenn die Person oder die Personen, denen Verrat vorgeworfen wird, Juden sind. Weil die Juden in der Fantasiewelt der Christen und selbst der Post-Christen die archetypischen Verräter darstellen, werde sie oft in Zeiten der Krise und Niederlage für diese Rolle ausgewählt.

Der abnehmende Glaube an das Christentum hat diese Situation nicht beeinträchtigt. Wenn eine Religion an Kraft verliert, mögen ihre Dogmen rasch zerfallen, aber ihre Fantasien halten sich viel länger. Der Name „Judas" wird seine antisemitische Aufladung so lange behalten, wie nachchristliche Bewegungen den christlichen kosmischen Mythos von Gut und Böse nachklingen lassen. Tatsächlich ist der Antisemitismus nachchristlicher Bewegungen noch unversöhnlicher, denn diesen Bewegungen fehlt die christliche Idee, dass die Juden mit ihrem ganzen Unheil irgendwie für den Fortbestand christlichen Lebens notwendig sind. Die nachchristlichen Bewegungen des Nazismus und des Kommunismus erbten den Glauben an das Böse der Juden, zusammen mit der chiliastischen Überzeugung, dass die Juden für die Erlösung nicht mehr notwendig waren und deshalb ausgelöscht werden konnten. Für Christen lag das Tausendjährige Reich in der fernen Zukunft, aber für die nachchristlichen Bewegungen war es schon angebrochen – und das bedeutete Tod für die Juden.

Aber welche historische Realität, wenn es denn eine gibt, liegt hinter dem Judasmythos? Wer war der wirkliche Judas Ischariot und welche Rolle spielte er in der Erzählung des Jesus von Nazareth? Diese Frage muss uns zurück zu den Evangelien führen, in denen der Prozess der frei flottierenden Fantasie noch nicht alle Spuren früherer, näher bei den Fakten liegender Berichte verwischt hat.

Wenn wir den historischen Judas rekonstruieren wollen (wie ja auch im Fall Jesu), müssen wir in den uns zur Verfügung stehenden Dokumenten zwischen den Zeilen lesen und dabei Hinweise aus Passagen aufgreifen, die anscheinend von früheren Berichten erhalten sind. Diese Recherche ist nicht bloß akademisch und theoretisch. Sie trägt zu unserem Verständnis bei, wie Mythen entstehen, und sie hilft, Vorurteile aufzulösen, die von einer von Mythen geprägten Indoktrinierung geblieben sind. Auch wenn am Ende ein Fragezeichen bleibt und wir mit einer Theorie dastehen, die nur an das Wahrscheinliche heranreicht, stärken wir dennoch die vernünftige Annäherung, die in erster Linie auf das Wahrscheinliche zielt und die engstirnige Gewissheit von Köpfen meidet, die von Mythos und Fantasie erfüllt sind.

Der Ausgangspunkt der meisten Theorien über den historischen Judas ist der Name Ischariot gewesen. Wie lässt sich dieser Name ableiten? Ist er hebräisch oder kommt er aus einer anderen Sprache? Ist es ein Spitzname, ein Nachname oder ein Ortsname? Trägt ihn allein Judas oder ist es sein Familienname?

Die übliche Erklärung betrachtet Ischariot als eine griechische Transkription von zwei hebräischen Wörtern: *isch*, das heißt „Mann", und *qeriyoth*, das ist der Ortsname Kerijot, der dreimal in der Hebräischen Bibel vorkommt.[1] „Ischariot" hieße also „Mann aus Kerijot". Bei Jeremia und Amos kommt das Wort in einer Aufzählung von Orten in Moab vor; aber bei Josua gehört es zu Orten in Juda. In der Septuaginta von Josua allerdings wird das hebräische *qerijoth* nicht als Ortsname übersetzt, sondern in der Bedeutung „Städte" (griechisch *hai poleis*), d. h. Städte, die mit Hazor oder Hezron verbunden sind, ein weiträumiges Gebiet, wie neuere Ausgrabungen gezeigt haben. Somit ist fraglich, selbst in dem einen Bibelabschnitt, wo *qerijoth* als in Juda gelegen vorkommt, ob dies wirklich ein Ortsname ist – und niemand hat vorgeschlagen, dass Judas aus Moab kam.[2]

Da es jedoch keine andere Theorie gibt, ist weitgehend akzeptiert worden, dass Judas aus einem Ort in Juda namens Kerijot kam. Zwei Überlegungen haben dazu beigetragen, diese Ansicht zu untermauern. Die erste ist der Beleg, der nur bei Johannes vorkommt, dass Judas' Vater (oder möglicherweise Bruder) Simon ebenfalls Ischariot hieß (Joh 6, 71 und 13, 26). Dies scheint die Möglichkeit auszuschließen, dass Ischariot ein Spitzname war, da zwei Personen aller Wahrscheinlichkeit nach nicht denselben Spitznamen tragen. Aber es scheint durchaus einleuchtend, dass von zwei Personen aus derselben Familie geläufig als aus derselben Stadt kommend gesprochen wurde. Das Johannesevangelium bietet einen weiteren Beleg: In bestimmten Manuskripten dieses Evangeliums finden wir anstelle von „Ischariot" den griechischen Ausdruck *apo Karyotou,* was „aus Karyotos" bedeutet.[3] Dies zeigt, dass zumindest in einer bestimmten textlichen Tradition „Ischariot" so verstanden wurde, dass Judas aus einem bestimmten Ort kam, obgleich fraglich bleibt, ob dies eine echte geografische Tradition ist oder ein früher Versuch, eine Wortableitung für einen Namen zu finden, dessen Bedeutung bereits rätselhaft geworden war.

Es gab Versuche, die Stadt Kerijot genauer zu lokalisieren. Der dänische Wissenschaftler Frants Buhl identifizierte in seiner *Geographie des Alten Palästina* das antike Kerijot mit der modernen arabischen Stadt Qaryaten, wobei er sich auf die Tatsache verließ, dass Ortsnamen oft außerordentlich langlebig sind, sodass es nicht weit hergeholt ist, anzunehmen, dass ein Name zweitausend Jahre mit nur geringen Veränderungen überdauert hat. Die Gleichsetzung wurde weitgehend akzeptiert. Leider liegt Qaryaten nicht ganz im richtigen Gebiet, da es weit entfernt ist von der antiken Stätte Hazor, mit der Kerijot in der Bibel verbunden wird. Bedeutsam scheint auch, dass der Ortsname Kerijot nirgendwo in der nachbiblischen Literatur erwähnt wird. Dies legt nahe, dass es diesen Ort entweder nie gegeben hat oder dass es ihn in der Zeit Jesu nicht mehr gab.

Eine weitere Frage ist, ob „Ischariot" wirklich ein zusammengesetzter Name aus *isch* („Mann") und *qeriyoth* (Kerijot) ist. Wenn Ischariot „Mann aus Kerijot" bedeutet, warum übersetzt das Neue Testament nicht das erste Wort, *isch?* Warum übersetzt es *isch* nicht als „Mann" (*aner*)? Sicher ist der Ausdruck „Mann aus ..." eine Redensart im Hebräischen dieser Epoche.[4] Aber der Ausdruck „Mann aus ..." wird nie als Teil des Namens betrachtet und immer ausdrücklich übersetzt, wenn der Name in eine andere Sprache übertragen wird.[5]

Insgesamt ist die Theorie des „Mann von Kerijot" trotz weitgehender Zustimmung sehr fadenscheinig. Doch sind weitreichende Schlussfolgerungen unter dieser Voraussetzung gezogen worden, die heute so fest verwurzelt sind, dass sie beinahe den Rang von unumstößlichen Fakten angenommen haben. So begegnen wir wiederholt der Behauptung, dass Judas Ischariot im Unterschied zu den anderen Jüngern Judäer und nicht Galiläer war. Dies machte ihn zum Außenseiter unter den Jüngern; er passte nie ganz in diese Gesellschaft, die mit Jesus selbst eine galiläische Perspektive gemeinsam hatte. Judas, so die weitere Beweisführung, nahm einen etwas höheren gesellschaftlichen Rang ein als die andern, weil ihn seine Herkunft aus dem Süden mit den Sitten der Metropole Jerusalem vertraut machte. Dies wiederum entfremdete ihn den ländlichen Jüngern und Jesus selbst. Ihm war also der Abfall am ehesten zuzutrauen. Seine Herkunft aus der Oberschicht ließ ihn einen hohen Rang im „Reich Gottes" anstreben. Aber als er feststellte, dass Jesus keinen Wunsch nach politischer Macht hatte, wurde er seiner Illusionen beraubt und verriet ihn.

Das alles beruht auf der Annahme, dass Judas in einer judäischen Stadt namens Kerijot geboren wurde, ein Gedanke, der wiederum von der oben beschriebenen fragwürdigen Wortherkunft abhängt. Davon abgesehen gibt es keine Spur eines Beweises, dass Judas Judäer war. Der Name „Judas" zeigt dies sicherlich nicht, denn es war ein verbreiteter Name in Galiläa. Der berühmte Judas der Galiläer, der Gründer der Bewegung der Zeloten, ist ein naheliegendes Beispiel. Ein anderes ist Judas, der Bruder Jesu (Mt 13, 55). Folglich ist es wahrscheinlicher, dass Judas Ischariot wie die anderen Jünger Galiläer war.

Viele Wissenschaftler, die mit der Theorie des „Mann von Kerijot" nicht zufrieden waren, haben sich an anderen Erklärungen des Namens versucht. Einige schlagen vor, dass Ischariot eine Form von „Issacharit" sei, nämlich ein Angehöriger des Stammes Issachar. Etymologisch ist dies eine ziemlich reizvolle Idee; aber die Theorie trifft höchstwahrscheinlich nicht zu, da der Stamm Issachar seit vielen Jahrhunderten nicht mehr existierte. Die assyrische Eroberung des Nordreiches hatte zum Exil und der

Zerstreuung der zehn Verlorenen Stämme geführt, zu denen Issachar gehört hatte.

Andere behaupten, dass der Name Ischariot nicht von einem Ortsnamen abgeleitet ist, sondern vielmehr ein Spitzname war, den Judas wegen seiner Rolle als Kassenwart der Jünger trug. Nach dieser Theorie kommt „Ischariot" von dem lateinischen Wort *scortea*, was einen Lederbeutel bezeichnet. Judas soll tatsächlich „die Kasse" gehabt haben (Joh 12, 6; 13, 29). Das hier verwendete griechische Wort ist *glossokomon*, was überhaupt nicht nach Ischariot klingt. Aber diese Theorie vermag kaum zu überzeugen, da unsere früheren Untersuchungen ergeben haben, dass die Vorstellung von Judas als Kassenwart der Gruppe weder früh noch glaubwürdig ist, sondern ein Ergebnis der entstehenden Legende von Judas' Habgier.[6]

Eine erwägenswerte Ansicht ist, dass Ischariot von dem Ortsnamen Sychar stammt, der bei Johannes 4, 5 vorkommt und dort als „ein Ort in Samarien" beschrieben wird. Vorgeschlagen wird, dass Ischariot „Mann aus Sychar" bedeutet, d.h., dass das erste Element des Namens *isch* ist, wie nach der „Mann aus Kerijot"-Theorie, das zweite Element aber der hebräische Name ist, der der griechischen Transliteration „Sychar" zugrunde liegt. Nach dieser Theorie ist Judas umso mehr der Außenseiter, als wenn er Judäer wäre; hier wird er zum Samariter, eine Sekte, die von den meisten Juden als ketzerisch betrachtet wurde. Dieser Fall scheint jedoch unmöglich. Die Haltung Jesu gegenüber den Samaritern, wie sie in den Evangelien beschrieben ist, war zurückhaltend. Er wies seine Jünger an, keine ihrer Städte zu betreten (Mt 10, 5). Auf seinem Weg nach Jerusalem hinderten die Samariter ihn daran, durch ihr Gebiet zu ziehen, indem sie ihre gewohnte Feindseligkeit gegenüber Pilgern zeigten (Lk 9, 52). Obwohl Jesus seine Jünger rügte, weil sie die Schuldigen mit Feuer vom Himmel vernichten wollten, lässt der Vorfall nicht auf freundschaftliche Beziehungen zwischen der Schar Jesu und den Samaritern schließen. Obwohl er freundlich zu der Samariterfrau sprach, sagte er ihr, dass die Samariter anders als die Juden anbeten, „was ihr nicht kennt" (Joh 4, 22). Wie die Rabbis lobte er die Samariter, wenn sie gute Taten vollbrachten (Lk 10, 30–36) und verwendete solche Vorfälle als Beispiel, aber er behauptete beharrlich, „das Heil kommt von den Juden" (Joh 4, 22). Diese Haltungen sind kaum vereinbar mit der Hinnahme eines Samariters als einen der Apostel.

Darüber hinaus bleibt der Name Sychar problematisch. Keine andere Quelle, sei sie jüdisch oder nichtjüdisch, erwähnt diesen Ortsnamen. Wahrscheinlich ist Sychar, wie viele Gelehrte vorgeschlagen haben, eine Abwandlung der bekannten samaritischen Stadt Sichem. Als Erster behaup-

tete dies Hieronymus. Umso wahrscheinlicher ist dies wegen Johannes'
Bemerkung, dass es „nahe dem Stück Land war, das Jakob seinem Sohn
Josef gab".[7] Dennoch haben einige moderne Wissenschaftler Sychar
lieber als das moderne Askar identifiziert, das in einiger Entfernung von
Sichem liegt. Der einzige Anhaltspunkt für diese Ansicht ist die Ähnlichkeit der Namen, der zufällig sein mag, und der Beleg bei Johannes, der
für Sichem spricht, wird hiermit ignoriert. Wenn Sichem gemeint ist,
dann wäre der Reiz der vorgeschlagenen Ableitung von Ischariot gerin-
ger, wenn dagegen Askar maßgeblich ist, dann wird diese Ableitung linguistisch stärker.

Aber wie dem auch sein mag: Die grundlegende Schwierigkeit bei der
Theorie vom „Mann aus Sychar" bleibt die gleiche wie bei der Theorie
vom „Mann aus Kerijot" – es ist kaum zu verstehen, warum das Wort für
„Mann" nicht ins Griechische übersetzt wurde, sondern mit dem Ortsnamen verschmolzen wurde und so eine Zusammensetzung bildet, die
kein jüdisches Vorbild hat.

Eine andere Theorie über Bedeutung und Herkunft von „Ischariot"
ohne diese Schwierigkeiten ist anscheinend aus ideologischen Gründen
vernachlässigt worden. Das ist die Ansicht, dass Ischariot von dem lateinischen *sicarius*, „Dolch-Mann", abgeleitet ist. Dieses Wort wurde ausdrücklich auf die Bewegung der Zeloten angewandt, die aktive Gegner der
römischen Besetzung von Judäa waren und bewaffneten Widerstands leis-
teten. Was besonders für diese Theorie spricht, ist nicht nur die linguistische Schlüssigkeit, sondern auch die bemerkenswerte Tatsache, dass ein
anderer Jünger Jesu als „Simon der Zelot" bekannt war. Dies zeigt, dass
Jesus mindestens einen Jünger aus der zelotischen Bewegung rekrutierte,
und es ist durchaus nicht unmöglich, dass er einen weiteren rekrutierte,
dessen Spitzname auch auf eine frühere Mitgliedschaft in der Bewegung
hinweisen könnte. Eine Transliteration von *sicarius* ins Aramäische ist
schon aus der rabbinischen Literatur bekannt, wo ein gewisser heraus-
ragender Rebell während des jüdischen Krieges gegen Rom (66–70) als
„Abba Sikra" oder Abba der Zelot bekannt ist (siehe Gittin 46a). Diese
Kombination eines Vornamens mit einem Spitznamen entspricht genau
der Kombination Judas Ischariot. Gewiss, dem rabbinisch belegten Namen
fehlt das anlautende „i", das sich bei Ischariot findet, aber es ist für einen
transliterierten Namen nicht ungewöhnlich, dass er in verschiedenen Formen auftritt, da verschiedene Regionen Palästinas ihre eigenen Lösungen
für das Problem der Aussprache eines fremden Wortes fanden. Tatsächlich
findet sich der Name Ischariot in einigen Manuskripten des Neuen Testaments ohne „i" in der Form Skariotes, Skarioth oder Scariota.[8]

Die Vorstellung, dass Judas eine kriegerische Vergangenheit als Zelot hatte, bevor er sich der Apostelschar Jesu anschloss, verlangt ein Umdenken, das sich für die meisten Gelehrten als zu schwierig erwiesen hat. Es war schon schwer genug zu akzeptieren, dass ein einziger Jünger diesen Hintergrund hatte; ein zweiter war zu viel. Aber wie wir sehen werden, gibt es gute Gründe für die Vermutung, dass mindestens zwei weitere Jünger Jesu denselben Hintergrund hatten. Das könnte ein Umdenken in Hinblick auf Jesus selbst und seine Ziele beim Anspruch auf die Messianität notwendig machen. Eine Bewegung, die einen großen Teil ihrer Anführer von den Zeloten rekrutierte, dürfte mehr mit jener Bewegung gemein haben, als es herkömmliches Denken gestattet.

Abgesehen von linguistischen Erwägungen gibt es auch einen interessanten schriftlichen Beleg dafür, dass Judas Ischariot „Judas der Zelot" bedeutet. Wir haben schon den faszinierenden Abschnitt (Joh 14, 22–24) betrachtet (S. 48), in dem ein Jünger Judas, sorgfältig als *„nicht* Ischariot" gekennzeichnet, Jesus zu überreden versucht, eine aktive politische Rolle zu übernehmen. Wir kamen zu dem Schluss, dass dieser Abschnitt ursprünglich *von* Judas Ischariot handelt, und zwar in einem Stadium, als er als verständnisloser Aktivist und nicht als Verräter geschildert wurde. Eine Bestätigung dieser Ansicht und der Theorie, wonach Ischariot Zelot bedeutet, erscheint in koptischen Versionen des Johannesevangeliums aus dem 3. und 4. Jahrhundert. Hier fehlt das Wort „nicht" in der Wendung „nicht Ischariot", aber statt Ischariot finden wir das Wort *Kananites.* Die vollständige Bezeichnung des Gesprächspartners Jesu an dieser Stelle ist in diesen koptischen Versionen also Judas der Kanaanäer. Nun war aber offenkundig weder Judas Ischariot noch irgendein anderer Jünger ein Kanaanäer, weil dieses Volk schon seit Jahrhunderten vor Jesu Lebzeiten nicht mehr existierte. Aber leicht mit dem Namen „Kanaanäer" zu verwechseln ist das hebräische Wort *qan'ai,* was Zelot bedeutet. Der Hang der Autoren der Evangelien, dieses Wort mit Kanaanäer zu verwechseln, zeigt sich auch anderswo (Mk 3, 18, Mt 10, 4), wo Simon der Zelot Simon Kananäus genannt wird. Also haben allein die koptischen Versionen bewahrt, dass der Gesprächspartner Jesu in Joh 14 tatsächlich Judas Ischariot war (da das „nicht" weggelassen wurde), und dass ein anderer Name für ihn Judas der Kanaanäer war, d.h. Judas der Zelot. Das „nicht", das in späteren Handschriften von Johannes aufgenommen wurde, ist also ein Einschub, eingefügt von irgendeinem Bearbeiter, der bemerkte, dass die Judas Ischariot hier zugewiesene Rolle nicht vereinbar war mit der ausgereiften Idee seiner Gegnerschaft zu Jesus und dass deshalb die Rede dem anderen, nicht diabolischen Judas zugeschrieben werden sollte.

Es gibt einen weiteren Beweis, dass in einer Zeit vor der endgültigen Ausarbeitung der Evangelien eine Person namens Judas der Zelot in den Akten der Kirche aufgenommen war. Eine Liste der Apostel wird in Mt 10, 2–4 gegeben. In dieser Liste finden wir nur einen Judas, nämlich Judas Ischariot. Aber wir finden auch in manchen Handschriften einen Apostel namens „Lebbäus, dessen Zuname Thaddäus war" oder einfach „Thaddäus" (in anderen). Wir finden auch den Namen Thaddäus in der Liste der Apostel, die in Mk 3, 16–19 gegeben wird. Wer war dieser Apostel Thaddäus? In der Apostelliste in Lukas finden wir den Namen Thaddäus nicht, aber an der entsprechenden Stelle finden wir „Judas, der Bruder von Jakobus" (Lk 6, 16). Man hat also gemeint, dass Thaddäus ein anderer Name für Judas ist, und einige Wissenschaftler haben sogar vorgeschlagen, dass es eine Abwandlung des Wortes ist, obwohl dies kaum wahrscheinlich klingt. Sehr bedeutsam allerdings ist, dass wir in einigen frühen lateinischen Versionen des Matthäusevangeliums Judas Zelotes anstelle des Namens „Thaddäus" finden. Dies bestätigt, dass „Thaddäus" (wen auch immer es bezeichnet) ausdrücklich für Judas eingesetzt wurde. Wir finden auch den Namen Judas der Zelot bestätigt, der (in der Form Judas der Kanaanäer) in den koptischen Versionen von Johannes erscheint.[9] Die Wahrscheinlichkeit, dass der Name Judas Ischariot Judas der Zelot bedeutet, wächst damit.[10]

Man könnte freilich einwenden, dass Judas der Zelot nicht Judas Ischariot war, sondern der andere Judas, den Lukas als Bruder des Jakobus erwähnt. Zu diesem Schluss kommen einige Wissenschaftler, die diesen zweiten Judas auch mit dem „Judas nicht Ischariot" aus Joh 14, 22 gleichsetzen. Diese Lösung ist möglich, wenn auch meiner Meinung nach nicht wahrscheinlich. Dass es zwei Apostel gab, die beide Judas hießen, der eine mit dem Spitznamen Zelot und der andere mit dem Spitznamen Ischariot – ein Name, der Zelot bedeuten *könnte*, um es vorsichtig auszudrücken – stellt die Glaubwürdigkeit auf eine harte Probe. Die ganze Wirkung der Apostel-Listen, die so zweifelhaft an dem Punkt sind, ob es zwei Judasse oder einen gab und ob es überhaupt eine Person wie Judas der Zelot gab, weist auf einen Vertuschungsprozess hin. Was versuchen diese Listen zu verbergen? Ich schlage als beste Hypothese vor, dass es ursprünglich nur einen Judas gab, nämlich Judas Ischariot, und dass von dem Zeitpunkt an, als er für die mythische Rolle des Verräters ausersehen wurde, die positiven Überlieferungen über den historischen Judas auf einen zweiten Judas verlagert wurden, der anfangs einige der Spitznamen des Originals bekam, aber allmählich von diesem unterschieden wurde, indem man ihm abweichende Bezeichnungen gab.

Es gibt also sowohl linguistische als auch textliche Beweise, dass Ischariot Zelot bedeutet, da es von *sicarius* abgeleitet ist. Hier muss jedoch nur betont werden, dass es zu der Ableitung „Mann aus Kerijot" – für gewöhnlich trotz der eingeräumten Schwierigkeiten für die beste Theorie gehalten – eine vernünftige Alternative gibt. Folglich besteht keine Notwendigkeit, sich von dem allgemein akzeptierten Szenario einengen zu lassen, dass Judas ein vereinzelter Judäer in einer Schar von Galiläern war. Ganz im Gegenteil gibt es gute Gründe, die offenkundige (nirgendwo in den Evangelien ausdrücklich geleugnete) Ansicht zu akzeptieren, dass Judas wie die anderen Apostel Galiläer war.

Es sollte auch darauf hingewiesen werden, dass es, falls Judas Ischariot Judas der Zelot bedeutet, kein Problem darstellt, wenn Johannes ihn „Sohn (oder Bruder) von Simon Ischariot" nennt. Es war eine Stärke der „Mann aus Kerijot"-Theorie, dass sie dies befriedigend erklären konnte; zwei Angehörige derselben Familie dürften natürlich denselben auf den Herkunftsort bezogenen Spitznamen tragen. (Aber wenn dem so ist, wie steht es dann um die „Außenseiter"-Theorie? Zwei Außenseiter bieten keine so elegante Erklärung für Judas' „Entfremdung".) Aber die „Zeloten"-Theorie erklärt auch zufriedenstellend den gemeinsamen Spitznamen: Zwei ehemalige Mitglieder derselben Bewegung konnten durchaus denselben Spitznamen haben, besonders wenn die korrekte Übersetzung „Bruder von" statt „Sohn von" ist. Sobald wir mutmaßen, dass Ischariot „Zelot" bedeutet, können wir sogar folgern, dass Simon Ischariot und Simon der Zelot dieselbe Person waren, genauso wie Judas Ischariot und Judas Kanaanäus (der Zelot). In diesem Fall kommen wir zu dem Schluss, dass Simon der Zelot, der Apostel, Judas Ischariots Bruder war. Denn es erscheint unwahrscheinlich, dass es zwei Simons gab, einen, der Simon der Zelot genannt wurde und nicht Judas' Bruder war, und den anderen, der den gleichbedeutenden Namen hatte, Simon Ischariot, der dies war.[11]

Bevor wir das Thema verlassen, sollten Theorien erwähnt werden, die den Namen Ischariot von der hebräischen und aramäischen Wurzel *shqr* ableiten, was „lügen, täuschen" bedeutet. Es ist auch vorgeschlagen worden, dass der Name auf der Wurzel *sgr* beruhen könnte, was „übergeben" bedeutet und im Hebräischen (in der Hifil-Form) in der Bedeutung „an einen Feind ausliefern" gebraucht wird. Hier gibt es einige linguistische Schwierigkeiten, wie sich der Name Ischariot aus diesen Wurzeln entwickelt haben könnte, aber der Haupteinwand ist, dass diese Erklärung unterstellt, der Name Ischariot sei von Judas nicht getragen worden, während er Apostel war, sondern erst nach seinem Abfall. Doch alle Belege weisen darauf hin, dass er diesen Namen von Anfang an trug. Diese

Erklärungsrichtung ist deshalb nicht überzeugend; obwohl sicherlich die Möglichkeit besteht, dass nach seinem Abfall der Name Ischariot, der ursprünglich nichts mit Verrat zu tun hatte, so *interpretiert* wurde. In der rabbinischen Literatur gibt es viele Beispiele für eine solche nachträglich abwertende Auslegung der Namen von Personen, die eine böse Rolle spielten.

Der Gedanke, dass Judas Ischariot ein Zelot war oder gewesen war, ist von vielen Wissenschaftlern aus anscheinend ideologischen Gründen ausgeblendet worden.[12] Zusammen mit andeutenden Hinweisen über andere Jünger könnte er den Schluss bekräftigen, dass die Bewegung Jesu ziemlich viel mit den Zeloten gemeinsam hatte und nicht so jenseitig und pazifistisch war, wie das gewöhnliche Christentum sie darstellen möchte. Dagegen haben einige Wissenschaftler den vorgeschlagenen Zelotismus von Judas Ischariot als glaubwürdigen Grund für seinen Abfall anerkannt. Falls Judas ein Zelot war, der sich am Guerillakrieg gegen die Römer beteiligte, könnte er eine diesseitige, militaristische Haltung bewahrt haben, die Jesus fremd war. Angezogen vom Charisma Jesu verließ er (nach dieser Theorie) die zelotische Bewegung, unter dem Eindruck, dass Jesus der wahre Messias war, der mit übernatürlichen Mitteln die Niederlage der Römer herbeiführen würde. Aber allmählich wurde ihm klar, dass Jesus nicht beabsichtigte, die Römer zu stürzen, da er seine Eigenschaft als Messias ausschließlich spirituell verstand. Enttäuscht und verbittert rächte sich Judas an Jesus dafür, dass er ihn irregeführt hatte, und verriet ihn an seine Feinde.

Eine alternative Version ist, dass Judas nie den Glauben an Jesus als Messias verlor, aber die Geduld über sein zögerliches Verhalten verlor und beschloss, eine Entscheidung zu erzwingen, indem er Jesus verriet und somit zwang, seine wundersamen Kräfte auszuüben, um die Römer zu stürzen. In dieser Version war Judas kein Schurke, sondern ein wohlmeinender Jünger, der nicht verstand, dass das Widerstreben Jesu gegen eine politische Aktion von einer spirituellen Erlösungsidee motiviert wurde, für die der Sturz der Römer bedeutungslos war. Diese Version der Ereignisse hat sich nicht nur als beliebt bei Wissenschaftlern erwiesen, sondern auch bei Autoren von Romanen und Filmdrehbüchern über Jesus und das frühe Christentum, gewöhnlich in Verbindung mit der „Mann aus Kerijot"-Theorie, durch die Judas in jedem Fall durch seine Herkunft aus Judäa von den anderen Jüngern abgegrenzt war.[13] Dieses Szenario gibt Judas mehrere verständliche Motive, geeignet für eine fiktive Darstellung, rettet ihn vor dem ungenießbaren Bericht in den Evangelien, vom Satan besessen zu sein, und gibt ihm auch einen symbolischen Wert als typischem Vertreter der Juden seiner Zeit, die sich eher einen politischen Messias als einen spirituellen erhofften. Daher wird eine gewisse Sympathie für Judas, dem man einen patriotischen Blickwinkel zuschrieb, mit Kritik an ihm und den Juden insgesamt verbunden, da sie die Spiritualität Jesu und seinen Versöhnungsauftrag am Kreuz nicht würdigten. Es ist kaum überraschend, dass dieses Gemenge einen starken Reiz auf Romanciers und Filmemacher ausübt, die christliche Religiosität bewahren möchten, während sie den krasseren antisemitischen Verwicklungen der Geschichte aus dem Weg gehen.

Diese Theorie greift zwar die Hinweise in den Erzählungen und verschiedenen Lesarten der Evangelien auf, die auf Judas' zelotische Verbindungen verweisen, akzeptiert aber allzu bereitwillig die Historizität von Judas' Verrat. Sie akzeptiert auch allzu bereitwillig die angebliche Jenseitigkeit, den Pazifismus und die suizidalen Absichten von Jesus selbst sowie seine Entfremdung vom Judentum seiner Zeit. Die Theorie bietet somit eine annehmbarere und weniger satanische Version des üblichen Berichts, in dem Judas durch seinen Verrat an Jesus für das Versagen der Juden und ihrer Religion steht.

Eine andere Denkrichtung behauptet, dass Judas nie existierte, sondern gänzlich eine fiktive Kreation der frühen Kirche war. J. M. Robertson argumentiert überzeugend, dass Judas als Propagandawerkzeug gegen die Juden und das Judentum erfunden wurde. Diese Ansicht wurde auch mit großem Nachdruck von William Benjamin Smith, A. Drews, G. Schläger, L. G. Levy und S. Lublinski vertreten. Andere erkennen in der Geschichte keinen Propagandazweck, sondern eher die Entwicklung einer Fiktion, um verwirrende Lücken in der Erzählung zu füllen, etwa die Frage, wie es zu der Gefangennahme Jesu kam. Frank Kermode hat die Ansicht vorgetragen, dass die Geschichte von Judas die erzählerische Notwendigkeit eines Gegners befriedigt; demnach wurde die Geschichte nicht erfunden, um eine historische Leerstelle zu füllen, sondern aus einem erzählerischen Bedürfnis heraus, da sie ohne das Element der Opposition nicht als vollständig empfunden wurde (hier stützt er sich auf das Werk von Vladimir Propp, der ein breites Spektrum von Volkssagen analysierte, in denen er den Gegner als unentbehrlichen Bestandteil fand).

Alle diese Wissenschaftler haben wichtige Einsichten gehabt und gültige Argumente vorgetragen. Aber sie waren besonders empfänglich für den Aspekt der *Entwicklung*: die Erweiterung der Erzählung um neue Themen und Motive, von ihrer ersten Andeutung bei Markus zu ihrer Ausgestaltung bei Johannes und der Aufnahme von Legendenstoffen im Mittelalter. Aber die Frage stellt sich noch immer: „Wer war der historische Judas?" Man kann argumentieren, wie es J. M. Robertson tut, dass dies eine unbeantwortbare Frage ist, da der ursprüngliche Judas – wenn es diese Person jemals gab – so überlagert vom Mythos ist, dass er endgültig verloren ist. In Hinblick auf die Frage nach dem historischen Jesus hat es ebenfalls jene gegeben, die leugneten, dass er jemals lebte (in jüngster Zeit G. A. Wells) und andere, die seine Existenz einräumten, aber die Möglichkeit verneinten, etwas über ihn in Erfahrung zu bringen (so Rudolf Bultmann). Meine eigene Ansicht ist, dass die Evangelien gemischte Werke sind und dass sie unter ihren oberen Schichten viel Material von historischem Wert enthalten, das spätere bearbeitende Tätigkeit zu löschen versäumte. Dieses historische Material kann durch Anwendung der Tendenzmethode erkannt werden, die seit dem 19. Jahrhundert entwickelt wurde, aber Ergebnisse erbrachte, die so alarmierend für den christlichen Glauben waren (indem sie einen jüdischen Jesus und eine jüdische Jerusalemer Kirche zeigten), dass sie im 20. Jahrhundert durch andere, angenehmere Methoden ersetzt wurde, namentlich durch die „Formkritik".[14] Durch die Anwendung der Tendenzmethode können sowohl der historische Jesus als auch der historische Judas bis zu einem gewissen Grad rekonstruiert werden.

Ein anderer Zugang zu den Problemen, vor die uns die Geschichte von Judas Ischariot stellt, sollte zuerst erwogen werden, nämlich der psychologische oder psychoanalytische Ansatz. Die gründlichste Behandlung von diesem Standpunkt aus ist Sidney Tarachov zu verdanken, der die Methode von Theodor Reik, dem freudschen Analytiker und Mythologieforscher, anwandte. In seinem Artikel „Judas, der geliebte Henker"[15] stützt sich Tarachov auf bestimmte Hinweise in den Evangelien (bemerkt auch von früheren Wissenschaftlern[16]), dass Judas vor seinem Abfall nicht nur einer der Jünger war, sondern ein besonders bevorzugter. Ein solcher Hinweis ist, dass Judas beim Abendmahl anscheinend neben Jesus saß. Es ist sogar vorgeschlagen worden, und zwar vor Tarachovs Arbeit, dass Judas in Wirklichkeit der „Lieblingsjünger" war, den Johannes erwähnt, und ein Autor, C. S. Griffin, hat sogar behauptet, dass Judas Ischariot der Autor des vierten Evangeliums war (Griffin 1982).

Einige Autoren, die die Aufzählungen der Jünger bei frühen Kirchenautoren untersuchten, haben gefolgert, dass Judas Ischariots Name ursprünglich an erster Stelle auf der Liste stand, nicht an letzter wie in den Evangelien. Tarachov, der seine Arbeit auf diese Vorschläge stützt, wirft neues Licht auf den Kuss des Verrats bei der Gefangennahme Jesu. Dieser Kuss, legt Tarachov nahe, zeigt eine erotische Beziehung, die nicht unbedingt bewusst oder offenkundig war. Aber noch wichtiger ist die Ähnlichkeit in der Geschichte der zwei Männer. Judas Ischariot ist das Spiegelbild

Jesu. (Einen gewissen Rückhalt für diesen Gedanken kann man in dem Bericht der *Goldenen Legende* über Judas' Kindheit sehen, in der er als Bruder Jesu erscheint, mit einem Anspruch auf das gleiche königliche Erbe.) Jesus schickt sich in einen grausamen Tod, den Gottvater verfügt hat; Judas dagegen bringt dem Gottessohn den Tod. Judas steht für die Kehrseite der Medaille; während Jesus Unterwerfung zeigt, zeigt Judas Rebellion. Judas ist die schlechte Seite von Jesus, indem er den Sadismus vorführt, der dem Masochismus Jesu zugrunde liegt.

Die Erotik der Beziehung zwischen Jesus und Judas lässt sich aus dieser Perspektive als sadistisch-masochistische Bindung begreifen, deren innigster erotischer Akt aus Mord und Ergebung in Mord besteht. Von einem anderen Blickwinkel aus drückt er jedoch die *Identität* zwischen Jesus und Judas aus. Jesu Akt der Selbstaufopferung ist eine Möglichkeit, die Ambivalenz der Beziehung des Sohnes zum Vater zu lösen; er, der (wie Judas) den Vater zu vernichten wünscht, akzeptiert (wie Jesus) seine eigene Vernichtung, wodurch er für die ödipalen Todeswünsche aller Menschen büßt. Wenn Judas Jesus vernichtet, bedeutet dies eigentlich, dass Jesus sich selbst vernichtet. Deshalb besteht ein positives Verhältnis der Liebe zwischen Jesus und Judas. Von allen Jüngern ist Judas der Einzige, der versteht, was Jesus braucht. Die Idee wurde vielleicht von Friedrich Hebbel angedeutet, als er in seinen Skizzen für ein geplantes Theaterstück über Jesus schrieb: „Judas war der allergläubigste", anstatt dass er (wie vermutet wurde) ein Szenario für Judas als „jüdischer Zelot" im Sinn hatte.

Wir haben schon etwas Ähnliches in der gnostischen kainitischen Sicht gesehen, nach der Judas beabsichtigte, die Erlösung der Menschheit herbeizuführen (siehe S. 125), und in den Ansichten der modernen christlichen Denker Léon Bloy und Charles Péguy. Sogar der jüdische Autor Bernard Lazare neigte zeitweise der Idee von Judas' Mission des Verrats zu (siehe S. 127). Die psychoanalytische Version löst die Geschichte jedoch aus dem öffentlichen Rahmen und macht sie für jedes Individuum bedeutsam. Die von Jesus angebotene Erlösung geschieht nicht durch „den Leib der Kirche", wie Paulus es ausdrückt, sondern als individuelle Erlösung, die durch persönliche Beziehung zu Jesus erlangt wird. Diese Art von Erklärung der Judasgeschichte ist auf ihrer eigenen Ebene nützlich; aber sie wird der gemeinschaftlichen Ebene nicht gerecht, auf der der Jesusmythos wirkt, als das Muster für eine ganze Gesellschaft. Auf der gemeinschaftlichen Ebene verlangt die Geschichte eher eine anthropologische Behandlung als eine psychoanalytische. Wir müssen fragen: „Zu welcher Kategorie des gesellschaftlichen Mythos gehört der Christusmythos und wie trägt er zum Zusammenhalt der christlichen Gesellschaft bei?"

Die hier (und in meinem früheren Buch *Der heilige Henker*) vorgeschlagene Antwort ist, dass der Christusmythos zum Bereich der Mythen gehört, die aus Riten des Menschenopfers hervorgingen, die vollzogen wurden, um einen bestehenden Stamm vor einer drohenden Katastrophe zu retten oder um einen neuen Stamm zu weihen (wenn die Gefahren der Neuheit eine solche Katastrophe herausfordern). Die auf der psychoanalytischen Ebene gewonnenen Einsichten habe alle ihre soziologische Entsprechung. Insbesondere drückt die Identität von Opfer und Opfer-Vollbringer die Sterbebereitschaft des zu Opfernden aus sowie die allgemeine Stammesidentität des Opfers und der Gemeinschaft, die das Opfer befiehlt und beaufsichtigt. Aber diese Identität von opfernder Gemeinschaft und willigem Opfer wird in der Regel hinter dem verborgen, was Walter Burckert als „Komödie der Unschuld" bezeichnet hat. Die Gemeinschaft gibt vor, dass sie das Opfer nicht befohlen hat und dass es gegen ihren Willen zustande kam. Ein rituelles „Händewaschen" findet statt, um die Unschuld der gemeinschaftlichen Instanzen auszudrücken, und der Henker, in Wirklichkeit ein öffentlicher Bediensteter, wird verstoßen und in die Verbannung geschickt. Auf der individuellen, psychoanalytischen Ebene geschieht diese Verleugnung des Rituals in der Form der Verdrängung des mörderischen Wunsches, das dem masochistischen Verhalten zugrunde liegt, aus dem Bewusstsein. Aber auf der soziologischen oder anthropologischen Ebene führt die Verleugnungsmaßnahme zu einer gesellschaftlichen Institution, nämlich der Schaffung einer Kaste von Parias, die für immer die Schuld an der Opferung tragen, damit die Gesellschaft den Nutzen daran ohne Schuldgefühl genießen kann. Diese Pariakaste bilden in der christlichen Kultur die Juden, die ausgewählt werden, eine ewige Judasrolle auszufüllen. Den christlichen Mythos auf eine Sache der individuellen Psychologie mit dem Zweck der Bewältigung persönlicher Neurosen zu reduzieren würde allerdings die gesellschaftliche Dimension übersehen und das Elend der Juden im Christentum ignorieren.

Die psychoanalytische Theorie hat somit das Verdienst, die Judasgeschichte eher symbolisch zu betrachten denn als einen Bericht über tatsächliche historische Ereignisse. Ein solcher Ansatz ist wesentlich, um die Entwicklung der Geschichte und ihre Macht zu verstehen. Aber der Symbolismus wäre zu eng, wenn er auf die Ebene der individuellen Psychologie begrenzt würde. Eine Analyse des Mythos sollte eine Erklärung der Lebensfähigkeit und Dauerhaftigkeit der christlichen Gesellschaft liefern, wie auch die Grausamkeit, den Hass und die Unterdrückung berücksichtigen, die ihre Geschichte beschmutzt haben. Doch die Geschichte von Judas ist nicht völlig symbolisch. Sie hat einen historischen

Kern, und wenn wir weitere Erkenntnisse gewinnen können, seien sie noch so begrenzt, wird die Abgrenzung zwischen Tatsachen und Fantasie noch klarer, und die Fähigkeit, dem Vorgang zu widerstehen, durch den Fantasie in grausame Realität umschlägt, wird umso größer.

Anmerkungen

1   Josua 15, 25, Jeremia 48, 24, Amos 2, 2.

2   Selbst das doppelte Vorkommen von Kerijot in Verbindung mit Moab beweist nicht eindeutig, dass das Wort ein Ortsname ist, denn die Septuaginta übersetzt es bei Amos als „Städte" (während sie es bei Jeremia als Ortsnamen behandelt wird).

3   Deutung von D bei Johannes 12, 4; 13, 2, 26; 14, 22.

4   Zum Beispiel Nahum, ein Mann aus Gizmo, und Eleazar, ein Mann aus Bartota.

5   Es ist darauf hingewiesen worden, dass es einen parallelen Fall bei Josephus im Namen Istobus gibt (Jüdische Altertümer VII. 121), was die Transliteration des Namens Ischtob ist (2 Sam 10, 6, 8). Aber das ist etwas ganz anderes, denn hier bildet das Wort isch tatsächlich einen Teil des Namens, und das zweite Element tob ist kein Ortsname, sondern ein Adjektiv, das „gut" bedeutet, sodass der ganze Name „guter Mann" bedeutet. Ein einleuchtender hebräischer Name, der mit isch beginnt, muss von dieser Art sein. Ein anderes Beispiel in der Bibel ist Ischbaal (2 Sam 2, 8). Was „Mann von Baal" bedeutet, also ein Anhänger von Baal, wo die Wendung „Mann von …" wesentlich für die Bedeutung des Namens ist. Andererseits ist der Einwand, der manchmal gegen die Theorie des „Mann von Kerijot" mit der Begründung erhoben wird, dass „Mann von …" aramäisch sein sollte, nicht hebräisch, nicht zwingend. Hebräisch wurde zu Lebzeiten Jesu viel häufiger verwendet, auch in der gewöhnlichen Rede, als den Gelehrten der vorigen Generation klar war, wie auch die rabbinischen Parallelen in der Art „Mann von …" beweisen.

6   Es sollte jedoch angemerkt werden, dass es keinen Einwand gegen die Theorie mit der Begründung geben kann, dass „Ischariot" mit einem „I" beginnt, welches in dem Wort scortea fehlt. Denn es gibt viele Beispiele, die zeigen, dass Sprecher des Aramäischen oder Hebräischen es schwierig fanden, lateinische oder griechische Wörter auszusprechen, die mit einem Doppelkonsonanten beginnen, und dazu neigten, die Aussprache zu erleichtern, indem sie einen kurzen Vokal, häufig ein „i" vor dem Doppelkonsonanten einzufügen. Ein Beispiel dafür ist das Wort ispaqlaria, das im Aramäischen als Ableitung des lateinischen Wortes specularia („Fensterglas") erscheint. Dies ist ein wichtiger Punkt, den man in der weiteren Diskussion der Ableitung von „Ischariot" bedenken sollte.

7   Gen 48, 22, wo der mit „Bergrücken schulterhoch" übersetzte Ausdruck im Hebräischen shechem lautet, und der Bezug gilt dem von Jakob gekauften Land in Sichem, Gen 33, 19.

8   Diese Formen, die mit „s" beginnen, stellen auch eine Schwierigkeit für die Theorie „Mann aus Kerijot" dar. Wenn die erste Silbe von Ischariot für das hebräische isch steht, wäre eine solche Verkürzung höchst unwahrscheinlich.

9   Zu einer weiteren Bestätigung der frühen Existenz einer Benennung Judas der Zelot in den Schriften des wichtigen Zeugen Johannes Chrysostomos siehe Anhang.

10 Es gibt auch den Beleg für die Existenz des Namens „Judas der Zelot" in der koptischen und der äthiopischen Epistola Apostolorum, Hg. C. Schmidt und Wajnberg, TU 43 (1919, 26 c. 2. Siehe auch Hennecke-Schneemelcher, Neutestamentliche Apokryphen, 4. Aufl., 1968, 1, 192 und 2, 31 f.

11   Zu einem frühen Versuch, eine Verbindung zwischen „Ischariot" und sicarius zu behaupten, siehe O. Cullmann, The State in the New Testament, 15. Ihm war F. Schulthess (1917), S. 54 ff., zuvorgekommen, der jedoch die Sicarii als nichtjüdisch betrachtete. Siehe auch E. Klostermann (1950), S. 35, und Hengel (1990), S. 47 f., wo es heißt, die Theorie sei „nicht überzeugend".

12   Ein häufiges Argument ist, dass die Bewegung der Zeloten zu dieser Zeit nicht existierte und dass deshalb der Begriff „Zelot" (wie bei Simon der Zelot) nur religiöse Bedeutung hatte, nämlich „einer, der sich für die Thora begeistert". Eine Bestätigung für diesen rein religiösen Gebrauch findet sich in Paulus' Äußerung über sich selbst („mit dem größten Eifer setzte ich mich für die Überlieferung meiner Väter ein", Gal, 1, 14) und der Beschreibung von Anhängern der Jerusalemer Kirche als „Eiferer für das Gesetz" (Apg 21, 20). Siehe auch Apg 2, 3 und Josephus Altertümer, XII. 271. Der Einwand ist, dass eine genaue Prüfung von Josephus zeigt, dass der Begriff Zelot erst in einer späteren Zeit als politischer Begriff gebraucht wurde. Dieser Einwand ist von Martin Hengel umfassend widerlegt worden, der beweist, dass der Begriff, wenn allein benutzt (ohne einen folgenden Ausdruck wie „...für das Gesetz"), immer einen politischen Bezug hat und dass die Zeloten zu Lebzeiten Jesu durchaus als politische Bewegung existierten (Hengel, 1990, S. 70 ff.).

13   Ein berühmter früher Unterstützer der Theorie war Thomas de Quincey (Werke 6, S. 21 ff.). Unter den Wissenschaftlern, die sie stützen waren Neander und Volkmar (Jesus Nazarenus, 1882, S. 121). Literarische Beispiele sind Klopstocks Gedicht „Messias", Cecil Roth' Iskarioth, London 1929, der Film „Jesus von Nazareth", Drehbuch von Anthony Burgess (1982) und die Rockoper „Jesus Christus Superstar".

14   Die Formkritik kann den Beweis für das Festhalten Jesu am Judentum durch den Begriff der „Re-Judaisierung" ignorieren, d. h. dass die Evangelien eine Tendenz der frühen Kirche belegen, zum Judentum zurückzukehren, und dass deshalb jüdische Merkmale Jesus unhistorisch zugeschrieben wurden. Diese Theorie ist Teil eines Gesamtkonzepts, wonach die Evangelien sehr wenig Material von historischem Wert enthalten, sondern nur Materialien, die eine Funktion in der Liturgie und im Glaubenssystem der frühen Kirche hatten. Alles Material, das anscheinend Jesus als gläubigen Juden zeigt, sollte deshalb unter dem Aspekt seines „Sitzes im Leben" in den Bedürfnissen früher judaisierender christlicher Gemeinden betrachtet werden. Diese Theorie kann sich deshalb als sehr skeptisch, nüchtern und wissenschaftlich darstellen, während sie in Wirklichkeit den konventionellen christlichen Glauben stärkt. Dass dies das Hauptziel der Formkritik war, wurde von ihren frühesten Vertretern, z. B. Max Müller, offener zugegeben.

15   Tarachov (1960).

16   Siehe Wright (1916), A. T. Robertson (1917), Harris (1971).

Kapitel 9

Prinz Judas: eine Rekonstruktion

Wir haben dargelegt, dass die Geschichte des Verrats durch Judas Ischariot eine Legende oder ein Mythos ist, nach und nach gewachsen, dass sie ein Bedürfnis in einer gesellschaftlichen Strategie für den Exorzismus und die Übertragung von Schuld erfüllte und dass man in den Mythologien anderer Gesellschaften in einem ähnlichen Zusammenhang von Schuld für einen notwendigen und sühnenden Mord Entsprechendes finden kann. Jetzt müssen wir fragen, was wir vernünftigerweise als die faktische Grundlage vermuten können, aus der diese Legende konstruiert worden ist.

Der legendäre Charakter der Geschichte an sich sollte nicht als Beweis dafür herangezogen werden, dass Judas Jesus nicht verriet. Ein historisches Ereignis kann durchaus symbolische Bedeutung annehmen und dann fantasievolle Ausschmückungen ansammeln, die es weit von der ursprünglichen Wahrheit abrücken. Ein gutes Beispiel dafür ist die Geschichte von Jesus selbst. Dass Jesus durch Hinrichtung an einem römischen Kreuz starb, mag eine historische Tatsache sein. Aber zu sagen, dass dies ein Ereignis in einem kosmischen Krieg zwischen Gott und Satan war oder dass der Tod Jesu als Sieg über die Sünde und als Sühne für die Menschheit wirkte – dies sind mythische Überarbeitungen eines Ereignisses, das auf der historischen Ebene mit der römischen Besatzung Judäas und jüdischen Hoffnungen auf messianische Befreiung zu tun hatte. Ebenso könnte ein Anhänger Jesu namens Judas Ischariot in einer der Drehungen und Wendungen revolutionärer Politik seinen Führer an die Römer oder die kollaborierenden jüdischen Priester verraten haben, und dieser Vorfall könnte symbolische Bedeutung gewonnen und legendäre Zuwächse bekommen haben, nachdem sich um den besagten Führer ein mythischer Kult entwickelt hatte.

Ein gewichtiger Einwand gegen diese Deutung jedoch ist, dass es Beweise gibt, wonach noch eine Weile nach dem Tod Jesu die Geschichte vom Abfall Judas' unbekannt war. In Paulus' Schriften und im Petrusevangelium scheint es, dass die Jünger nach der Kreuzigung Jesu immer noch eine vereinte Schar von zwölf bildeten, die alle den Tod ihres Führers betrauerten. Diese Erwägung allein würde nicht genügen, um mehr als eine Mutmaßung auszumachen. Zieht man aber andere Auskünfte hinzu, die sich in den Evangelien oder in verschiedenen Evangelienauslegungen in frühen Handschriften oder Übersetzungen oder in Überlieferungen in der frühen Kirche finden, dann wird aus der Mutmaßung eine Wahrscheinlichkeit, und es lässt sich sogar ein ziemlich genaues Bild des wirklichen Lebens und Werdegangs von Judas Ischariot gewinnen.

Dass Judas Jesus nicht verriet, wird nicht nur durch den Beleg der frühen paulinischen Quelle gezeigt – erst recht durch den ähnlichen Beleg der ziemlich späten Quelle, des Petrusevangeliums –, aber auch durch die inneren Widersprüche der Geschichte, die in den Evangelien erzählt wird. Zum einen ist es nie klar, worin der Verrat bestand. Führte Judas die römischen Soldaten zu einem Ort, wo Jesus sich versteckte und von dem Judas eine besondere Kenntnis hatte? Aber nur Johannes beschreibt so den Vorgang des Verrats, und der späte Zeitpunkt des Erscheinens scheint darauf hinzuweisen, dass Johannes sich einer rätselhaften Lücke in der Geschichte bewusst war, die er hiermit auszufüllen versuchte. Ein anderer wichtiger Aspekt von Judas' Verrat ist der Kuss, durch den er Jesus den festnehmenden Soldaten zu erkennen gab. Aber sollen wir wirklich glauben, dass Jesus, nachdem er eine ganze Woche lang öffentlich in Jerusalem und im Tempel gepredigt hatte, den Behörden nicht bekannt war? Eine andere Erklärung, die Teil der Geschichte zu sein scheint, ist, dass Jesus den Behörden zwar bekannt war, aber nicht vor aller Augen gefangengenommen werden konnte, weil er die Unterstützung der Massen hatte (Mt 26, 5; Lk 22, 2). Deshalb musste er an einen stillen Ort gebracht werden, und Judas erfüllte die Aufgabe, den besten Ort für eine solche Gefangennahme ausfindig zu machen und den Weg dorthin zur passenden Zeit zu zeigen. Allerdings scheint es nicht gerade einleuchtend, dass es notwendig war, einen Jünger für diese Aufgabe zu bestechen. Sicherlich hätte das routinemäßige polizeiliche Vorgehen der „Beschattung" eines gesuchten Mannes, der sich nicht bemühte, öffentliche Bereiche zu meiden oder sich Versuchen, ihn tagsüber ausfindig zu machen, zu entziehen, ohne aufwendige Vorkehrungen einschließlich der Bestechung eines Vertrauten genügt.

Es scheint also, dass die Erzählung zwar dringend nach einem Verräter verlangte, die Begründung und der Vorgang des Verrats aber höchst nachlässig eingefügt wurden. Die oben gestellten nüchternen Fragen dürften das Publikum, für das diese Geschichte bestimmt war, nicht gestört haben. Wer fragte genau nach, welche Motive und Mittel eingesetzt wurden, als Set Osiris vernichtete oder Loki Baldur tötete? Wichtig ist die Existenz eines Opfers und eines Schurken, um die Vernichtung zu bewerkstelligen, vorzugsweise durch schlaue und verräterische Mittel, vielleicht indem man eine relativ unschuldige Person (Pilatus, Hödur) verleitet, den eigentlichen Akt der Vernichtung auszuführen.

Die Rolle der jüdischen Massen bei der Vernichtung Jesu ist ebenso voller Widersprüche. In bestimmten Augenblicken geben sie Jesus ihre begeisterte Unterstützung, etwa am Palmsonntag und später, als die „Obersten Priester" wegen der breiten Unterstützung für Jesus fürchten, einzugreifen. Doch im entscheidenden Moment verlangen die jüdischen Massen seine Kreuzigung und verfluchen sich dafür selbst. Wenn Popularität für einen erzählerischen Zweck gebraucht wird – um den Rahmen für den triumphalen Einzug Jesu (oder für seine „Hilarien" im Sinne der Mysterienreligionen) abzustecken oder um das zögerliche Handeln der „Hauptpriester" zu erklären –, dann wird Popularität geliefert. Wenn die Schuld des jüdischen Volks betont werden muss, verschwindet der Zuspruch für Jesus. Die Erklärung, dass Jesus die breite Unterstützung wegen seiner Gefangennahme und seines vermeintlichen Scheiterns verlor, ergibt keinen rechten Sinn; auch Barabbas hatte versagt und war im Gefängnis, verlor aber dadurch nicht die Unterstützung; außerdem bedeutete Gefangenschaft keineswegs Scheitern, weil man zuversichtlich von Jesus, einem berühmten Wundertäter, erwartete, dass er durch übernatürliche Kräfte aus dem Gefängnis ausbrechen würde, wie man später von Petrus erzählte (Apg 12, 6–10). Auch kann man nicht behaupten, Jesus habe wegen seiner pazifistischen, opferbereiten Auffassung von Messianität Zuspruch verloren, da diese Auffassung (falls er sie vertrat) den jüdischen Massen nicht bekannt war. Sie dürften nach seinem triumphalen Einzug mit größerer Wahrscheinlichkeit vermutet haben, dass er ein messianischer Anwärter im normalen Sinn war; die Evangelien stellen ja sogar klar, dass nicht einmal die Jünger Jesu zu diesem Zeitpunkt seine angeblichen suizidalen Absichten begriffen.

Die Berichte von Judas' Verrat weisen somit nicht so sehr auf ein historisches Ereignis hin, sondern eher auf eine übermächtige erzählerische Notwendigkeit, die keiner inneren Logik bedurfte. Der Nachweis in den Quellen, dass die Verratsgeschichte bis etwa 60 u. Z. unbekannt war, bekräftigt zusätzlich, was bereits eine wahrscheinliche Hypothese ist. Weitere Beweise für Judas' historische Identität, die jetzt erbracht werden müssen, werden die Ansicht noch glaubwürdiger machen, dass Judas in der historischen Realität Jesus nicht verriet.

Wie wir gesehen haben, ist die wahrscheinlichste Quelle für den Namen „Ischariot" das lateinische *sicarius,* was Zelot bedeutet. Falls das zutrifft, heißt das, dass Judas einen zelotischen Hintergrund hatte. Wir haben bereits die Möglichkeit erwogen und verworfen, dass ihm ein solcher Hintergrund ein Motiv geliefert haben könnte, Jesus zu verraten, entweder durch Ernüchterung über den angeblichen Pazifismus und Quietismus Jesu oder um ihn anzuspornen, seine übernatürlichen Kräfte zur Überwindung der Römer einzusetzen. Andererseits wäre Judas in Jesu Apostelschar wegen seines zelotischen Hintergrunds nicht isoliert gewesen, denn es gab andere mit dem gleichen Hintergrund, und Jesu eigene Ziele waren nicht allzu weit vom Zelotismus entfernt. Wenn überhaupt, dann liefert Judas' Zelotismus oder früherer Zelotismus eher ein Argument *gegen* seinen angeblichen Verrat als dafür.

Wie wir bemerkt haben, offenbart das Neue Testament selbst ausdrücklich den zelotischen Hintergrund eines unter den Jüngern, nämlich Simon des Zeloten (Lk 6, 15). Doch anscheinend brachte dieses Eingeständnis eine gewisse Verlegenheit mit sich, denn wir finden in anderen Evangelien einen offenkundigen Versuch, diese Sache zu verschleiern, indem dieser Jünger „Simon Kananäus" genannt wird (Mk 3, 18, Mt 10, 4). Dies ist ein interessantes Beispiel für den Nutzen des vierfachen Zeugnisses der Geschichte Jesu in den Evangelien für moderne Wissenschaftler, denn was einer oder mehrere Redakteure zu unterdrücken beschlossen haben, konnte ein anderer Redakteur vielleicht durchgehen lassen. Falls irgendein moderner Wissenschaftler (angenommen, Lukas' Zeugnis wäre nicht vorhanden) spekulieren sollte, dass „Kananäus" bei Markus und Matthäus ein Deckname für „Zelot" (hebräisch *qana'i*) wäre, würde er zweifellos verspottet werden, und der bloße Gedanke, einer der Jünger Jesu könnte ein Zelot oder ehemaliger Zelot gewesen sein, wäre abgetan worden. Lukas' Zeugnis jedoch bestätigt die Identität von „Kananäus" und „Zelot" zweifelsfrei.[1] Es rechtfertigt auch unsere Frage, ob irgendwelche anderen Namen oder Spitznamen, die Angehörige der Schar Jesu tragen, auf Nähe zu der zelotischen Bewegung hinweisen könnten.

Und das tun sie in der Tat. Simon Petrus selbst wird an einer Stelle Barjona genannt (Mt 16, 17). Das Wort *bar* bedeutet im Aramäischen „Sohn"; dieser Ausdruck würde also einfach „Sohn des Jona" bedeuten. Doch gibt es einige Einwände gegen diese Deutung. Der Ausdruck wird bei Matthäus nicht als zwei Wörter geschrieben, sondern als eines, *bariona*. Außerdem finden wir im Johannesevangelium, dass Petrus „Simon (Sohn des) Johannes" genannt wird (Jh 1, 42; 21, 15, 16, 17). Dies könnte eine Verwechslung mit „Sohn des Jona" sein, aber in einigen frühen lateinischen Fassungen finden wir auch bei Johannes *bariona*. Also ist die wahrscheinlichste Theorie, dass dies, die früheste Form, später als „Sohn des Jona" übersetzt und schließlich zu „Sohn des Johannes" verballhornt wurde – wobei uns jeder Schritt weiter weg von einem frühen Spitznamen führt, der vielleicht rätselhaft oder sogar peinlich geworden war. Die schwierigste Frage ist, warum *bar*, wenn Barjona „Sohn des Jona" bedeutet, im Aramäischen belassen wurde. Gewöhnlich wird im Neuen Testament „Sohn von" ausgedrückt, indem der zweite Name im Genitiv erscheint; warum nicht hier? (Wir finden wohl Namen, in denen die erste Silbe *bar-* ist, z. B. Barabbas,[2] Barnabas, Barjesus, aber das sind alles Vornamen, keine Vatersnamen.)

Die richtige Schlussfolgerung scheint zu sein, dass Bar-Jona kein Vatersname ist, sondern ein Spitzname, unter dem Simon Petrus bekannt war. Aber was könnte so ein Spitzname bedeuten? Die Antwort ist, dass *bariona* auf Aramäisch „Zelot" bedeutet. Der Name Abba Sikra, was Abba der Zelot (*sicarius*) bedeutet und sich in rabbinischen Schriften findet, wurde oben zitiert, um zu zeigen, dass Ischariot Zelot bedeutet. Aber die vollständige Wendung über diese Person, Abba, lautet folgendermaßen: „Abba Sikra, Anführer der Rebellen (*resh barionei*)" (b. Gittin, 56a).[3] Die Singularform des letzten Wortes ist *bariona*, was „Geächteter, Rebell oder Freiheitskämpfer" bedeutet – in anderen Worten „Zelot". Es scheint also, dass Simon Petrus wie Judas Ischariot und Simon der Zelot früher ein Mitglied der Zelotenpartei war und einen Spitznamen behielt, um diese Nähe zu bezeichnen. Das ergibt drei Mitglieder der Schar der Zwölf mit zelotischen Verbindungen.

Aber das ist vielleicht nicht alles. Die zwei Brüder Johannes und Jakobus, die Söhne von Zebedäus, trugen den Spitznamen „Boanerges" (Mk 3, 17), den ihnen Jesus selbst gab. Dieser Spitzname ist nur in dem frühesten Evangelium, bei Markus, erhalten und wurde von späteren Evangelien fallengelassen, eine Tatsache, die vielleicht eine gewisse Verlegenheit in dieser Sache verrät. Der Name wird von Markus als „Donnersöhne" übersetzt, und falls er, wie die meisten Wissenschaftler glauben, die Ableitung von hebräisch *benei ra'ash* ist, dann ist die Übersetzung einigermaßen korrekt (obgleich dieser hebräische Ausdruck genauer mit „Söhne des Erdbebens" wiedergegeben würde). Es scheint kaum ein passender Name für Männer des Friedens zu sein, noch ist es die Art von Namen, die Jesus Jüngern geben würde, wenn er so pazifistisch wäre, wie orthodoxe Christen behaupten.[4] Der Name scheint passend für furchtbare Krieger und deutet an, dass die zwei Brüder früher heftigen Widerstand gegen die Feinde ihres Landes geleistet hatten, was ihnen den Respekt Jesu einbrachte.

Spitznamen treten oft in kameradschaftlich einer Sache verpflichteten Männergruppen auf, die heroische Taten und Ausdauer verlangt. Ein Beispiel in der jüdischen Geschichte ist die Schar der Hasmonäer, die im 2. Jahrhundert v. u. Z. unter dem heroischen Judas Makkabäus gegen die seleukidischen Griechen kämpften. Der Name „Makkabäus" ist ein Spitzname, der vielleicht „der Hämmerer" bedeutet, und auch alle anderen Mitglieder der Schar hatten Spitznamen (siehe Josephus, *Altertümer*, XII. 266). Die Spitznamen scheinen nicht zu der üblichen Auffassung von der Jüngerschar Jesu zu passen, wonach diese sich für eine pazifistische jenseitige religiöse Sache einsetzten, aber sie scheinen sehr gut vereinbar mit der Kameradschaft von Männern, deren Ziel es ist, eine Besatzungsmacht zu stürzen und die nationale Freiheit wiederherzustellen.

Ich behaupte nicht, dass Jesus selbst Zelot war. Aber er war der Anführer einer Schar, der ständig Verhaftung und Hinrichtung drohte. Dies war bereits mit Johannes dem Täufer geschehen, der ebenfalls kein Zelot war. Jesus war vornehmlich ein Wundertäter, dessen Wunderheilungen die Hoffnung geweckt hatten, er wäre in der Lage, die Römer zu besiegen, nicht durch Waffengewalt, sondern durch ein göttliches Ereignis, wie Sacharja prophezeit hatte. Sein Charisma zog Männer an, die früher zu bewaffneten Gruppen des Guerillawiderstands gehört hatten. Jesus hatte die gleichen Ziele wie sie: die römische Herrschaft zu beseitigen, die Unabhängigkeit Israels unter seinem davidischen Königshaus wiederherzustellen und das weltumfassende Reich Gottes einzurichten, in dem es keine kriegerischen Reiche mehr geben und die Herrschaft des Schwertes enden würde. Selbst in den Evangelien mit all ihren editorischen Zuwächsen ist klar, dass die Jünger Jesu ihn so sahen,[5] obwohl er dargestellt wird, als verstünde er selbst sich anders, nämlich als jenseitiger, sich selbst zum Opfer bringender Messias.

Deshalb bietet Judas Ischariot nicht das Bild eines isolierten Judäers in einer Schar von Galiläern oder gar eines isolierten Zeloten in einer Schar von Pazifisten, sondern eines völlig eingebundenen Manns. Er ist ein Galiläer unter Galiläern, ein Zelot unter Zeloten, ein gesuchter Mann unter gesuchten Männern, mit den anderen durch Bande der Gefahr und geteilten Hoffnung verbunden. Aber es könnte noch eine andere Art von Bindung geben, die Judas Ischariot noch vertrauter mit den anderen Aposteln gemacht haben könnte. Wir haben gesehen, dass Jesu Schar jener von Judas Makkabäus ähnlich war, in ihren Hoffnungen, in ihrer Kameradschaft und in ihrer Verwendung von Spitznamen. Aber die Hasmonäer hatten noch eine tiefere Bindung, die ihrer Kameradschaft ein festes Fundament gab: sie waren alle Brüder. Ich werde nun darlegen, dass die brüderliche Bindung ein wichtiger Faktor auch in der Gesellschaft Jesu war – und dass Judas Ischariot sogar der Bruder Jesu war.

Wir beginnen vielleicht mit der Erinnerung an die Liste der zwölf Jünger bei Lukas, in der „Judas, der Bruder des Jakobus" wie auch Judas Ischariot vorkommen (Lk 6, 16). Bei Matthäus gibt es keinen zweiten Judas, aber es gibt die Meinung, dass „Lebbäus, mit Zunamen Thaddäus" (Mt 10, 3) ein anderer Name für dieselbe Person ist. Auch bei Markus gibt es keinen zweiten Judas, aber Thaddäus wird erwähnt (Mk 3, 18). Bei Johannes gibt es keine Liste der zwölf Jünger, aber es erscheint ein zweiter Judas (Joh 14, 22), der vorsichtig als „Judas, nicht der Judas Ischariot" bezeichnet wird (obwohl es, wie wir gesehen haben, abweichende Lesarten gibt, die daraus „Judas der Zelot" machen). Somit ist das Bild, das sich aus den Listen der Apostel in den Evangelien ergibt, alles andere als klar. Warum der Name Thaddäus eine Variante von Judas sein sollte, ist nie erklärt worden. Wenn unser Wissen auf Markus und Matthäus beschränkt wäre, wüssten wir überhaupt nichts von einem zweiten Judas, da nur vor dem Hintergrund von Lukas' Zeugnis überhaupt bei Markus und Matthäus gesucht wurde, was zur Auswahl von Thaddäus als dem einzigen möglichen Kandidaten führte.

Dennoch wäre es unmöglich gewesen, die Existenz eines anderen Judas zu verbergen, da wir von ihm aus anderen Quellen wissen. Im Judasbrief, einem kanonischen Werk des Neuen Testaments, wird der Autor als der „Bruder des Jakobus" beschrieben. Das Griechische lässt uns hier nicht im Zweifel, ob Jakobus der Bruder oder der Vater von Judas ist (wie bei Lk 6, 16), da es ausdrücklich „Bruder" (*adelphos*) heißt. Tatsächlich macht es diese Aussage möglich, den Zweifel bei Lukas 6, 16 auszuräumen und zu folgern, dass auch hier „Bruder" und nicht „Vater" gemeint ist. Der Jakobus, von dem hier die Rede ist, kann nur der Führer der Jerusalemer Kirche sein, und wir wissen, dass dieser Jakobus der Bruder von Jesus war. Daraus ergibt sich also, dass auch Judas der Bruder Jesu war. Es trifft sich, dass wir eine Liste von den Brüdern Jesu haben, unter denen ein Judas ist. Die vollständige Liste (Mk 6, 3, Mt 13, 55) besteht aus Jakobus, Joses, Judas und Simon; auch Schwestern werden erwähnt, aber nicht namentlich genannt.

Ob der Judasbrief tatsächlich von Judas, dem Bruder Jesu, geschrieben wurde, ist hier unerheblich; er bezeugt die Existenz einer solchen Person, und wie wir sehen werden, gibt es noch andere Zeugnisse dafür.

Wir sehen jetzt, dass mindestens zwei Personen, die Brüder Jesu waren, nach dem Tod Jesu eine herausragende Stellung in der Jerusalemer Kirche innehatten. Wenn wir akzeptieren, dass Lukas' „Judas von Jakobus" dieselbe Person ist wie „Judas, Bruder des Jakobus" im Judasbrief, dann war einer der Brüder Jesu tatsächlich einer der Zwölf und nahm am Abendmahl teil. Aber diese Tatsachen erzeugen ein Problem. Denn nach dem, was uns die Evangelien sagen, waren die Brüder Jesu ablehnend ihm gegenüber. Johannes sagt uns: „Auch seine Brüder glaubten nämlich nicht an ihn" (Joh 7, 5), während Markus uns berichtet, dass seine Familie glaubte, er sei nicht bei Sinnen (Mk 3, 21). Außerdem wird uns an anderer Stelle gesagt, dass Jesus sich weigerte, seiner Mutter und seinen Brüdern ein besonderes Verhältnis zu ihm einzuräumen oder ihnen einen besonderen Zugang zu ihm zu erlauben (Mt 12, 46, Mk 3, 31, Lk 8, 19).

Bisher besteht ein Widerspruch zwischen dem Bild der Evangelien von der Beziehung Jesu zu seinen Brüdern und der Tatsache, dass nach seinem Tod mindestens zwei seiner Brüder führend in der Jerusalemer Kirche waren. Dieser Widerspruch wurde von frühen kirchlichen Kommentatoren des Neuen Testaments nicht übersehen. Es entwickelte sich die Theorie, dass Jakobus ablehnend oder gleichgültig gegenüber Jesus zu dessen Lebzeiten war, sich aber durch ein besonderes Auferstehungserlebnis zum Glauben an ihn bekehrte. Was den Apostel Judas betraf, so wurde die Liste bei Lukas so verstanden, dass sie sich auf noch einen anderen Judas bezog, nämlich „Judas, den *Sohn* des Jakobus" (statt den „Bruder des Jakobus"), eine Übersetzung, die von der neuen englischen Bibel (1961–1970) übernommen wurde, vermutlich genau aus dem Grund, dass es schwierig erscheint anzunehmen, dass einer der Brüder Jesu tatsächlich ein Mitglied der Zwölf war. Diese kirchliche Interpretation der Sache ist freilich voller Schwierigkeiten. Warum sollte Jakobus, nachdem er seinen Bruder Jesus zu dessen Lebzeiten nicht beachtet hatte, zum Führer der Jerusalemer Kirche gewählt worden sein, über die Köpfe aller Apostel, allein wegen einer späten Bekehrung? Man hätte meinen können, dass er in der Jerusalemer Kirche eine bescheidene Stellung einnahm, wie sie einem zukam, der während Jesu Lebzeiten keiner der Zwölf gewesen war. Anscheinend braucht das Bild der Evangelien von der Entfremdung Jesu von seinen Brüdern vielleicht wirklich eine Korrektur und spiegelt möglicherweise eine besondere Motivation, die im Interesse der historischen Wahrheit außer Acht gelassen werden sollte.

Es gibt einen merkwürdigen Abschnitt in den Evangelien, der mit dem Bild der Entfremdung zwischen Jesus und seinen Brüdern, wie es gewöhnlich in den Evangelien dargestellt ist, nicht übereinstimmt:

> Das Laubhüttenfest der Juden war nahe. Da sagten seine Brüder zu ihm: Geh von hier fort, und zieh nach Judäa, damit auch deine Jünger die Werke sehen, die du vollbringst. Denn niemand wirkt im Verborgenen, wenn er öffentlich bekannt sein möchte. Wenn du dies tust, zeig dich der Welt! Auch seine Brüder glaubten nämlich nicht an ihn. Jesus sagte zu ihnen: Meine Zeit ist noch nicht gekommen …
> (Joh 7, 2–6)

Während dieser Abschnitt in der Tat eine gewisse Entfremdung zwischen Jesus und seinen Brüdern enthält, zeigt er sie in einem Licht, das erstaunlich widersprüchlich zu dem restlichen Bericht des Evangeliums ist. Hier werden die Brüder Jesu in einer beratenden Rolle gezeigt. Statt seinen Auftrag zu ignorieren oder abzulehnen, akzeptieren sie ihn und versuchen, wenn auch unsinnig, ihn voranzubringen. Die Bedeutung dieses Abschnitts wird noch größer, wenn wir ihn neben einen anderen stellen, den wir bereits in anderen Zusammenhängen betrachtet haben. Auf den ersten Blick scheint dieser Abschnitt die Brüder Jesu gar nicht zu betreffen:

> Judas – nicht der Judas Ischariot – fragte ihn: Herr, warum willst du dich nur uns offenbaren und nicht der Welt? (Joh 14, 22)

Die auffallende Übereinstimmung der Sprache zwischen diesen zwei Abschnitten weist überzeugend darauf hin, dass es sich um zwei Versionen desselben Ereignisses handelt. Als wir über das Licht sprachen, das der letztere Abschnitt auf Judas Ischariot wirft, folgerten wir, dass der Einschub „nicht der Judas Ischariot" nicht für bare Münze genommen werden sollte. Aber im jetzigen Zusammenhang müssen wir nur beachten, dass ein Apostel namens Judas hier mit genau der gleichen Meinungsverschiedenheit mit Jesus dargestellt wird, wie sie an anderer Stelle den Brüdern Jesu zugeschrieben wird. So bekräftigt der Abschnitt die Ansicht, dass Judas, der Bruder Jesu, und Judas, der Apostel, in der Tat dieselbe Person waren.

Außerdem ist der Eindruck von Judas dem Apostel, den dieser Abschnitt vermittelt, einigermaßen ungewöhnlich. Hier haben wir keinen nichtssagenden, gesichtslosen Judas, sondern einen, der Jesus drängt, aktiv zu werden und für sich selbst zu werben. Aus diesem Abschnitt spricht eher weniger Konfliktpotenzial als in dem entsprechenden Abschnitt über die „Brüder", aber es besteht doch eine gewisse Spannung zwischen Judas' Frage und der angeblich pazifistischen und quietistischen Haltung Jesu. Wir können daher durchaus schließen, dass dieser Abschnitt ein Entwicklungsstadium der Figur Judas darstellt, das aus irgendeinem Grund von den anderen Autoren der Evangelien ausgelassen wurde.

Was wurde aus dem Aktivisten Judas? Die Antwort, vermute ich, ist, dass er sich in die viel bösere Figur des Judas Ischariot entwickelte. Zuerst gab es nur einen Judas, der keine böse Figur war, sondern einfach einer der Apostel. Dann wurde er wie Petrus und die Brüder Johannes und Jakobus allmählich als einer dargestellt, der den Pazifismus und Plan der Selbstaufopferung Jesu nicht verstehen konnte. In diesem Stadium war Judas Ischariot einfach einer der „verständnislosen Jünger", die in die paulinischen Evangelien als Teil ihrer Kampagne gegen die Jerusalemer Kirche eingeführt wurden. Denn die Jerusalemer Kirche teilte nicht die paulinische Sicht von Jesus als außerweltlichen Messias. Sie hielten Jesus für einen menschlichen Erlöser, der bald zurückkehren würde, um seinen Auftrag zu vollenden, Israel zu befreien, die Römer zu besiegen und ein Zeitalter des Friedens und Wohlstands für die ganze Welt einzuläuten, wie es in der Hebräischen Bibel prophezeit war. Für die Paulinische Kirche drückte diese Haltung reines Unverständnis aus, und da man sich der Schwierigkeit stellen musste, dass die Jerusalemer Kirche, geführt von ehemaligen Jüngern von Jesus selbst, mehr Autorität geltend machen konnte als die Paulinische Kirche, mussten diese Jünger abgewertet werden, da sie Jesus von Anfang an missverstanden hätten. So haben wir das beherrschende Thema in den Evangelien von der „Torheit der Jünger". Teil dieser „Torheit" ist offenbar ihr Wunsch, dass Jesus sich wie ein Anwärter auf den jüdischen Thron benehmen und zu diesem Zweck eine aktive Politik verfolgen sollte. Der Appell des Judas, hier nur bei Johannes erhalten, ist Teil dieser Forderung.

Aber Judas wurde bald für eine andere, bösere, Rolle gebraucht. Folglich wurden die Geschichten, die ihn in seiner Forderung nach Aktivismus mit Petrus, Johannes und Jakobus vergleichbar machten, unterdrückt, und diese Rolle wurde anderen Aposteln überlassen. Judas wurde, vielleicht einfach wegen seines symbolischen Namens, der erforderliche Verräter, und das frühere Stadium seiner Figur, in dem er nicht böse war, sondern nur töricht und verständnislos, blieb nur in dem ungewöhnlichen Abschnitt bei Johannes erhalten – der jedoch darauf achtet, diese Figur von Judas Ischariot durch den Ausdruck „nicht Ischariot" zu trennen, da der alte unverständige Judas nicht mit dem neuen bösen Judas übereinstimmt.

Doch nun, da Judas Ischariot so böse geworden war, wurden die Überlieferungen aus seiner harmlosen Zeit zum Problem. Markus und Matthäus übergehen dieses Problem einfach, da sie nur einen Judas in ihre Apostellisten aufnehmen. Aber Lukas spaltet Judas in zwei: den bösen Judas und den „Bruder von Jakobus". Der Name Ischariot wird dem bösen Judas zugeteilt, von nun an gibt es zwei Judasse.

Teil dieser Entwicklung ist die Unterdrückung historischer Fakten wie etwa die familiären Beziehungen der Apostel zu Jesus. Es wird der Paulinischen Kirche unangenehm einzuräumen, dass unter den Aposteln Brüder Jesu waren. Einer der Gründe dafür ist die Notwendigkeit, Jesus als isoliert von seinem jüdischen Umfeld darzustellen. Jesus muss als Besucher aus dem All gezeigt werden, weniger als ein Jude mit normalen Familienbanden: Folglich zeigt er sich gleichgültig gegenüber seiner Mutter und seinen Brüdern und betrachtet sie, als hätten sie kein besonderes verwandtschaftliches Verhältnis zu ihm. Überdies macht es der entstehende Mythos von Marias Jungfräulichkeit heikel zuzugeben, dass Jesus Brüder hatte. Maria müsste nach der Geburt Jesu sexuelle Beziehungen mit Josef gehabt haben, und dies wurde als unvereinbar mit der Würde einer Frau betrachtet, deren erstes Kind durch den Heiligen Geist empfangen war. Folglich entstand eine Doktrin von der „immerwährenden Jungfräulichkeit" Marias. Auch wenn das Neue Testament noch Hinweise beibehielt, dass Jesus Brüder hatte, sind diese auf ein Minimum reduziert und vollständig unterdrückt, soweit es um die Apostel geht. Die Kirche bemühte sich, die im Neuen Testament verbliebenen Hinweise mit der Theorie für nichtig zu erklären, dass diese Brüder keine richtigen Brüder im eigentlichen Sinne waren. Nach der Ostkirche waren sie Halbbrüder, nämlich die Kinder Josefs aus einer früheren Ehe. Nach der Westkirche waren sie Vettern.[6]

Unsere Schlussfolgerung ist also, dass es in der Tat enge verwandtschaftliche Beziehungen zwischen Jesus und zumindest einigen Aposteln gab. Das Muster der Widersprüche in den Evangelien über Jesus und seine Brüder kann als evolutionäre Entwicklung erklärt werden.

In der frühesten Phase (der historischen Realität entsprechend) hatten Jesus und seine Brüder ein liebevolles Verhältnis, in dem die Brüder den Anspruch Jesu auf die Messianität unterstützten und ihm freundliche Ratschläge gaben. Dies erklärt, warum Johannes 7 ein Bild der Zusammenarbeit zwischen Jesus und seinen Brüdern bewahrt, obwohl dieses freundliche Verhältnis sich schon zu trüben beginnt. Diese Unterstützung für Jesus zu seinen Lebzeiten ist der Grund für die herausragende Stellung der Brüder Jesu in der Bewegung nach seinem Tod, ohne dass man, wie in der kirchlichen Überlieferung, Erklärungen später Bekehrungen bemühen muss. In dieser Phase gehörten Jesu Brüder Jakobus und Judas wirklich zur Zahl seiner zwölf Apostel.

In der zweiten Phase wurden Jesu Brüder allmählich dargestellt, als wären sie seinen mehr „spirituellen" Zielen feindselig gegenübergestanden – besonders gegenüber seiner Absicht, jeglichen Gedanken an politischen Erfolg aufzugeben und als Sühneopfer am Kreuz zu sterben. Bezeichnend für diese Phase ist die Episode in Johannes 14, wo Judas („nicht Ischariot") Jesus kritisiert, weil sich dieser „nicht der Welt offenbaren" will als ernsthafter Anwärter auf politische Macht. Judas wird hier nicht als der Bruder Jesu dargestellt, aber der entsprechende Abschnitt in Johannes 7 – auf denselben Vorfall gestützt, wie wir gesehen haben – verrät, dass die betreffende Kritik von den Brüdern Jesu kam. Wir können deshalb sehen, dass sich zwischen der Redaktion von Johannes 7 und der von Johannes 14 ein Trend entwickelt hat, Judas zum Wortführer des Widerstands der Brüder gegen die „spirituellen" Ziele Jesu zu machen.

In der dritten Phase war die Rolle des antispirituellen Führers an Petrus übergegangen, da Judas nun für eine diabolischere Rolle reserviert ist und eine Unterscheidung zwischen Judas dem Apostel und Judas Ischariot, dem Verräter, eingeführt wird. So wird Petrus der Vertreter der Jerusalemer Kirche in ihrer Ablehnung der paulinischen Doktrin (obwohl die Apostelgeschichte seine schrittweise Versöhnung mit Paulus schildert). In diesem Stadium wurde die Erinnerung, dass Jesus zu seinen Lebzeiten von seinen Brüdern unterstützt wurde, unterdrückt, vor allem weil der zunehmende Status Jesu als göttliche, von einer Jungfrau geborene Gestalt nicht damit vereinbar war, überhaupt Brüder zu haben. Nur Markus 6, 3 und Matthäus 13, 55 sind so unvorsichtig, die Erwähnung ihrer Namen nicht zu unterdrücken.

So trat Judas Ischariot nicht plötzlich auf den Plan als Verräter Jesu, sondern entwickelte sich durch mehrere Phasen. Zuerst war er ein Bruder Jesu und ein Apostel, der Jesus kritisierte, weil dieser zu weltfremd war; danach wurde er der Anführer dieses Widerstands innerhalb der Bewegung. Dann verlor er seinen Status als Bruder Jesu; und schließlich wurde er von dem untadeligen Apostel, der ebenfalls Judas hieß, unterschieden, indem man ihm den Beinamen Ischariot gab (ein Name, den Judas von Anfang an trug, der jetzt aber dem „bösen" Judas vorbehalten war). Anders gesagt, es gab ursprünglich nur einen Judas, der in zwei aufgespalten wurde, den guten und den schlechten. Der wirkliche Judas lehnte Jesus überhaupt nicht ab. Er kritisierte Jesus nicht wegen des Mangels an politischen Zielen, weil der historische Jesus politische Ziele hatte, denn er war entschlossen, König von Israel zu werden. Die Episode, in der Judas Jesus in dieser Richtung kritisiert, wurde in die Evangelien als Teil der Kampagne des paulinischen Christentums gegen die Jerusalemer Kirche eingefügt, da Letztere die politischen Ziele Jesu beibehielt und auf seine Rückkehr und Einnahme des jüdischen Thrones in Jerusalem hoffte.

Die obigen Überlegungen lösen das Problem, warum es Jakobus war und nicht Petrus, der nach dem Tod Jesu Führer der Jerusalemer Kirche wurde. Da es Jesu Ziel war, jüdischer König zu werden, war seine Bewegung ebenso politisch und monarchisch wie religiös. Die Jerusalemer Kirche war in Wirklichkeit durchaus keine Kirche im gewöhnlichen Sinn, sondern eine messianische, politische Bewegung, die Jesus als rechtmäßigen König betrachtete, der bald zurückkehren würde (nachdem er durch ein Wunder Gottes schon wiedererweckt worden war). Einstweilen übernahm Jakobus, sein nächster Verwandter,[7] das Amt des Führers. Jakobus war demnach nicht Bischof von Jerusalem, sondern Prinzregent, der bis zur Wiederkehr Jesu auf dem Thron des Anwärters saß. Dies erklärt auch, warum Petrus (später als erster Papst betrachtet) nach dem Tod Jesu nicht die Führung übernahm. Als Jesus Petrus als „Felsen" bezeichnete (Mt 16, 18) und sagte: „Ich werde dir die Schlüssel des Himmelreichs geben", machte er ihn nicht zum Papst, wie die Kirche später meinte. Wenn doch, dann wäre er, und nicht Jakobus, zweifellos Führer der Jerusalemer „Kirche" gewesen. Wie jüdische Parallelen[8] zeigen, machte Jesus Petrus zu seinem Ersten Minister, und das Reich, von dem hier die Rede war, war nicht das Himmelreich, sondern das Königreich Israel. Deshalb war, als Jesus starb, sein Nachfolger nicht sein Erster Minister, sondern sein ältester Bruder, dem Petrus weiterhin in derselben Funktion diente.[9] Außerdem war der Prinzregent Jakobus wahrscheinlich kein später Anhänger von Jesus, der nach der Kreuzigung konvertierte, wie die Evangelien andeuten. Er war vorher einer der Zwölf gewesen und erscheint in den Listen der Evangelien, in ziemlich verdeckter Form, als „Jakobus (Sohn von) Alphäus". Gestärkt wird die Wahrscheinlichkeit durch ein erhaltenes Fragment des jüdisch-christlichen „Hebräerevangeliums", nach dem Jakobus, der Bruder Jesu, beim Abendmahl anwesend gewesen sein soll.

Die zwei Judasse sind demnach ein Judas. Er war der Bruder Jesu und möglicherweise der Autor des Judasbriefs. Dies bedeutet außerdem, dass Judas in der Bewegung Jesu als königliche Person betrachtet wurde, ein Prinz aus Davids Haus. Judas Ischariot, den Verräter Jesu, hat es nie gegeben. Er war eine erfundene Figur, benutzt, um eine echte Person gleichen Namens zu ersetzen, die nicht nur loyal gegenüber Jesus war, sondern auch ein angesehenes Mitglied der Jerusalemer Kirche und der mögliche Autor eines von Christen bis heute verehrten Werks.

Was wissen wir über diesen Prinzen Judas? Wir können zunächst festhalten, dass Judas, bevor er sich der Bewegung Jesu anschloss, ein Mitglied der zelotischen Bewegung war, wie sein Spitzname „Ischariot" zeigt. Tatsächlich wird er in einer Textvariante schlicht Judas der Zelot genannt, angeblich ein Hinweis auf den „anderen" Judas. Wie wir im Fall von Simon dem Zeloten und Simon Petrus Barjona gesehen haben, war nichts Überraschendes an diesem Hintergrund. Die Zeloten waren eine tief religiöse Bewegung, die sich für die Befreiung des Heiligen Landes von den militaristischen römischen Götzendienern engagierten. Wie der biblische Gideon und die nachbiblischen Hasmonäer glaubten die Zeloten, dass sie nur Glauben und Kampfesmut zeigen mussten, und Gott würde ihnen helfen. Jesus hatte dieselbe Ansicht, wie sich in der außergewöhnlichen Episode zeigt, wo er seine Jünger mit Schwertern ausrüstet (Lk 22, 36). Dies geschieht in dem entscheidenden Moment seines Lebens, als er mit seinen Jüngern zum Ölberg geht, um für das Wunder zu beten, das für diesen Ort prophezeit war (siehe Sacharja, 14, 4).[10] Der angebliche Pazifismus Jesu, von dem die Evangelien berichten, stimmt nicht mit diesem Ereignis mit den Schwertern überein, das nur von Lukas bewahrt ist. Ein solcher Vorfall, der rundweg der allgemeinen Tendenz der Evangelien widerspricht, muss ein Überbleibsel einer früheren Überlieferung sein und ist deshalb höchstwahrscheinlich historisch genau. Falls dem so ist, dann ist der Unterschied zwischen Jesus und den Zeloten einfach der, dass Jesus sich mehr auf Gott verließ. „Zwei Schwerter", sagt Jesus in Lk 22, 38, wären genug, um die Römer zu besiegen. Der Glaube an seine eigene Bestimmung als Messias war genug, um die militärischen Vorbereitungen der Zeloten in seinen Augen für unnötig zu halten. Aber er wusste dennoch, dass eine symbolische Bezeugung von Macht aufseiten seiner Anhänger notwendig war. In dieser Hinsicht war keine große ideologische Veränderung nötig, um den Schritt von den Zeloten zu der messianischen Bewegung Jesu zu vollziehen. Es ist deshalb verständlich, dass die Jünger Jesu ihre zelotischen Spitznamen beibehielten, was nach dem orthodoxen Verständnis der Ideologie Jesu sehr schwer zu erklären ist.

Wir müssen jetzt fragen, was sonst noch bekannt ist über das Leben des Judas, des Apostels und Bruders Jesu, der auch, wenn unsere Argumentation richtig ist, kein anderer als Judas Ischariot war. Leider gibt es viel weniger Auskünfte über den Apostel, als wir uns wünschen; tatsächlich ist das Wissen über ihn so dürftig, dass er in späterer Zeit die Bezeichnung „der Obskure" bekam. Selbst die legendenhafte Ausschmückung fehlt in diesem Fall weitgehend.[11] Dennoch ist der Umfang der Kenntnisse über ihn nicht völlig belanglos.

Oben sind Argumente dafür vorgebracht worden, wonach Judas in der Jerusalemer „Kirche" den Rang eines Prinzen einnahm. Dies wird indirekt bestätigt in Paulus' Hinweis auf „die Brüder des Herrn" als Gruppe mit besonderer Autorität, neben jener der „Apostel" (1 Kor 9, 5). Es gibt auch eine interessante direkte Bestätigung in einem Dokument aus dem frühen 3. Jahrhundert, dem *Brief an Aristides* von Julius Africanus, erhalten bei Eusebius (*HE* 1, 7, 14). Er schreibt über die Verwandten Jesu, dass sie durch Palästina zogen und dass es, überall, wohin sie kamen, ihre wichtigste Botschaft war, ihre eigene Genealogie zu erklären:

Von den Dörfern Nazaret und Kochaba reisten sie durch den Rest des Landes und deuteten die Genealogie, die sie aus dem Buch der Chronik kannten, soweit sie diese zurückverfolgen konnten.

Es wäre schwer, nach der üblichen Deutung der Belange der Jerusalemer „Kirche" die obige Tradition zu verstehen, die aus einer sehr frühen palästinensischen Quelle stammt.[12] Warum sollte die Familie Jesu umherreisen, um ihren Stammbaum zu erklären? Gewiss sollten doch solche persönlichen Angelegenheiten zurückstehen hinter der Lehre über die Erlösung, die durch den Glauben an den Opfertod Jesu gewonnen werden konnte? Tatsächlich aber war der Stammbaum die oberste Priorität. Denn was gepredigt wurde, war der messianische königliche Anspruch Jesu und seine bevorstehende Rückkehr, um den Thron Israels zu übernehmen. Durch den Nachweis ihrer eigenen Abstammung von David wiesen die Verwandten Jesu *ihn* als den verheißenen Messias aus, im jüdischen und nicht dem paulinischen Sinn des Wortes. Obwohl seine Anhänger Jesus als König und seine Familie als Prinzen betrachteten, war dies nicht der allgemeine Glaube des jüdischen Volkes, die die Ansprüche Jesu durch seinen Tod für widerlegt hielten. Somit war eine Kampagne notwendig, um den Anspruch Jesu auf das Königtum wieder zu behaupten.

Eine starke Bestätigung der royalistischen Orientierung der Jerusalemer Kirche ist die Tatsache, dass nach dem Tod des Jakobus, des Bruders Jesu, 62 u. Z. als nächster Führer ein anderer Verwandter Jesu ernannt wurde. Symeon, der Sohn des Kleopas (oder Klopas), war ein Vetter Jesu. Es sollte angemerkt werden, dass der Tod des Jakobus durch die Tat des Anannus, des sadduzäischen prorömischen Hohepriesters, aus politischen, nicht religiösen Gründen herbeigeführt wurde. Dies geht aus der Tatsache hervor, dass die Pharisäer über die Hinrichtung empört waren und dagegen protestierten (Josephus, *Altertümer*, XX. 200–201). Das Ereignis wirft auch Licht auf die Hinrichtung Jesu, der entgegen der späteren Lehre der Kirche mit den politischen und nicht mit den religiösen Behörden in Konflikt geriet. (Vergleiche die Prozesse gegen Petrus und Paulus, die durch die pharisäischen Mitglieder des Sanhedrin vor dem Hohepriester gerettet wurden.) Später wurde auch Symeon hingerichtet, weil er (so Hegesippus) „vom Haus Davids und ein Christ" war. Diese Anklage ist aufschlussreich, denn sie zeigt, dass die Berufung auf die Abstammung von David mehr als ketzerische Anschauungen der entscheidende Faktor war; eine solche Behauptung stellte eine offensichtliche Vermutung der Aufwiegelung gegen Rom und die vom Hohepriester angeführten Kollaborateure dar.

Für unseren Zweck aber ist besonders interessant, dass nach den *Apostolischen Konstitutionen* 7, 46 Symeons Nachfolger als Führer der Jerusalemer „Kirche" kein anderer als „Judas von Jakobus" war. Nach allgemeiner Ansicht späterer Kommentatoren wie etwa Ephräm war er Judas, der Bruder Jesu und Autor des Judasbriefs. Wenn dies zutrifft, dann war Judas tatsächlich der dritte „Bischof" (oder richtiger Vizeregent) der Jerusalemer „Kirche". Eine solche Ernennung entspricht nur den Erwartungen, bedenkt man den königlichen Rang dieser Gruppe. Welcher Kandidat eignete sich, in Erwartung der Rückkehr des Königs Jesus, besser für die Führung als sein Bruder, Prinz Judas Ischariot?

Diese reizvolle Version der Ereignisse bietet jedoch Ansätze für gewisse Einwände, obgleich der erste, ein chronologischer Einwand, vielleicht nicht sehr erheblich ist. Wir erfahren (ebenfalls bei Hegesippus), dass Symeon zur Zeit seines Märtyrertodes 120 Jahre alt war. Einige Zeit zuvor, unter der Herrschaft Domitians, wurden die „Enkelsöhne von Judas" wegen des Vorwurfs, Nachkommen Davids zu sein, verhaftet, aber wieder freigelassen (Eusebius, *Hist.* 3, 19). Die Hinrichtung Symeons, erfahren wir, fand in der späteren Regierungszeit Trajans (99–117) statt. Nach Hegesippus (wie ihn Eusebius zitiert) scheinen zu dieser Zeit nur noch die „Enkel von Judas", nicht Judas selbst, am Leben gewesen zu sein. (Doch eine andere Quelle, nämlich Epiphanius Monachus, spricht von den „Söhnen von Judas", nicht seinen Enkeln, die zu dieser Zeit lebten.) Aber das Alter Symeons ist offensichtlich übertrieben, um ihn mit Gestalten wie Moses, Hillel, Jochanan ben Sakkai und Akiba zu verbinden, die alle im gleich fortgeschrittenen Alter gestorben sein sollen. Die Hinrichtung des Symeon ist zweifellos in die Herrschaft Trajans verlegt worden, um diesem Bericht Farbe zu geben. Wenn sie etwa 40 Jahre früher stattgefunden hätte, in dem glaubhafteren Alter von 80 Jahren, wäre es für Judas möglich gewesen, seine Nachfolge anzutreten.

Ein stärkerer Einwand ist, dass Eusebius in seiner Liste der Bischöfe der Jerusalemer Kirche den dritten Bischof Justus nennt, nicht Judas. Dagegen ist in der von Epiphanius überlieferten Liste der dritte Bischof wieder Judas. Der Beweis ist also etwas widersprüchlich, obgleich es durchaus möglich ist, dass Justus, ein römischer Name, einfach als praktische Entsprechung für Judas verwendet wird, so wie Jason, ein griechischer Name, oft für Josua verwendet wurde. Wir können schließen, dass zumindest die Möglichkeit besteht, dass der dritte Bischof Judas, der Bruder Jesu, war, wie viele frühe Kommentatoren glaubten. Etwas schwerer fällt die Erklärung, warum Judas zugunsten des entfernteren Verwandten Symeon als zweiter Bischof übergangen wurde. Aber dafür kann es einen guten Grund gegeben haben: Zum Beispiel kann zur Zeit der Hinrichtung von Jakobus Judas ein Mann gewesen sein, nach dem gefahndet wurde und der sich deshalb versteckte.

Die von Hegesippus überlieferte Geschichte (Eusebius, *Hist.* 3, 19, 1–3, 20, 7) von der Anklage der Enkel (oder Söhne) von Judas „als aus der Familie Davids stammend" zeigt wiederum, dass der messianische königliche Anspruch im Mittelpunkt des Programms der Jerusalemer „Kirche" stand. Nach seinem Bericht machten die Enkel geltend, dass das Reich Christi „nicht irdisch" sei, und es heißt, dass Kaiser Domitian diesen Einspruch akzeptierte und sie freisprach. Aber dieser Aspekt der Geschichte ist (wie Bauckham argumentiert) vermutlich unhistorisch, da er zu der christlichen Propaganda einer späteren Zeit gehört mit dem Ziel, das unpolitische Wesen des Christentums zu beweisen. In jedem Fall zeigt die Geschichte wiederum, dass Judas als Mitglied einer königlichen Familie betrachtet wurde.

Eine weitere Bestätigung könnte man in der folgenden, ebenfalls von Eusebius nach Hegesippus zitierten Geschichte finden (*Hist.* 3, 12): „Vespasian gab nach der Einnahme von Jerusalem den Befehl, dass alle Angehörigen der Familie Davids aufgespürt werden sollten, damit niemand aus dem königlichen Stamm unter den Juden zurückbliebe." Dies wird in einem Zusammenhang der Verfolgung der Familie Jesu berichtet.[13]

Über Judas' Tod gibt es keine authentische Überlieferung. Wir erfahren durch Hegesippus, dass seine Enkel (oder Söhne) als Bauern von ihrer Hände Arbeit lebten. Daher ist es wahrscheinlich, dass auch Judas, trotz seines prinzlichen Ranges, das Gleiche tat. Er war nicht das erste und nicht das letzte Mitglied einer königlichen Familie, das seine Hoffnungen unter bescheidenen Umständen nähren musste; aber sein hoher Rang und die Verehrung, die ihm in der jüdisch-christlichen Gemeinschaft zuteilwurde, muss ihm Trost gespendet haben. Die späten Legenden über den Opfertod des heiligen Judas des Apostels haben keinen historischen Wert. Ein Werk mit dem Titel „Die Passion von Simon und Judas", das zu den Apokryphen des Neuen Testaments zählt, beschreibt das Martyrium von Judas und von Simon dem Zeloten in Persien. Folglich teilt sich der heilige

Judas einen Festtag mit dem heiligen Simon in der katholischen Kirche. Eine andere Legende jedoch behauptet, dass Judas den Märtyrertod in Syrien erlitt, während eine andere ihn für Armenien beansprucht.

Über einen bestimmten Aspekt in Judas' Leben wird spekuliert und gestritten. War er wirklich der Autor des ihm zugeschriebenen Briefs im Neuen Testament? Die meisten Wissenschaftler haben diese Zuschreibung verworfen, aber ein neueres Buch von Richard Bauckham hat sich überzeugend für seine Echtheit ausgesprochen.[14] Falls dies zutrifft, war Prinz Judas zumindest ein gebildeter und sprachgewandter Mann.

Die spätere Geschichte der Jerusalemer Kirche ist in Rätsel gehüllt. Nach einer kirchlichen Legende verließ die gesamte Jerusalemer Kirche, gewarnt von einer Prophezeiung, Jerusalem kurz vor dem Ausbruch des jüdischen Kriegs im Jahr 66 und ließ sich im transjordanischen Pella nieder, wodurch sie den Schrecken des Kriegs entging. Dies wäre während der Führung von Simeon Klopas gewesen. Moderne Wissenschaftler haben jedoch nachgewiesen, dass diese Legende unhistorisch ist.[15] Sie wurde in einer späteren Epoche ersonnen, um der heidenchristlichen Kirche von Jerusalem, die im Jahr 135 nach dem Hadrianischen Krieg eingerichtet wurde, einen Anschein von Kontinuität zu geben. Weil einige Mitglieder dieser heidenchristlichen Kirche aus Pella kamen, wurde es als notwendig erachtet, eine Verbindung zwischen dieser Stadt und der Jerusalemer Kirche früherer Zeiten herzustellen. Historisch verhielt es sich so, dass die Judenchristen der Jerusalemer Kirche während des ganzen Jüdischen Krieges (66–73) in Jerusalem blieben und am Kampf gegen Rom und an der Katastrophe teilhatten. Danach bestand die Jerusalemer Kirche nicht mehr in der Hauptstadt, und offenbar war ihre Kraft gebrochen, da sie keine zentrale Bedeutung mehr für die Kirchen außerhalb Jerusalems hatte. Somit stand Judas, der dritte Führer, einer dezimierten und angeschlagenen Gemeinde vor. Manche Judenchristen verließen Palästina nach dem Jüdischen Krieg und ließen sich in Beröa (dem heutigen Aleppo) in Syrien nieder, andere gingen nach Damaskus. Sie wurden bald als Ebioniten bezeichnet, von dem hebräischen Wort *ebion*, „arm", vermutlich wegen ihres unglücklichen Zustands. Nach dem Hadrianischen Krieg bildeten sie eine so schwache Minderheit, dass sie jede Achtung seitens der Heidenchristen verloren, die sie wegen des Einhaltens des jüdischen Gesetzes als ketzerisch verurteilten.

Eusebius gibt seine vollständige Liste der Führer der Jerusalemer Kirche vor 135 folgendermaßen: Jakobus, Symeon, Justus, Zacchäus, Tobias, Benjamin, Johannes, Matthias, Philipp, Seneca, Justus, Levi, Ephres, Joseph und Judas. (Da Eusebius Symeons Tod auf 106 datiert, ein oben kritisiertes

Datum, muss er 13 Führer in einen Zeitraum von 29 Jahren pressen.) Diese waren, sagt Eusebius, alle praktizierende Juden, und die letzten 14 amtierten angeblich in Pella. 135 wurde der erste nichtjüdische Führer der Jerusalemer Kirche, Marcus, ernannt. Historisch ist wahrscheinlich, dass die jüdischen Führer in verschiedenen Zentren in Judäa oder Galiläa amtierten und die Einsetzung von Marcus die Errichtung einer neuen nichtjüdisch-paulinischen Kirche in Jerusalem darstellte, ohne Verbindung mit der früheren jüdischen Jerusalemer Kirche. Wir haben keine Auskünfte über die Nachfolger von Judas (den Eusebius Justus nennt) außer ihren Namen. Es wäre interessant zu erfahren, ob sie alle zur Familie Jesu gehörten, aber hierzu äußert sich keine Quelle.

Die Zukunft des Christentums lag in der paulinischen nichtjüdischen Kirche, die Jesus zu einer Gottheit machte und Judas die Rolle des archetypischen Verräters zuwies. Die Christen der Jerusalemer Kirche, die den Lehren Jesu und seiner unmittelbaren Jünger (einschließlich seiner Brüder) folgten, wurden zur verfolgten Minderheit und verschwanden schließlich, entweder indem sie sich wieder dem Judentum zuwandten oder, in manchen Fällen, sich der Paulinischen Kirche anschlossen. Spuren von ihnen sind noch im 10. Jahrhundert zu erkennen, aber als organisiertes Ganzes hielten sie nicht länger als bis zum 5. Jahrhundert durch. Ihre Schriften wurden von der Kirche weitgehend unterdrückt, aber einige Fragmente von ihnen sind noch vorhanden.[16]

Anmerkungen

1   Martin Hengel hat argumentiert (gegen J. Klausner), dass „Kananäus" als chananaios, nicht kananaios wiedergeben worden wäre. Er schlägt vor, dass das letztere Wort vom aramäischen qanana, einer abweichenden Form von qanai, abgeleitet ist. Dies ist zweifelhaft, weil die Endung -aios eine typische Stammes- oder Volksendung ist und die meisten Leser dies als eine Form von „Kananäus" verstehen würden. Dasselbe lässt sich sagen über die textliche Variante kananites, die man in diesen Texten findet (Hengel räumt ein, dass diese Variante einen gewissen Beleg für Klausners Ansicht liefert, sagt aber, dass es eine „zweitrangige Lesart" ist). In jedem Fall müsste der Wechsel vom verständlichen griechischen zelotes zum unverständlichen aramäischen, selbst wenn man Hengels Argument gelten lässt, als Mittel der Verschleierung betrachtet werden (Hengel, 1990, S. 70). Hengel verwirft zu Recht die (von Hieronymus stammende) Ansicht, dass das Wort „Mann aus Kana" bedeutet.

2   Dieser Name könnte eine seltsame Ausnahme bilden, weil er in Handschriften von Matthäus als „Jesus Barabbas" erscheint, was von den meisten modernen Wissenschaftlern als korrekte Lesart akzeptiert worden ist (Siehe Mt 27, 17 in der Übersetzung der Neuen Englischen Bibel, 1961-1970). Falls dem so ist, könnte dies die einzige Parallele des Neuen Testaments zu „Simon Bar-Jona" insofern sein, als es „Sohn von" auf Aramäisch hat. Aber dies gilt nur unter der Annahme, dass Jesus Barabbas „Jesus Sohn des Abba" be-

deutet. Andere Erklärungen des Namens sind jedoch möglich: Jesus Berabbi („Jesus der Lehrer") oder „Jesus, Sohn Gottes". Zur Theorie, dass Jesus von Nazaret und Jesus Barabbas dieselbe Person waren, siehe Maccoby (1968) und Maccoby (1980).

3   In jüngerer Zeit ist die Deutung von Bar-Jona als „Zelot" (früher vertreten von Robert Eisler) von Cullman gestützt worden, aber abgelehnt von Hengel. Siehe Cullman (1970), S, 22 f., Hengel (1990), S. 55 ff. Hengels Argument ist, dass das Wort bariona nicht in frühen Quellen vorkommt und dass es in manchen Quellen nur „schlechter, undisziplinierter Mensch" bedeutet. Diese Argumente jedoch haben wenig Gewicht. Es ist ziemlich unwahrscheinlich, dass ein Wort in einer späten Epoche als Bezeichnung für eine Bewegung in einer früheren Epoche geprägt würde; und Wörter haben oft mehr als eine Bedeutung. Der Ausdruck „Abba Sicarius, Hauptmann der Barions" klingt fachsprachlich und nach einer bewussten Erinnerung an die Fachbezeichnung einer früheren Epoche. Ein weiteres Argument von Hengel ist, dass der Kontext, in dem Jesus Petrus als „Simon Barjona" anspricht, unangemessen für die Bedeutung „Zelot" ist, da es aus Anlass von Petrus' Begrüßung Jesu als „Christus" geschieht. Dieses Argument beruht auf dem Gedanken, dass an dieser Stelle der „spirituelle" Christus gemeint ist; aber es ist sehr zweifelhaft, ob die Art von jenseitigem Christus, der in der späteren paulinischen Kirche verehrt wurde, von Jesus oder von Petrus akzeptiert worden wäre. Wenn Petrus Jesus als Christus (Messias) im jüdischen Sinn (d.h. davidischer König) grüßte, dann schwenkte Petrus die Standarte der Revolte gegen Rom, und eine Antwort von Jesus, die Petrus mit einem Titel ansprach, der seinen Mut ausdrückte, wäre durchaus angemessen (siehe Maccoby, 1980, S. 95 f.).

4   Es ist vorgeschlagen worden, dass der Name einen apokalyptischen Bezug hat, da er eine Anspielung auf die Prophezeiung sei: „Dann lasse ich den Himmel und die Erde ... erbeben (hebräisch mar'ish)" (Haggai 2, 6). Nach dieser Theorie gab Jesus Johannes und Jakobus diesen Namen, um ihre Rolle in dem neuen Glaubenssystem zu bezeichnen. Es ist nicht klar, warum zwei Apostel aus der Schar der Zwölf auf diese Weise herausgegriffen werden sollten; und ohnehin ist die gewöhnliche christliche Interpretation des Verses aus Haggai, dass er die welterschütternden Tumulte prophezeit, die das zweite Kommen Christi begleiten, was kaum Bedeutung für die Apostel zu Lebzeiten Jesu hatte.

5   Zum Beispiel: „Wir aber hatten gehofft, dass er der sei, der Israel erlösen werde" (Lk 24, 21). Auch in dem Bericht vom Erscheinen des auferstandenen Jesu fragen ihn die Apostel: „Herr, stellst du in dieser Zeit das Reich für Israel wieder her?" (Apg 1, 6). Dass die Apostel den Auftrag Jesu dahingehend verstanden, dass er das jüdische Volk von der römischen Besatzung befreien würde, ist durch den späteren Glauben verschleiert worden, das Wort „Israel" bezeichne die christliche Kirche.

6   Die drei Ansichten über die Brüder Jesu sind bekannt als die Ansicht des Helvidius (dass sie echte Brüder waren, geboren von Josef und Maria), die Ansicht des Epiphanius (das sie Halbbrüder waren, Söhne von Josef aus einer früheren Ehe) und die Ansicht des Hieronymus (dass sie Vettern waren). Die meisten modernen Wissenschaftler vertreten die vernünftige Ansicht des Helvidius; selbst einige katholische Wissenschaftler stimmen zu. Die Ostkirche folgte Epiphanius, die Westkirche Hieronymus. Siehe Bauckham (1990) zu einer ausführlichen Erörterung. Helvidius war ein Theologe des 4. Jahrhunderts, der Gründe gegen die immerwährende Jungfräulichkeit Marias vorbrachte. Sein Werk ist verloren, und seine Ansichten sind nur im Werk des Hieronymus erhalten, der ihn angriff (De perpetua virginitate B. Mariae adversus Helvidium). Hieronymus argumentierte, dass die Brüder Jesu die Söhne einer anderen Maria waren, der Frau des Alphäus und Schwester der Jungfrau Maria. Dass es zwei Schwestern gab, die beide

Maria hießen, ist ziemlich schwer zu glauben, und die Ansicht des Helvidius, über den leider nichts weiter bekannt ist, scheint heute sehr viel annehmbarer.

7   Aus den Listen der Brüder Jesu bei Mk 6, 3 und Mt 13, 55 geht deutlich hervor, dass Jakobus der älteste Bruder nach Jesus war.

8   Siehe Jesaja 22, 19–23. Hier wird die Ernennung Eljakims zum Ersten Minister des Königs Hiskija folgendermaßen beschrieben: „Ich lege ihm die Schlüssel des Hauses David auf die Schulter. Wenn er öffnet, kann niemand schließen; wenn er schließt, kann niemand öffnen." Man vergleiche dies mit dem Auftrag Jesu an Petrus: „Ich werde dir die Schlüssel des Himmelreichs geben; was du auf Erden binden wirst, das wird auch im Himmel gebunden sein, und was du auf Erden lösen wirst, das wird auch im Himmel gelöst sein." (Mt 16, 19) Der hebräische Begriff für „binden" oder „schließen" (issur) bedeutet „für verboten erklären", und der hebräische Begriff für „lösen" oder „öffnen" (heter) bedeutet „für erlaubt erklären".

9   Hier kann ein Argument für die Behauptung geliefert werden, dass auch Petrus ein Bruder Jesu war. Petrus' richtiger Name war Simon, und auch einer der Brüder Jesu hieß Simon (Mk 6, 3, Mt 13, 55). Wie wir im letzten Kapitel (S. 183) gesehen haben, sind drei Simons in der Erzählung der Evangelien zu unterscheiden: Simon Petrus, auch „Barjona" genannt (was „Zelot" bedeutet), Simon der Zelot und Simon Ischariot (was „Zelot" bedeutet). Es wäre sicher im Interesse ökonomischer Theorie, wenn alle drei, die alle Simon heißen und alle einen Spitznamen trugen, der Zelot bedeutet, dieselbe Person wären. Simon Ischariot war wahrscheinlich der Bruder von Judas Ischariot, was ihn wiederum zum Bruder Jesu machen würde. Es ist interessant, dass Ephräm, der syrische Kommentator der Bibel aus dem 4. Jh., Simon den Zeloten mit Simon, dem Bruder Jesu, gleichsetzt. Er identifiziert auch Judas von Jakobus (verstanden als Judas, der Bruder von Jakobus) mit Judas, dem Bruder Jesu. (Ephräm über Apg 1, 13, erhalten auf Armenisch, zitiert bei Harris, 1894, S. 37 f.).

10 Siehe Maccoby (1980), S. 139–149.

11 Man könnte einwenden, dass der Apostel Thomas, in ostsyrischen Kreisen als Judas Thomas oder Didymus Judas Thomas bekannt, dieselbe Person ist wie der Apostel Judas und dass deshalb die umfangreiche, meist legendenhafte, Literatur über Thomas Teil der Judassaga ist. Tatsächlich gab es alte Überlieferungen (das Buch des Thomas und die Thomasakten), die Thomas mit dem Apostel Judas gleichsetzten, und einige moderne Wissenschaftler haben sich für diese Überlieferungen ausgesprochen und den Autor des Judasbriefs mit Thomas verknüpft (Koester, 1965, S. 296 f., Layton, 1987, S. 359). Die Legenden über Thomas nennen ihn nämlich nicht nur den Bruder, sondern den Zwillingsbruder Jesu. Aber obwohl Thomas' richtiger Name wahrscheinlich wirklich Judas war, scheint er historisch betrachtet kein Bruder Jesu gewesen zu sein. Sein Spitzname „Thomas" bedeutet im Hebräischen „Zwilling", aber er war der Zwilling von jemand anderem, nicht von Jesus, und er war unter diesem Spitznamen zu dem bestimmten Zweck bekannt, um ihn von dem anderen Judas zu unterscheiden, dem Apostel und Bruder Jesu (siehe Bauckham, 1990, S. 32–36). In der Liste der Brüder Jesu ist Judas entweder der jüngste oder zweitjüngste der vier, und die Erzählungen der Evangelien lassen kaum Platz für die Vermutung, dass Jesus einen Zwillingsbruder hatte. Andererseits, von einem mythologischen Standpunkt aus, ist es interessant, dass die Legende vom Zwillingsbruder Jesu entstand und dass sie mit einem Jünger namens Judas verknüpft war. In der ostsyrischen Literatur scheint es dem Zwillingsmotiv ein wenig an Tiefe zu fehlen und könnte eine nebensächliche Entwicklung für einen gnostischen Zweck sein. Es spricht manches für den Vorschlag von Gunther (1980, S. 117), dass die Legende ursprünglich vom griechischen Mythos beeinflusst war, besonders von dem

der Dioskuren Kastor und Pollux. Falls dem so ist, dann ist es durchaus möglich, dass das Zwillingsmotiv in irgendeinem Stadium der Entwicklung des Mythos von Judas als Verräter entstand. Denn die Verratsgeschichten in der Mythologie drehen sich oft um ein Paar von Zwillingen, von denen einer den anderen verrät oder ermordet. Beispiele sind die Geschichte von Romulus und Remus, Jakob und Esau. Das Zwillingsbrüderverhältnis drückt die Identität von Opfer und Mörder aus, das sich sogar in einer idealeren Form in Geschichten von göttlichem Selbstopfer findet, etwa im Selbstmord Odins durch Erhängen. Ich würde daher vorschlagen, dass die Ansicht, Jesus habe einen Zwillingsbruder namens Judas gehabt, erst im Zusammenhang des Mythos von Judas als Verräter aufkam, von diesem durch die Bedürfnisse des Mythos von Marias immerwährender Jungfräulichkeit (das verlangte, dass Jesus überhaupt keine Brüder hatte) aber getilgt wurde. Es klang jedoch in gnostischen Kreisen nach, verbunden mit Judas Thomas (Judas dem Zwilling) als Symbol der spirituellen Identität jedes wirklichen Gnostikers mit Jesus.

12 Siehe Bauckham (1990), S. 354–365.

13 Die reichlichen Belege der dynastischen Nachfolge in der Geschichte der Jerusalemer Kirche haben zu einer Theorie von einem christlichen „Kalifat" geführt, vorgetragen von mehreren Autoren. Diese Theorie unterscheidet sich von dem, was das vorliegende Buch vertritt, denn ein Kalifat bedeutet, dass wie im Fall des Islams eine neue Religion gegründet worden war, deren Führung durch dynastische Nachfolge weitergegeben wurde. Mein Argument dagegen ist, dass die Jerusalemer „Kirche" sich als Teil der jüdischen Religion sah, deren Besonderheit nur in ihrem Glauben bestand, dass der verheißene Messias gekommen war und in Kürze wiederkommen würde. Die Nachfolge der Verwandten war nicht genau monarchisch, weil man glaubte, der wahre König sei Jesus selbst, und deshalb hatte die Dynastie immer den Charakter einer Regentschaft. Die „Kalifat"-Theorie wurde früher von Harnack, Schoeps und anderen vertreten. Zu einer jüngeren Diskussion siehe von Campenhausen (1950–51), Stauffer (1952) und Bauckham (1990), S. 125–130. Der Haupteinwand gegen die Kalifat-Theorie ist, dass die Jerusalemer Kirche nie ihre Bindung an den jüdischen Tempel und seine Priesterschaft aufgab. Sie konnte deshalb keine konkurrierende eigene Priesterschaft begründen. Auch das Abendmahl, welches das von der Priesterschaft der paulinischen christlichen Kirche gespendete zentrale Sakrament war, wurde von der Jerusalemer Kirche nicht praktiziert, und das war auch nicht möglich, so lange sie den Sakramenten des jüdischen Tempels treu blieben. Die „Wein und Brot"-Zeremonie, die von der Jerusalemer Kirche praktiziert wurde, ist in der Didache erhalten und hat keinen sakramentalen Bezug zum „Leib und Blut Jesu". Es ist einfach die wohlbekannte jüdische Kiddusch-Zeremonie, die von allen Juden am Sabbat und an Feiertagen befolgt wird. Sie unterschied sich auch vom paulinischen Abendmahl durch eine Wein-Brot-Abfolge (wie beim Kiddusch), entgegen der Brot-Wein-Abfolge beim Abendmahl (Siehe Maccoby, 1991). Der Führer der Jerusalemer Kirche war also kein erblicher Priester oder „Bischof" einer neuen Religion, sondern im Wesentlichen ein politischer Führer einer messianischen Bewegung innerhalb des Judentums.

14 Bauckham (1990), S. 171–178. Eine der zu beantwortenden Kernfragen zum Judasbrief ist: „Wer sind die Gegner, die der Autor kritisiert?" Der berühmte Wissenschaftler Ernest Renan glaubte, dass der Gegner kein anderer als Paulus war (Renan, Saint Paul, Paris 1869, S. 300–303). F. C. Baur und andere Autoren der Tübinger Schule glaubten, dass der Brief antipaulinisch sei, aber ins 2. Jahrhundert gehöre. Bauckham meint, dass die Gegner Paulinisten des 1. Jahrhunderts von einer extremen libertären Sorte sind. Das moralische Anliegen des Briefs stimmt sicherlich mit der Urheberschaft Judas' des Apostels

überein, und die Argumente für eine Entstehung im 2. Jahrhundert sind nicht überzeugend. Die Christologie weist keine offenkundigen paulinischen Merkmale auf, und gewisse Passagen könnten antipaulinisch sein. Die Beziehung zur Angelologie ist allerdings ziemlich rätselhaft, und ich meine nicht, dass Bauckham dieses Problem gelöst hat. Er glaubt, dass der Autor die Engel als die Spender der Thora betrachtet, aber eine solche Meinung ist nicht vereinbar mit dem Judentum (siehe Maccoby, 1986, S. 220). Ein interessanter Hinweis auf Echtheit, den Bauckham bietet, ist, dass der Autor Jesus den Titel despotes gibt (Jud 4), einmalig in den Schriften des Neuen Testaments. Aber es ist bekannt (von Julius Africanus, zitiert in Eusebius, HE 1, 7, 14), dass solche Mitglieder der Jerusalemer Kirche, die einen besonderen Rang als Verwandte Jesu hatten, den Titel desposunoi trugen, was „die zum Herrn gehören" bedeutet. Es schein also, dass despotes ein besonderer Titel für Jesus war (als Ausdruck seines königlichen Ranges), der von seinen Verwandten gebraucht wurde.

15 Siehe Brandon (1951), S. 168–173, und Lüdemann (1980).

16 Siehe Macoby (1986), Kap. 15, „Das Zeugnis der Ebioniten".

Kapitel 10

Der Judas-Mythos

Die Argumente des letzten Kapitels bestehen aus einer ansehnlichen Kette von Indizienbeweisen. Man kann daraus mit einem sehr hohen Grad von Wahrscheinlichkeit schließen, dass es in der historischen Wirklichkeit keinen Treuebruch Judas' gab. Da dem so ist, haben wir also eine Figur, Judas Ischariot, von der wir nur mythische Daten kennen. Gleichzeitig haben wir einen *anderen* Judas, der nicht Ischariot heißt, aber ebenfalls ein Apostel ist, dessen Name auf einigen Listen unterdrückt, aber auf anderen bewahrt wird, der ein unbeschriebenes Blatt in manchen Berichten ist, in anderen dagegen militante Züge erkennen lässt, der in manchen Berichten als Bruder Jesu erscheint, aber in anderen nicht, der einen makellosen und loyalen Lebensweg als Anhänger Jesu hat, der möglicherweise sogar der gewählte Führer der Bewegung Jesu geworden ist. Es erscheint wahrscheinlich, dass dies der wirkliche Judas Ischariot ist, dessen Spitzname dem von ihm abgespaltenen mythischen Judas gegeben wurde, der aber nicht völlig aus den Akten gestrichen werden konnte, weil Überlieferungen über seine Loyalität und Bedeutung in der frühen Kirche fortbestanden und der deshalb im Hintergrund als „Judas der Obskure" überlebt, während der Vordergrund von der grellen, alptraumhaften Figur beherrscht wird, die in der Paulinischen Kirche auf ihn projiziert worden ist (wenngleich erst nach Paulus' Tod).

Um zu diesem Ergebnis zu gelangen, ist viel detektivische Arbeit nötig gewesen. Besondere Aufmerksamkeit wurde abweichenden Angaben gewidmet – Details in der Erzählung der Evangelien, ob in den allgemein gültigen Texten oder in handschriftlichen Varianten, die im Widerspruch zu dem üblichen Trend in der Erzählung herausstechen. Manche mögen klagen, dieses Verfahren sei „selektiv" und baue zu viel auf zu wenig Substanz auf. Warum manche Details als bedeutsamer als andere hervorheben? Die gleiche Kritik könnte gegen jeden Detektiv gerichtet werden, der erklären würde, dass es das abweichende Detail ist, das den Schlüssel liefert. In ähnlicher Weise zeigt Freud in *Zur Psychopathologie des Alltagslebens*, dass es nicht die gewöhnliche Unterhaltung ist, in der wir die inneren Gefühle einer Person kennenlernen, sondern ihre Versprecher. In unserer Analyse des Neuen Testaments ist es die freudsche Fehlleistung – die versehentlichen Fehler der verschiedenen Autoren –, die den bedeutsamen Schlüssel zu der verborgenen historischen Wahrheit geliefert haben. Diese widersprüchlichen Einzelheiten können nicht in einem späteren Stadium eingefügt worden sein, da sie den vorherrschenden Grundsätzen des letzten Bearbeiters widersprechen: Sie müssen versehentlich von einem früheren Stadium übriggeblieben sein. Einige der Beispiele, die wir bereits angemerkt haben, sind der Abschnitt bei Lukas, in dem Jesus kontrolliert, dass seine Jünger mit Schwertern ausgerüstet sind (in Widerspruch zu dem allgemeinen Bild vom Pazifismus Jesu), der Abschnitt bei Johannes, der verrät, dass die Brüder Jesu sich für sein Fortkommen interessierten und ihm Ratschläge gaben (was dem Bild von ihrer uneingeschränkten Feindseligkeit widersprach), und die Belege aus bestimmten Handschriften, dass es einen Judas namens Judas der Zelot gab (ein Detail, das in der gängigen Textversion unterdrückt worden ist). Diese Methode ist auf antike historische Schriften seit Beginn ihrer wissenschaftlichen Untersuchung angewandt worden, wurde aber wegen seines kanonischen Ranges erst viel später auf das Neue Testament angewandt. Diese Methode umfasst den Verzicht auf komplizierte harmonisierende Interpretationen, deren Absicht es ist, die Heilige Schrift vom Vorwurf des Selbstwiderspruchs zu bewahren. Stattdessen übernimmt sie einfache Erklärungen, die auf der Annahme der Tatsache beruhen, dass es in den Texten wirkliche Widersprüche gibt, die durch einen Prozess der Anlagerung und Bearbeitung entstanden.

Dennoch bleibt die Ansicht, dass Judas Ischariot und Judas der Apostel historisch dieselbe Person waren, eine Hypothese. Sie wird als wahrscheinliche Lösung der augenfälligen Schwierigkeiten der Judas-Erzählung angeboten, wie sie im Neuen Testament erscheint. Die Theorie hat

Vorteile gegenüber anderen Ansichten über Judas, aber sie ist nicht so vordringlich und wichtig wie das Hauptargument, das die tragischen Konsequenzen des Judas-Mythos betrifft. Dass der Judas-Mythos als ein Instrument des Antisemitismus funktioniert hat und noch funktioniert, ist keine Theorie, sondern eine unbestreitbare Tatsache.

Jedes Mal, wenn das Wort „Judas" in der Bedeutung „Verräter" gebraucht wird – also wenn der Vorwurf des Verrats mit besonderer Gehässigkeit geäußert wird –, wird die in dem Ausdruck verborgene antisemitische Überzeugung offenbart. Wenn man jemanden als Judas bezeichnet, will man sagen: „Du bist so schlecht wie die Juden, als sie Jesus verrieten." Das jüdische Böse wird somit als universelle Bezugsgröße für alle Zeiten festgelegt. Der Ausdruck ist deshalb antisemitisch, auch wenn er verwendet wird, um einen Nichtjuden in einem gänzlich nichtjüdischen Zusammenhang zu charakterisieren. Denn durch die ganze Geschichte ist Judas nicht nur als Person, die Jesus verriet, betrachtet worden. Immer und von Anfang an ist er als der namengebende Vertreter des jüdischen Volkes als Ganzem betrachtet worden.

Wenn die verächtliche Verwendung des Wortes „Nigger" von allen anständigen Menschen aufgegeben worden ist, wie sollte man dann mit dem Judas-Mythos und dem Gebrauch des Wortes Judas umgehen? Ein Wort, das nicht nur Verachtung, sondern Hass und Unterdrückung bündelt, sollte geächtet werden, nicht durch Gesetze, sondern durch das allgemeine Einverständnis von Menschen guten Willens. Das Wort Judas drückt Vorurteil auf eine subtilere, unterschwelligere Art aus als „Nigger" oder „Itzig" aus. Es ist möglich, dass jemand das Wort benutzt, ohne dass ihm bewusst ist, was diesem Wort seine spezielle Aufladung von Abscheu gibt. Aber es genügt nicht, bewussten Antisemitismus zu meiden. Es ist notwendig, die bewusste Wahrnehmung zu erweitern und wenn möglich Kontrolle über die unbewussten und irrationalen Prozesse zu gewinnen, durch die eine Kultur Hass züchten kann.

Doch leider genügt es nicht, allein den Judas-Mythos anzugreifen. Denn die Geschichte ist Teil eines größeren Mythos, der den Juden eine archetypische Rolle als Volk des Teufels zuweist. Der christliche Mythos selbst hat die Juden zum Pariavolk der westlichen Zivilisation gemacht. Hier also ist die Technik, die unbewusste Prozesse ins Bewusstsein bringt, besonders gefragt. Denn viele Menschen, vielleicht die meisten, glauben ihrerseits, sie hätten den christlichen Mythos hinter sich gelassen. Aber es ist genau an diesem Punkt in der Entwicklung der Kultur, wenn ein Mythos auf der bewussten Ebene aufgegeben wird, dass er sich auf der unbewussten Ebene umso stärker festsetzen kann.

Jung hat uns mit der Vorstellung von Archetypen vertraut gemacht: symbolische Wesen wie die Schlange oder das Auge Gottes, die oft in Träumen erscheinen und als grundlegende Komponenten und Parameter des Unbewussten wirken. Solche Archetypen sind in Jungs Theorie nicht gesellschaftlich bedingt, sondern erblich, da sie Teil des kollektiven Unbewussten sind. Hier jedoch befassen wir uns mit einem gesellschaftlich geformten Archetypus, der aus dem Gründungsmythos einer besonderen Gesellschaft hervorgeht und sich durch Jahrhunderte wiederholter Indoktrinierung tief eingeprägt hat, vieles davon undeutlich, da es durch Tonfall, Geste oder Blick vermittelt wird anstatt durch gezielte Erziehung.[1] Ein solcher Archetypus ist sehr schwer aufzulösen, aber es ist nicht unmöglich. Was durch gesellschaftliche Konditionierung geschaffen wurde, kann mit denselben Mitteln beseitigt werden, wenn auch nicht mit schnellen Erfolgen zu rechnen ist. Schädliche unbewusste Fantasien können durch Techniken ausgetrieben werden, die sie ins Bewusstsein heben. Im Fall eines Individuums kann dies mittels Hypnose oder freier Assoziation geschehen. Im Fall einer Gesellschaft ist das wichtigste Instrument für die Umwandlung des Unbewussten in das Bewusste Bildung in Form von Büchern, Artikeln und öffentlichen Diskussionen. Sobald die Diagnose ein gewisses Maß an allgemeiner Zustimmung von Meinungsführern bekommt, kann sich die Aufmerksamkeit den Institutionen zuwenden, die den Archetypus ständig bekräftigen und sein Überleben von Generation zu Generation gewährleisten. Heutige Christen, entsetzt über den Holocaust und endlich im Wissen, dass die christliche Lehre hauptsächlich dafür verantwortlich war, machen oft eifrige Anstrengungen, den Auswirkungen des christlichen Mythos entgegenzuwirken, indem sie ihn auf harmlose Weise interpretieren und solche Interpretationen oder geringfügige Textstreichungen in Lehrbücher einführen. Diese Art der Anstrengung ist reine Kosmetik. Es ist die pure Macht des Mythos selbst, die den Archetypus des Juden für das ganze Leben einprägt und das Denken der Kinder zu früh formt, um dann von wohlmeinenden Interpretationen berührt zu werden. Nur eine Lösung, die die Prägung von Kindern verhindert, kann in großem Umfang Wirkung zeigen. Im Fall von „nach-christlichen" Personen, die nicht mehr religiös erzogen werden, aber den Archetypus durch die Literatur, beiläufige Konversation oder die Vorurteile der Medien genauso wirksam aufsaugen, ist ein komplizierterer Prozess der Umerziehung notwendig, der mit der schwierigen Erkenntnis beginnt, dass überhaupt ein Problem existiert.

Durch das ganze Mittelalter wurden die Juden als die Erfüllungsgehilfen eines unauslöschlichen Bösen betrachtet. Die Passionsspiele flößten einen

Hass auf die Juden und eine Verachtung ein, die schließlich die Kraft eines Instinkts annahmen. Der Einfluss der Kirchenkunst und die ständigen antisemitischen Predigten der niederen Geistlichkeit – nie wirksam von höheren religiösen Autoritäten in die Schranken gewiesen – machten das gemeine Volk, das in früheren Jahrhunderten oft antisemitischem Druck widerstanden hatte, zu vollkommen indoktrinierten und gedankenlosen Judenhassern. Die Reformation bewirkte kaum etwas, da Luther ein noch bösartigerer Antisemit war als seine Vorgänger. In seinem Pamphlet *Von den Juden und ihren Lügen* nannte er die Juden „giftige Schlangen, erbitterte Feinde des Herrn" und empfahl, ihre Synagogen niederzubrennen und sie aus den christlichen Ländern zu vertreiben. In einem späteren Pamphlet, *Schem Hamphoras,* fügte er den unvermeidlichen Hinweis auf Judas Ischariot ein, den er in seine unnachahmliche Sprache kleidete: „Ich verfluchter Goi kann nicht verstehen, woher sie solche hohe Kunst haben, als dass ich muss denken, da Judas Ischariot sich erhängt hatte, dass ihm die Därme zerrissen und, wie den Erhängten geschieht, die Blase geborsten, da haben die Juden vielleicht ihre Diener mit goldenen Kannen und silbernen Schüsseln dabei gehabt, die Judas' Pisse (wie man's nennet) samt dem andern Heiligtum aufgefangen, darnach untereinander die Merde gefressen und gesoffen, davon sie so scharfsichtige Augen gekriegt, dass sie solche und dergleichen Glossen in der Schrift sehen, die weder Matthäus noch Jesaja selbst, noch alle Engel, geschweige denn wir verfluchten Gojim sehen können." Es überrascht nicht, dass Luthers Schriften Hitlers Lieblingslektüre war.

Vordergründig revolutionierte die Aufklärung die Stellung der Juden in Europa. Sie wurden schrittweise und nach vielen Fehlstarts in die westliche Gesellschaft aufgenommen. Sie durften gehobene Berufe ergreifen, anstatt in den Geldverleih gedrängt und dann als Geldverleiher diffamiert zu werden. Sie erhielten schließlich die Staatsbürgerschaft, wurden stimmberechtigt und erreichten Führungspositionen. Viele Juden begrüßten diese Entwicklungen mit der größten Begeisterung. Sie warfen ihre religiösen Überzeugungen über Bord und nahmen gängige aufgeklärte Denkweisen an. Sie wurden eifrige Bürger der Nationen, in die sie aufgenommen worden waren und machten sich die nationale Kultur zu eigen. Es gab eine rührende Bereitschaft unter Juden zu glauben, dass das Zeitalter der Vernunft angebrochen war und dass das irrationale oder mythische Element im Gesellschaftsleben ein Ding der Vergangenheit war.

Aber diese neue Integration von Juden in die westliche Gesellschaft führte zu Ausbrüchen von Antisemitismus, die sogar schlimmer als vorher waren, und zwar nicht, weil es neue zwingende Beweise des jüdischen

Bösen gegeben hätte, wenngleich solche Beweise vorgelegt wurden. Vielmehr behauptete sich unter dem Anstrich der Aufklärung weiterhin der alte, tief eingeträufelte Mythos, dass die Juden nicht wie andere Menschen waren. Wenige „aufgeklärte" Antisemiten konnten allerdings einräumen, dass ihr Hass auf die Juden aus einer entlegenen religiösen Doktrin hervorging. Also erfanden sie neue Szenarien, in denen die Juden weiterhin als Gehilfen des Teufels agierten, und all die anderen Requisiten und die Kulisse des mittelalterlichen Passionsspiels erhielten moderne Entsprechungen. Rechte Antisemiten setzten ein auf Nationalismus beruhendes Drama an seine Stelle, in dem die Juden ewige Fremde und archetypische Verräter waren, die wie Ratten oder gefräßige Insekten das Gefüge der heiligen Nation unterminierten; im extremsten Fall wurde dies eine faschistische Doktrin, in der die Juden Bazillen waren, die das Blut der Herrenrasse vergifteten. Über den Einsatz des gesamten mittelalterlichen und reformatorischen Arsenals antisemitischer Anklagen und sogar Nachschöpfung mittelalterlicher antisemitischer Kunst und Karikatur hinaus führten die Nazis die mittelalterliche Doktrin der Endzeit wieder ein, eine apokalyptische Fantasie, in der die Juden, angeführt vom Antichrist, bis auf den Letzten, Mann, Frau und Kind, von einer christlichen Armee vernichtet würden, angeführt vom auferstandenen Christus selbst, der dann für 1000 Jahre herrschen würde. Hitlers „Tausendjähriges Reich" war ein eindeutiges Echo chiliastischer Losungen, und er selbst war eine rassistische Version des Triumphierenden Christus.

Die Linke entwickelte ein gleichermaßen archaisches Szenario. Karl Marx, Jude von Geburt, aber Christ durch Taufe und Erziehung, war ein Antisemit, und in seiner ökonomischen Theorie der Politik und Geschichte waren die Juden die Erzvertreter eines kapitalistischen Teufels. Tatsächlich war das Judentum nach Marx bloß Kapitalismus in pseudotheologischer Form und sollte eigentlich als „Hausiererei" bezeichnet werden. Außerdem würde das kommunistische Jahrtausend zum „Verschwinden" der Juden führen. Selbst als der Kommunismus seine frühe Form des Internationalismus ablegte, als Lenin nationalistische Bestrebungen innerhalb der Sowjetunion zuließ, war jüdischer Nationalismus immer noch nicht erlaubt, weil die Juden in der kommunistischen Theorie keine Nation waren, sondern nur eine ökonomische Klasse, deren Untergang anstand. Diese Form des Antisemitismus wurde endemisch in der heutigen Neuen Linken, für die die Juden und der Zionismus die obersten Vertreter des westlichen Imperialismus, des Kapitalismus und der Ausbeutung der Dritten Welt sind. Ironischerweise wurden jedoch die Juden von der Rechten auch ausgewählt, die archetypischen Kommunisten zu sein, die die russische

Revolution angeregt hatten und den Untergang aller bestehenden Regierungen und besonders des Kapitalismus suchten. Jedes politische System, das eine Vorstellung von einem aktiven Prinzip des Bösen in der Welt hat, wählte die Juden für die diabolische Rolle aus. Die sich daraus ergebenden Rollen, die den Juden zugeschrieben werden, mögen widersprüchlich sein, stimmen aber alle in einer Sache überein: Sie setzen die Verteufelung der Juden fort, die im christlichen Mythos enthalten ist.[2]

Diese Fakten illustrieren, dass Mythen nicht so leicht sterben wie Dogmen. Nazis wie Kommunisten glaubten, das Christentum überwunden zu haben, aber der Inhalt ihres Denkens blieb beharrlich christlich. Der Mythos, auf dem eine Religion fußt, kann tieferen Einfluss ausüben als ihre Glaubensbekenntnisse. Es ist der Mythos, den die Religion hervorbringt, der den Charakter der Kultur bestimmt, und dieser Charakter kann das Ende des Glaubens und der Glaubensbekenntnisse über viele Generationen hinweg überleben. Bertrand Russell sagte einmal: „Es besteht ein großer Unterschied zwischen einem katholischen Atheisten und einem protestantischen Atheisten." Dies ist sehr wahr, und ich würde sagen, dass es einen noch größeren Unterschied zwischen einem christlichen Atheisten und einem jüdischen gibt. Denn es gibt einen Punkt, in dem sich katholische und protestantische Atheisten wahrscheinlich nicht voneinander unterscheiden: Sie werden eine Anfälligkeit für Antisemitismus bewahren. Als Beweis genügt vielleicht die Feststellung, dass Faschismus wie Kommunismus zwar im 20. Jahrhundert besiegt worden sind, der Antisemitismus, der mühelos neben beiden existiert hatte, aber weiterhin gedieh. Jüngste Entwicklungen in Osteuropa beweisen einmal mehr, wie sehr sich Antisemitismus einem Wandel widersetzt. Die Beseitigung kommunistischer Behinderungen der Religionsausübung hat Varianten des Antisemitismus hervorgebracht, die ihren ganzen paranoiden Beigeschmack aus zaristischen Tagen beibehalten haben. In Polen werden die Juden weiterhin für wirtschaftliche Missstände verantwortlich gemacht, obwohl kaum ein Jude in dem Land übrig geblieben ist.

Ein Christ jedoch weiß, dass er von seinen Glaubensinhalten beeinflusst ist, einschließlich der Dogmen seines Mythos. Die Schwierigkeit beim säkularen Antisemitismus ist, dass die „nach-christliche" Person stolz darauf ist, Rationalist zu sein, und erst diesen sehr typischen modernen intellektuellen Stolz überwinden muss, um herauszufinden, wie paranoid sie wirklich ist. Außerdem ist der nach-christliche Antisemit besonders gefährlich für die Juden wegen seines Optimismus. Er glaubt wirklich, dass er die Welt *judenrein* machen kann.[3] Christen insgesamt meinen dies nicht, weil sie an die Notwendigkeit des Teufels glauben, zumindest bis zum Tausendjährigen Reich. Nur wenn sie von chiliastischem Eifer ergriffen sind, halten Christen Satan und seine jüdischen Schergen für entbehrlich.

Manche Post-Christen sind keine Chiliasten und mögen alltägliche christliche (oder jüdisch-christliche) Traditionen der Barmherzigkeit und Sozialethik übernehmen wie im Fall der Utilitaristen, etwa Bentham oder John Stuart Mill. Aber Post-Christen mit einer radikaleren politischen Philosophie neigen dazu, sich hauptsächlich von christlichen chiliastischen Mustern beeinflussen zu lassen. Folglich sind Post-Christen anfällig dafür, einem chiliastischen Konzept zu folgen, bei dem die Vernichtung der Juden geplant ist.

Judas aus dem westlichen Denken auszutreiben wird daher nicht genügen, obgleich eine Resolution, das Wort Judas im pejorativen Sinn nicht zu verwenden, sicherlich eine positive Entwicklung wäre. Die richtige und einzige dauerhafte Lösung für das Problem des Antisemitismus ist, den paulinischen christlichen Mythos der Sühne zu demontieren. Wenn Jesus als Lehrer verehrt, anstatt als Opfer angebetet wird – wenn er wegen seines Lebens und seiner Taten geschätzt wird und nicht wegen seines Todes und seiner mythischen Auferstehung –, wird Antisemitismus abflauen. Denn dann müssen die Juden nicht mehr als seine Henker fungieren und für die Erlösung als unverzichtbar gelten – und dafür umso mehr gehasst werden. Der Schock des Holocaust hat viele Christen veranlasst, die christliche Lehre neu zu bewerten. Die katholische Lehre hat sich seit der *Erklärung über die Haltung der Kirche zu den nichtchristlichen Religionen* (oder *Nostra Aetate*, „In unserer Zeit") von 1965 beträchtlich gewandelt, wenngleich bisher ohne jegliche Erkenntnis, dass Antisemitismus eher von dem zentralen christlichen Mythos verursacht wird als von dessen „verbreiteten Fehldeutungen". Die neuerlichen unverbesserlich antisemitischen Äußerungen von Kardinal Glemp wurden vom Papst scharf gemaßregelt, und der Kardinal musste sie zurücknehmen. Manche Christen haben sogar bemerkt, dass der christliche Sühnemythos höchst brüchig ist; die Veröffentlichung von *Der Mythos vom fleischgewordenen Gott* (Hg. John Hick, dt. Gütersloh 1979) war ein Meilenstein in dieser Hinsicht. Bei den Christen bewegt sich etwas, wenn auch langsam; das größere Problem könnte sein, den nach-christlichen Antisemitismus mit seiner unbewussten Übernahme der extremsten Elemente des christlichen Mythos zum Verschwinden zu bringen.

Eine Reaktion behindert den Fortschritt: die Idealisierung des paulinischen christlichen Mythos in seinen eigenen mythologischen Begriffen. Viele Menschen sind durchaus bereit einzuräumen, dass in dem Sühneaspekt der im Neuen Testament berichteten Ereignisse keine historische

Wahrheit steckt; aber sie wahren Respekt dafür als einem Ausdruck eines „schönen Mythos". Diese Art von post-mythologischem Respekt kann in zwei Formen auftreten. Eine wird von Joseph Campbell verkörpert; die Verehrung eines Mythos als Kristallisation mystischer Wahrheit, die Äußerung des kollektiven Unbewussten, das nicht lügen kann. Die andere wird von Frank Kermode verkörpert; die Ehrfurcht vor dem Mythos als reiner Erzählung, die mit der Zwangsläufigkeit von Kunst Gestalt annimmt. Beide Reaktionen, die mystische und die ästhetische, sind eine Art Wiederbelebung des Fundamentalismus auf der nicht wortgetreuen Ebene (siehe S. 31). Der Mythos kann nicht mehr kritisiert werden wie früher, als er als buchstäbliche Wahrheit verstanden wurde, weil er als ein vollkommener Ausdruck des Mystizismus (Campbell) oder der Dichtkunst (Kermode) betrachtet wird. Auf diese Weise wird das Böse im Mythos ignoriert. Ein Mythos muss jedoch kritisiert werden, nicht aufgrund historischer Fakten, sondern aufgrund seiner moralischen Werte und Wirkungen. Gewiss, jede Gesellschaft beruht auf einem Mythos; aber keine Gesellschaft ist ein höchster Wert an sich. Jede Gesellschaft kann und muss kritisiert werden, falls ihre Stabilität und auch ihre Schönheit auf der Schuldzuweisung an eine Pariaklasse und deren Leid beruhen.

Ein willkommenes Ergebnis der Kritik und Demontage des christlichen Sühnemythos wird die Rehabilitierung von Judas Ischariot sein. Ob identisch mit dem Apostel Judas, wie ich argumentiert habe, oder ein anderer Apostel, er ist mit einem entwürdigenden Mythos belastet worden, der eine Verleumdung darstellt in Anbetracht seiner Treue und Redlichkeit und des Befreiungsauftrags, auf den er sich in Unterstützung Jesu, seines dem Märtyrertod überantworteten Anführers, einließ. Und die Rehabilitierung von Judas Ischariot wird ebenfalls ihre Wirkung zeigen: Die Wiederherstellung der Ehre des Namens Judas und des Volks von Juda, das immer noch seinen Namen trägt.

Anmerkungen

1   Christa Wolf, die deutsche Schriftstellerin, schrieb, dass sie nicht, weil man ihr ausdrücklich etwas über sie sagte, die Juden zu verachten und zu hassen lernte, sondern wegen eines gewissen Funkeln in den Augen von Erwachsenen, wann immer sie das Wort „Jude" gebrauchten.

2   Es sollte erwähnt werden, dass Judas Ischariot in der muslimischen Mythologie keine Rolle spielt. Das einzige muslimische Werk, das versucht, einen Bericht von Judas' Verrat zu geben, ist das sogenannte Barabasevangelium, das vermutlich im 15. Jh. in Italien von einem Überläufer vom Christentum zum Islam verfasst wurde (siehe M. R. James, The Apocryphal New Testament, S. xxvi). In dieser muslimischen Version der Evangelien-

geschichte wird Judas durch ein Wunder ein Strich durch die Rechnung gemacht. Er wird in das genaue Ebenbild Jesu verwandelt und an dessen Stelle gekreuzigt. Jesus steigt in den Himmel auf, ohne zu sterben. Die Vorstellung, dass Jesu Platz am Kreuz von einem anderen eingenommen wurde, findet sich im Koran (Sure IV), doch wird Judas hier nicht erwähnt. Die Geschichte, dass Jesus am Kreuz nicht starb, stammt letztlich von der Gnosis, von der der Islam auch die Idee von den Juden als verachtenswerten Stümpern statt hasserfüllten Mördern übernahm. Zur Diskussion des modernen aggressiven Antisemitismus (im Gegensatz stehend zu der früheren milderen Version) siehe S. 31.

3   Diese optimistische Vision einer judenreinen Welt charakterisierte nicht nur Hitler, sondern auch die linken Theoretiker, die einer Welt ohne Juden entgegensahen mittels Abschaffung von Klassenkämpfen. Es mag seltsam erscheinen, Hitler in diesem Zusammenhang zu den Rationalisten zu zählen, aber man sollte bedenken, dass er sich selbst der Freiheit von religiösem Dogma und der wissenschaftlichen Grundlage seiner rassistischen Theorien rühmte.

Anhang

Johannes Chrysostomus zu Judas Ischariot

1. Aus *De Proditione Judae*: Homilie I.

„Einer der Zwölf namens Judas Ischariot" (Mt 26, 14)

„Warum nennst du seine Stadt? Es gab einen anderen Jünger Judas, der hatte den Zunamen ‚Zelotes'. Damit also aus der Namensgleichheit kein Fehler erwachsen konnte, unterschied er diesen von jenem. Und jenen nannte er in der Tat Judas den Zeloten gemäß seiner Tugend, aber diesen nannte er nicht gemäß seiner Sündhaftigkeit: Denn er sagte nicht ‚Judas der Verräter'."

Anmerkung. Chrysostomus hält den Namen „Ischariot" offensichtlich für die Angabe von Judas' Heimatort, vielleicht weil er den Namen als Entsprechung von „Mann aus Kerijot" versteht. Besonders interessant aber in diesem Kommentar ist Chysostomus' Aussage, dass der andere Judas den Beinamen „Zelotes" hatte. Der Name „Judas der Zelot" findet sich im Neuen Testament nur in bestimmten Manuskripten der alten lateinischen (Itala) Version von Mt 10, 3 (anstelle von „Thaddäus"). Chrysostomus ist somit ein wichtiger Zeuge für die Benennung „Judas der Zelot" (siehe S. 169 und S. 170 zur Bedeutung dieser Benennung). Im entsprechenden Abschnitt in Chrysostomus' zweiter Homilie über Judas Ischariot findet sich „Judas der Zelot" nicht; vielmehr ersetzt Chrysostomus sie durch „Judas, Bruder des Jakobus" (aus Lk 6, 16), womit er dem Einwand entgeht, dass „Zelot" für „tugendhaft" steht. Die zweite Homilie ist eine überarbeitete Fassung der ersten, und es scheint, dass Chrysostomus zu dem Schluss kam, dass die Lesart „Judas der Zelot" nicht vertrauenswürdig war, und änderte seine Meinung entsprechend. Allerdings muss diese Lesart von dem griechischen Manuskript, das ihm damals vorlag, durchaus gestützt worden sein, sonst hätte er sie nicht in der ersten Homilie verwendet. Zur Benennung „Judas der Kananit" (gleichbedeutend mit „Judas der Zelot") siehe S. 170.

2. Aus *De Proditione Judae*, Homilie I.

„Seht ihr, wie unrein dieses ungesäuerte Brot ist? Wie gesetzwidrig das Fest? Wie dies nicht wirklich das jüdische Pessach ist? Es gab einmal ein jüdisches Pessach, aber jetzt ist es abgeschafft. Das geistige Pessach ist gekommen, das uns Christus schenkte. Während sie aßen und tranken, nahm er Brot, brach es und sagte: ‚Dies ist mein Leib, der für euch gebrochen wird für die Vergebung der Sünden.' Diejenigen, die eingeweiht sind, kennen die Dinge, die gesagt werden; und er ergriff den Kelch und sagte: ‚Dies ist mein Blut, das für viele vergossen wird für die Vergebung der Sünden.' Judas war dabei, als Christus diese Dinge sagte. Dies ist der Leib, Judas, den du für dreißig Silberlinge verkauft hast! Dies ist das Blut, für das du kürzlich dreist einen Vertrag mit den niederträchtigen Pharisäern geschlossen hast!"

Anmerkung. Chrysostomus verknüpft hier eine Verdammung des jüdischen Pessach mit einer Klage über das Verbrechen von Judas. Die Juden werden verurteilt, weil sie weiterhin ihr Pessach mit ungesäuertem Brot feiern, denn dies bedeutet, dass sie die neue religiöse Ordnung ablehnen, in der die Eucharistie die Stelle von Pessach einnimmt. Ebenso lehnt Judas die neue religiöse Ordnung ab, obwohl er anwesend war, als sie eingesetzt wurde. Stattdessen verschwor er sich mit den „niederträchtigen Pharisäern", um gegen den Leib und das Blut Christi zu sündigen. Dieser Abschnitt bei Chrysostomus hat einen düsteren Klang, wenn man ihn angesichts späterer christlicher Verfolgungen der Juden liest, die aus der Anklage entstanden ist, sie hätten Gott geschmäht, indem sie die Hostie gestohlen und mit Nadeln durchstochen hätten, worauf diese wundersamerweise Blut absonderte. Tausende Juden wurden aufgrund solcher Anklagen zu Tode gefoltert. Bemerkenswert ist, dass Chrysostomus versäumte, die Evangelien genau zu lesen; denn es waren nicht die Pharisäer, sondern die Priester, mit denen Judas sich angeblich verschwor. Aber die Pharisäer als die wichtigsten religiösen Repräsentanten und Führer des jüdischen Volkes eigneten sich besser für Chrysostomus' Zwecke.

3. Aus Homilie III über Apostelgeschichte 1, 15–22

„Gott hieß sie, das Feld auf Hebräisch ‚Hakeldamach' zu nennen" (Mt 26, 24). „Damit wurde auch das Unheil, das über die Juden kommen sollte, erklärt: und Petrus zeigt, dass die Prophezeiung soweit zum Teil erfüllt worden ist, die besagt: ‚Für ihn wäre es besser, wenn er nie geboren wäre.' Wir dürfen zu Recht dasselbe auf die Juden gleichermaßen anwenden; denn wenn er, der Anführer war, so litt, litten sie umso mehr. Dazu sagt Petrus allerdings nichts. Dann zeigt er, dass der Begriff ‚Hakeldamach' durchaus auf sein Schicksal angewendet werden kann, führt er den Propheten ein und sagt: ‚Sein Gehöft soll veröden.' Denn was kann schlimmere Ödnis sein, als ein Begräbnisplatz zu werden? Und das Feld darf durchaus *seines* genannt werden. Denn er, der den Preis erlegt hat, obwohl andere die Käufer waren, hat ein Recht, sich als Besitzer einer großen

Ödnis zu betrachten. Diese Ödnis war das Vorspiel zu jener der Juden, was aufscheinen wird, wenn man genau das Geschehen betrachtet. Denn in der Tat vernichteten sie sich durch Hungersnot und töteten viele, und die Stadt wurde ein Begräbnisplatz für Fremde, für Soldaten, denn was jene angeht, so wollten sie diese nicht einmal begraben lassen, denn in Wirklichkeit wurde sie einer Bestattung nicht für würdig gehalten."

Anmerkung. Johannes Chrysostomus verweist hier klar auf die Verbundenheit zwischen Judas und den Juden. Judas, sagt er, war nur der „Anführer" für jene, die Jesus gefangen nahmen (Apg 1, 16), und somit weniger schuldig als die Juden, die ihn gefangen nahmen und seinen Tod herbeiführten. Judas' Bestrafung, behauptet er, kündigt jene der Juden an, denn Hakeldamach („der Blutacker"), wo Judas starb, kündigt die Zerstörung Jerusalems an, wo die Juden ihre nationale Niederlage erlitten als Strafe für die Ermordung Jesu. Am unheilvollsten von allem ist, dass Chrysostomus die Worte über Judas auf die Juden anwendet: „Für ihn wäre es besser, wenn er nie geboren wäre." Die Leiden der Juden im Christentum werden also als gottgegeben betrachtet.

Bibliographie

Bauckham, R., *Jude and the Relatives of Jesus in the Early Church*, Edinburgh, 1990.

Baum, P. F., "Judas's Red Hair", *JEGP* 21 (1922), S. 520–529.

Baum, P. F., "The Medieval Legend of Judas Iscariot", *PMLA* 31 (1916), S. 481–632.

Baum, P. F., "Judas's Sunday Rest", *MLR* 18 (1923), S. 168–182.

Baum, P. F., "The English Ballad of Judas Iscariot", *Publications of the Modern Language Association*, 31 (1916), S. 181–189.

Baur, F. C., *Paulus, der Apostel Jesu Christi, Sein Leben und Wirken, seine Briefe und seine Lehre. Ein Beitrag zu einer kritischen Geschichte des Urchristenthums*, Stuttgart, 1845.

Benoit, P., „La mort de Judas" in *Synoptische Studien (A. Wikenhauser Festschrift)*, 1953, S. 1–19.

Berlin, I., *Against the Current: Essays in the History of Ideas*, London, 1979.

Besnard, A. M., „Judas bouc émissaire des apôtres? Un compagnon dangereusement semblable", *BTS* 158 (1974), S. 8f.

Billings, J. S., "Judas Iscariot in the Fourth Gospel", *ET* 51 (1939–40), S. 156f.

Blinzler, J., *Die Brüder und Schwestern Jesu*, SBS 21, Stuttgart, 1967.

Bloy, L., *Le Salut par les Juifs*, Paris, 1892. Blum, L., *Souvenirs sur l'Affaire*, Paris, 1935.

Blumenkrantz, B., *Juden und Judentum in der mittelalterlichen Kunst*, Stuttgart, 1965.

Bousset, W., *The Antichrist Legend*, London, 1896.

Brandon, S. G. F., *The Trial of Jesus of Nazareth*, London, 1968.

Brandon, S. G. F., *The Fall of Jerusalem and the Christian Church*, London, 1951.

Brandon, S. G. F., *Jesus and the Zealots*, Manchester, 1967.

Buhl, F., *Geographie des Alten Palästina*, Freiburg und Leipzig, 1896.

Bultmann, R., *History of the Synoptic Tradition*, Oxford, 1958.

Bultmann, R., *Primitive Christianity in its Contemporary Setting*, London, 1956.

Burkert, W., *Homo Necans: the Anthropology of Ancient Creek Sacrificial Ritual and Myth*, Berkeley, 1983.

Campbell, J., *The Masks of God*, 3 vols., New York, 1959–64. Catchpole, D., *The Trial of Jesus in Jewish Historiography*, Leiden, 1971.

Cohen, F. G., "Jewish Images in Late Medieval German Popular Plays", *Midstream*, Aug/Sept. 1989.

Cohn, N., *Warrant for Genocide: the Myth of the Jewish World conspiracy and the Protocols of the Elders of Zion*, London and New York, 1967.

Cohn, N., *The Pursuit of the Millennium*, London, 1957.

Constant, Rev. Father, *Les Juifs devant l'Eglise et l'histoire*, Paris, 1897.

Creizenach, W., „Judas Ischarioth in Legende und Sage des Mittelalters", *BGDS* 2 (1876) S. 177–207.

Cullmann, O., *The State in the New Testament*, 15. Daudet, L., *Au Temps de Judas*, Paris, 1933.

Davies, A. T. (Hg.), *Antisemitism and the Foundations of Christianity*, New York, 1979.

Derrett, J. D. M., "Miscellanea: a Pauline pun and Judas's punishment", ZNW 72 (1981), S. 131–133.

Dickey, H. B., *Judas Iscariot*, New York, 1970.

Drews, A., *Das Markus-Evangelium als Zeugnis gegen die Geschichtlichkeit Jesu*, Jena, 1921.

Dronke, P., *The Medieval Lyric*, New York, 1969.

Drumont, E., *La France juive devant l'opinion,* Paris, 1886.

Eckardt, R., *Elder and Younger Brothers: the Encounter of Jews and Christians,* New York, 1973.

Ehrman, A., "Judas Iscariot and Abba Saqqara", *JBL* 97 (1978), S. 572f.

Eisler, R., *The Messiah Jesus and John the Baptist,* London, 1931.

Enslin, M. S., "How the Story Grew: Judas in Fact and Fiction", *Festschrift to Honor F. Wilbur Gingrich,* Leiden, 1972, S. 123–141.

Epiphanius, *Panarion (Refutation of All Heresies),* in Migne, 1857–66, xlii–xliii.

Eusebius, *Ecclesiastical History,* tr. K. Lake (Loeb Classical Library), London/Harvard, 1926.

Feigel, F. K., *Der Einfluss des Weissagungsbeweises und anderer Motive auf die Leidensgeschichte. Ein Beitrag zur Evangelienkritik,* Tübingen, 1910.

Foakes-Jackson, F. J. and Lake, K. (Hg.), *The Beginnings of Christianity,* V, London, 1933.

Frazer, Sir J. G., *The Golden Bough,* gekürzte Ausgabe in 2 Bd., London, 1957.

Freud, S., *Der Mann Moses und die monotheistische Religion,* London, 1939.

Friedman, S. S., *The Oberammergau Passion Play: A Lance against Civilization,* Carbondale, Ill., 1984.

Gager, J. G., *The Origins of Anti-Semitism,* New York/Oxford, 1983.

Gärtner, B., *Die Rätselhaften Termini Nazoräer und Iskariot* (Horae Soederblomianae, IV, 1957).

Gasparro, G. S., *Soteriology and Mystic Aspects in the Cult of Cybele and Attis,* Leiden, 1985.

Girard, R., *Violence and the Sacred* (Eng. tr.), Baltimore and London, 1977.

Glasson, T. E., "Davidic Links with the Betrayal of Jesus", *ET* 85 (1973/4), S. 118f.

Glock, C. Y., and Stark, R., *Christian Beliefs and Anti-Semitism,* New York, 1969.

Goldschmidt, H. L., „Das Judasbild im Neuen Testament aus jüdischer Sicht", in *Judas im Neuen Testament,* hg. v. H. L. Goldschmidt und M. Limbeck, Stuttgart, 1976, S. 9–36.

Griffin, C. S., *Judas Iscariot, the Author of the Fourth Gospel,* Boston, 1892.

Gunther, J. J., "The Meaning and Origin of the Name Judas Thomas", *La Muséon* 93 (1980), S. 113–148.

Guttmann, J., „Judas", *EJ* IX, S. 526–528.

Halas, R. B., *Judas Iscariot. A Scriptural and Theological Study of his Person, His Deeds and His Eternal Lot,* Washington, 1946.

Hand, W. D., *A Dictionary of Words and Idioms Associated with Judas Iscariot. A Compilation Based Mainly on Material Found in the Germanic Languages,* (UCP. Modern Philology 24/3), Berkeley, 1942, S. 289–356.

Harris, J. R., "Did Judas Really Commit Suicide?" *AJT,* I (1900), S. 490f.

Harris, J. R., *Four Letters on the Western Text of the New Testament,* London, 1894.

Harrison, J. E., *Prolegomena to the Study of Greek Religion,* 3. Aufl., London, 1922.

Haugg, D., *Judas Iskarioth in den neutestamentlichen Berichten,* Leipzig, 1930.

Hay, M., *The Foot of Pride,* Boston, 1950.

Heer, F., *God's First Love,* London, 1967.

Heller, B., „Über Judas Ischariotes in der jüdischen Legende", *MGWJ* 77 (1933), S. 198–210.

Hengel, M., *The Zealots,* London, 1990.

Hiltebeitel, A., *Criminal Gods and Demon Devotees,* New York, 1989.

Horkheimer, M. and Adorno, T. W., *Dialectic of Enlightenment* (Eng. Übers.), London, 1973.

Imbach, J., „Judas hat tausend Gesichter'. Zum Judasbild in der Gegenwartsliteratur", in Wagner, 1985, S. 91–142.

Ingholt, H., "The Surname of Judas Iscariot", in *Studia orientalia joanni Pedersen dicata*, Kopenhagen, 1953, S. 152–162.

Irenaeus, *Against Heresies*, in *Early Christian Fathers*, übers. u. hg. v. C. C. Richardson, London, 1953.

James, M. R. (Hg.), *The Apocryphal New Testament*, Oxford, 1953.

Jonas, H., *The Gnostic Religion*, 2. Aufl., Boston, 1963.

Jursch, H., „Das Bild des Judas Ischarioth im Wandel der Zeiten", *Akten des VII. Internationalen Kongresses für Christliche Archäologie, Trier 1965, SAC 27*, Rom, 1969, S. 565–573.

Jursch, H., „Judas Iskarioth in der Kunst", *WZ(J).GS* 5 (1952), S. 101–105.

Kazantzakis, N., *The Last Temptation*, übers. v. P. A. Bien, London, 1975.

Kermode, F., *The Genesis of Secrecy*, Cambridge, Mass./London, 1979.

Klauck, H.-J., *Judas-ein jünger des Herrn*, Quaestiones Disputatae, 111, Herder, Freiburg/Basel/Wien, 1987.

Klostermann, E., *Das Markusevangelium, HNT 3*, 4. Aufl. 1950, 35.

Kluckhohn, C., "Recurrent Themes in Myths and Mythmaking", in *Myths and Mythmaking*, hg. v. Henry A. Murray, Boston, 1968, S. 52.

Körtner, U. H. J., *Papias von Hierapolis. Ein Beitrag zur Geschichte des frühen Christentums*, Göttingen, 1983.

Köster, H., "GNOMAI DIAPHORAI: The Origin and Nature of Diversification in the History of Early Christianity", *Harvard Theological Review* 58 (1965), S. 279–318.

Krauss, S., *Das Leben Jesu nach juedischen Quellen*, Berlin, 1902.

Kümmel, W. G., *Introduction to the New Testament*, London, 1975.

Kürzinger, J., *Papias von Hierapolis und die Evangelien des Neuen Testaments* (Eichstätter Materialen 4), Regensburg, 1983.

La Tour de Pin, René, Marquis de, *Vers un ordre social chrétien*, Paris, 1907.

Lake, K., "The Death of Judas", in Foakes-Jackson and Lake, 1933, S. 22–30.

Layton, B., *The Gnostic Scriptures*, London, 1987. Leach, E., *Genesis as Myth*, London, 1969.

Lévy, L. G., „Que Judas Iscariote n'a jamais existé", *Grande Revue* 55 (1909), S. 533–539.

Lévi-Strauss, C., *The Raw and the Cooked*, London, New York, 1969.

Linthicum, M. C., *Costume in the Drama of Shakespeare and his Contemporaries*, Oxford, 1936.

Lovsky, F. (Hg.), *L'antisémitisme chrétien*, Paris, 1970.

Lublinski, S., *Das werdende Dogma vom Leben Jesu*, Jena, 1910.

Lüdemann, G., "The Successors of Pre-70 Jerusalem Christianity: A Critical Evaluation of the Pella-Tradition", in Sanders, 1980, S. 161–173.

Lüthi, K., *Judas Iskarioth in der Geschichte der Auslegung von der Reformation bis zur Gegenwart*, Leipzig, 1955.

Lüthi, K., „Das Problem des Judas Iskariot-neu untersucht", *Evangelische Theologie*, 16, 1956, S. 98–144.

Maccoby, H., "Jesus and Barabbas", *New Testament Studies*, 16, 1968, S. 55–60.

Maccoby, H., "The Antisemitism of Ezra Pound", *Midstream*, 22, March, 1976.

Maccoby, H., "The Delectable Daughter", *Midstream*, 16, Nov., 1970.

Maccoby, H., "The Figure of Shylock", *Midstream*, 16, Feb., 1970.

Maccoby, H., *Judaism in the First Century*, London, 1989.

Maccoby, H., *Paul and Hellenism,* London/Philadelphia, 1991.

Maccoby, H., "Gospel and Midrash", *Commentary,* 69: 4 (April, 1980), S. 69–72.

Maccoby, H., *Revolution in Judaea,* New York, 1980.

Maccoby, H., *The Mythmaker: Paul and the Invention of Christianity,* London, New York, 1986.

Maccoby, H., *The Sacred Executioner,* London, 1982.

Maier, J., *Jesus von Nazareth in der talmudischen* Überlieferung, Darmstadt, 1978.

Mellinkoff, R., "Judas's Red Hair and the Jews," in *Journal of Jewish Art,* vol. IX, 1989.

Migne, J. P. (Hg.), *Patrologia Graeca,* Paris, 1857–1866. Migne, J.P. (Hg.), *Patrologia Latina,* Paris, 1844–1864.

Montefiore, C. G., *The Synoptic Gospels,* 2 Bd., London, 1927 (2. Aufl.).

Pearson, B. A., "I Thessalonians 2:13-16: A Deutero-Pauline Interpolation", *Harvard Theological Review* 64 (1971), S. 79–94.

Péguy, C., *Oeuvres en prose 1898–1908,* Paris, 1959.

Pflaum, H., „Les Scènes de Juifs dans la littérature dramatique du Moyen-âge", in *Revue des études Juives,* vol. lxxxix (1930), S. 111–134.

Pierrard, P., *Juifs et catholiques français: De Drumont* à *Jules Isaac (1886–1945),* Paris, 1970.

Poliakov, L., *The History of Antisemitism,* 4 vols. London, 1974–1980.

Porte, W., *Judas Ischarioth in der bildenden Kunst,* Diss. Jena, Berlin 1833.

Propp, V., *Morphology of Folktale,* Bloomington, 1958.

Quinn, R. M., *Fernando Gallego and the Retablo of Ciudad Rodrigo,* Tuscon, 1961.

Rand, E. K. "Medieval Lives of Judas Iscariot", in *Anniversary Papers by Colleagues and Pupils of George Lyman Kittredge,* Boston, 1913, S. 305–316.

Reau, L., *Iconographie de l'art chrétien,* Paris, 1957.

Reider, J., „Jews in Medieval Art", in Pinson, Koppel S., (Hg.) *Essays in Antisemitism,* New York, 1946.

Reider, N., "Medieval Oedipal Legends about Judas", in *Psychoanalytic Quarterly,* 29 (1960), S. 515–527.

Reik, T., *Ritual: Psychoanalytic Studies,* New York, 1957.

Reitzenstein, R., *Die hellenistischen Mysterienreligionen,* 3. Aufl., Leipzig/Berlin, 1927.

Renan, E., *Saint Paul,* Paris, 1869.

Robertson, A. T., "The Primacy of Judas Iscariot", in *Exp,* VIII/13 (1917), S. 278–286.

Robertson, J. M., *Jesus and Judas: a Textual and Historical Investigation,* London, 1927.

Robertson, J. M., *Die Evangelienmythen,* Jena, 1910.

Robinson, J. M. (Hg.), *The Nag Hammadi Library in English,* 2. Aufl., Leiden, 1984.

Rosenberg, E., *From Shylock to Svengali: Jewish Stereotypes in English Fiction,* Peter Owen, London, 1961.

Roth, C., *The Jewish Contribution to Civilisation,* 2. Aufl., Oxford, 1943.

Ruether, R., *Faith and Fratricide,* New York, 1974.

Sanders, E. P. (Hg.), *Jewish and Christian Self-definition,* vol. 1: *The Shaping of Christianity in the Second and Third Centuries,* London, 1980.

Sanders, J. T, *The Jews in Luke-Acts,* SCM Press, London, 1987.

Schiller, G., *Iconography of Christian Art,* London, 1972, 2 Bd.

Schläger, G., „Die Ungeschichtlichkeit des Verräters Judas", ZNW 15 (1914), S. 50–59.

Schoeps, H. J., *Theologie und Geschichte des Judenchristentums,* Tübingen, 1949.

Schueler, D. G., "The Middle English *Judas:* An Interpretation", *PMLA,* 91 (1976), S. 840–845.

Schulthess, F., *Das Problem der Sprache Jesu,* Berlin, 1917.

Shachar, 1., *The Emergence of the Modern Pictorial Stereotype of "the Jew" in England,* (Studies in the Cultural Life of the Jews in England, no. 5.) 1975.

Simon, M., *Verus Israel: A Study of the relations between Christians and Jews in the Roman Empire (135–425),* Oxford, 1986 (frz. Originalausgabe 1964).

Smith, W. B., „Judas Iscariot", *HibJ* 9 (1911), S. 529–544.

Stauffer, E., „Zum Kalifat des Jacobus", ZRGG 4 (1952), S. 192–214.

Steiner, G., *Bluebeard's Castle,* London, 1971.

Talmon, J. L., *Political Messianism: the Romantic Phase,* London, 1960.

Tarachov, S., "Judas the Beloved Executioner", in *Psychoanalytical Quarterly* 29 (1960), S. 528–554.

Thompson, S., *Motif-Index of Folk-Literature,* 6 vols, Bloomington, 1989.

Tierney, P., *The Highest Altar,* New York, 1989.

Torrey, C. C., "The Name 'Iscariot'", *HTR,* XXXVI (1943), S. 51–62.

Trachtenberg, J., *The Devil and the Jews,* New York, 1966.

Verard, A. (Hg.), *Mystère de la Résurrection de Notre-Seigneur, Jésus-Christ* Paris, Classification Res. y f.15 of the Bibliothèque Nationale.

Vermaseren, M. J., *Cybele and Attis: the Myth and the Cult,* London, 1977.

Vogler, W., *Judas Iskarioth. Untersuchungen zu Tradition und Redaktion von Texten des Neuen Testaments und ausserkanonischer Schriften* (ThA 42), Berlin, 1983.

Visuvalingam, S., "The Transgressive Sacrality of the Diksita", in Hiltebeitel, 1989, S. 427–463.

von Campenhausen, H., „Die Nachfolge des Jakobus; Zur Frage eines urchristlichen Kalifats", *ZKG* 63 (1950–1951), S. 133–144.

Wagner, H., *Judas Iskariot. Menschliches oder heilsgeschichtliches Drama?* Frankfurt, 1985.

Weber, P., *Geistliches Schauspiel und kirchliche Kunst,* Stuttgart, 1894.

Wells, G. A., *The Jesus of the Early Christians,* London, 1971.

Williams, A. L., *Adversus Judaeos* Cambridge, 1935.

Wilson, S., *Ideology and Experience: Antisemitism in France at the Time of the Dreyfus Affair,* London, 1982.

Wright, A., "Was Judas Iskarioth the First of the Twelve?", *Interpreter* 13 (1916), S. 18–25.

Yerkes, R. K., *Sacrifice in Creek and Roman Religions and Early Judaism,* London, 1953.

Zafran, E. M., *The Iconography of Antisemitism: a Study of the Representation of the Jews in the Visual Arts of Europe 1400-1600,* Ph.D. thesis (unpublished), New York University, 1973.

Über den Autor

Hyam Maccoby

(1924–2004) war Talmudphilologe, Bibliothekar am Leo Baeck College in London und zuletzt Professor für Judaistik an der Universität Leeds. Er erforschte die Entstehung und historische Dynamik von Christentum und Judentum. Seine zentralen Werke „Der Mythenschmied" und „Der Heilige Henker" wurden auch außerhalb der akademischen Welt bekannt. Sein Theaterstück „Die Disputation" wurde in den USA sehr erfolgreich aufgeführt.

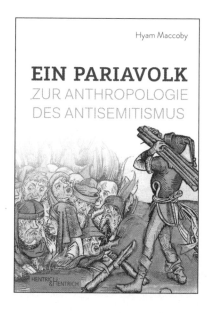

Hyam Maccoby
Ein Pariavolk
Zur Anthropologie des Antisemitismus

Herausgegeben von Peter Gorenflos
Aus dem Englischen
von Wolfdietrich Müller
224 Seiten, Hardcover, 16 x 23,3 cm
€ 24,90, ISBN 978-3-95565-307-1

Historisch bildeten die Juden eine verachtete Kaste in der christlichen Gesellschaft, wodurch sie, ohne es zu bemerken, eine unverzichtbare Rolle spielten – vergleichbar mit jener der Unberührbaren in Indien. Die Grundlagen für diese Rolle liegen in der Erzählung des Neuen Testaments, die der Judaist Hyam Maccoby im Licht antiker Opfervorstellungen analysiert. Die Juden wurden die perfekten Ausführenden der bösen – aber unerlässlichen – Gottesopferung. Ihnen wurde anstelle der christlichen Gesellschaft die Schuld aufgeladen, sodass Christen von notwendigen, aber tabuisierten Tätigkeiten befreit waren. Das Stigma blieb an den Juden haften und wurde fortlaufend durch Mythos und Kunst bekräftigt.

Obwohl die Juden nach der Aufklärung offiziell vom Pariastatus befreit waren, blieb das Stigma – wie bei den hinduistischen Unberührbaren und bei Pariagruppen in vielen anderen Kulturen.

Mittels der anthropologischen Analyse liefert Hyam Maccoby eine überzeugende Erklärung für das Versagen scheinbar vielversprechender Strategien, den Status der Juden zu normalisieren.

Hyam Maccoby
Der Antisemitismus und die Moderne
Die Wiederkehr des alten Hasses

Herausgegeben von Peter Gorenflos
Aus dem Englischen
von Wolfdietrich Müller
248 Seiten, Hardcover, 16 x 23,3 cm
€ 24,90, ISBN 978-3-95565-349-1

Die neue gesellschaftliche Qualität des Antisemitismus macht eine Diskussion über seine Ursprünge und seine Entwicklung in der modernen Welt dringend notwendig.

Maccoby zeigt, wie Antisemitismus über die Fähigkeit verfügt, sich neuen Rahmenbedingungen anzupassen und sich in Übereinstimmung mit den wechselnden Ideen der modernen Welt zu wandeln, ohne sein eigentliches Wesen zu verändern.

Warum hielten viele führende Köpfe der so sehr bewunderten Aufklärung an ihrem virulenten Antisemitismus fest? Sind die Wurzeln des Antisemitismus religiöser Natur? Wie kommt der nahtlose Rollenwechsel zwischen Christentum und islamischer Welt zustande, nachdem der mittelalterliche christliche Antisemitismus so viel bösartiger war als die islamische Variante und nun die moderne Welt mit einer exakten Umkehr dieser Rollen konfrontiert ist? Worin liegt die paranoide Macht und die psychologische Kraft des antisemitischen Mythos, die ihm so viele unterschiedliche Ausformungen ermöglichen? Wie konnte er zum Massenmord in Europa und zu dauerhafter gewalttätiger Gegnerschaft im Nahen Osten führen?